コンシューマ・マーケティング

―マーケティングの新たな転換期に向けて―

村松幸廣［著］

創 成 社

序

　近年，企業を取り巻く内外の環境はダイナミックに変化している。国内においては少子化や老齢化社会によるマーケットの縮小やデフレによる消費者の意識変化，経済環境の継続的な悪化，貧富の拡大，社会階層化の傾向，モノづくり偏重の弊害，情報化社会の進展，加えて，グローバル化によって企業間競争が激化し，SDGs の展開の必要性，地球温暖化問題，貧困問題，食糧問題，中国と米国の対立など，世界的なコロナ禍の長期化など枚挙にいとまがない。

　このような状況下では社会と融合しつつ，企業活動を継続するには，非常な困難が付きまとう。社会の公器たる企業の役割はますます重くなっている。とりわけ，人類社会の在り方において，企業各々が自らの役割をきちんと認識し，その発展を期し，進んでいかなければならない。

　産業革命以来，経営経済の史的発展過程において消費者志向の理念を現出してきたのはマーケティングである。マーケティングの考え方は企業をして市場適応ならしめてきた。そして，企業間競争を勝ち抜くための戦略的ツールとして利用されてきたのである。今や，消費を取り巻く環境は劇的に変化してきている。そのためには，消費者行動の入念な分析・解明が求められている。すなわち，数々の社会問題を解決し，マーケティングを精緻化するためには，消費者行動を基盤としてマーケティングを再構築することが肝要である。

　そこで，我々は，従来のマーケティングを転換せしめ，新たなマーケティングの考え方を提唱したい。それが「コンシューマ・マーケティング」である。これは，消費者行動プロセスとその要因を入念に分析・解析し，消費者満足を志向しつつ地球環境を保持し人類社会の幸福を指向するものである。

　消費者行動研究はマーケティングの一部として認識されてきた。またそのアプローチは経済学から派生し心理学，社会学，文化人類学，行動科学などを援

用しつつ，消費者行動論として一つの学問体系を成すところにある。この消費者行動論を基盤としてマーケティングを再構築するのが「コンシューマ・マーケティング」である。マーケティングは消費者に始まり，消費者に終わると言われて，久しいが，まさに，消費者行動研究の充実によって，マーケティングはさらなる高みに到達しつつあると言えよう。

　本著の構成は 12 章にわたっている。第 1 章ではコンシューマ・マーケティングの基本的な考え方を取り上げ，その枠組みを提唱している。従来のマーケティングをプロセス化しつつ，消費者行動との融合を試みた。

　第 2 章では消費者行動のアプローチを経済学，社会学，心理学の視座から援用し，消費者行動の分析の視角について言及し，コンシューマ・マーケティングの考え方との関連性を取り上げる。

　第 3 章においては，消費者行動のプロセスについて，コンシューマ・マーケティングの理論構築の視座から詳説した。消費者行動は時間軸から見ると，購買前行動，購買行動そして購買後行動に区分される。購買行動は問題認識と情報探索，意思決定基準の設定プロセスからなる。購買行動は対価を支払い，製品・サービスの所有権や利用権を獲得する行為である。購買後行動は製品・サービスを実生活の中で使用したり利用して，個人の欲求やニーズを満たすとともに，満足を感じることである。不満の場合には苦情行動を生起することもある。満足を感じた消費者はリピーターとなり，一般的にはロイヤルティを確立する傾向が高い。

　第 4 章は消費者満足概念およびコンシューマ・マーケティングの究極目的について言及した。いくつかの満足概念について言及し，消費者の心理的プロセスを分析するとともに満足モデルの提示を企図している。

　第 5 章においては，消費者利益を中心に社会的利益とマーケティング利益とのウェルバランスについて概説し，消費者利益と消費者満足の重要性について強調している。

　第 6 章では，サステイナブルの観点から消費者意識と行動の変化を論じ，環境保護に熱心なグリーン消費者について取り上げ，その実態を分析した。

　第7章は広告コミュニケーションを概観し，第8章においては，地域ブランドを取り上げている。第9章はヒト，モノ，カネ，情報の4つの経営資源とマーケティング戦略の在り方について論じている。第10章ではマーケティング・チャネルの巨視的視座を通じて流通について取り上げた。また，第11章以降では，満足測定，不満と苦情などの消費者行動に関するトピックについて論説した。

　本書の上梓にあたっては，この場をお借りして，これまでの研究活動を支えてくださった方々に謝辞を表したい。特に，愛知大学名誉教授の松江宏先生にはこれまで40数年にわたって，時には研究者として挫折しそうな筆者に多大なるアドバイスと励ましを頂きここに深謝の意を表する次第である。

　また，研究仲間である明治大学教授の井上先生，学会等でお世話になった名古屋経済大学名誉教授辻本先生，中京大学名誉教授塩田先生，明治学院大学名誉教授肥田先生，愛知学院大学名誉教授の加藤先生，さらに，愛知大学経営学部の同僚の為広教授，太田教授，土屋准教授，中部地域の他大学の先生方，神戸大学，関西大学，近畿大学，同志社大学等の関西地域の大学の方々，関東の早稲田や慶応をはじめとした各大学のマーケティング関連分野の諸先生には，学会の全国大会等でお世話になり，あらためて謝意を表したい。

　海外の研究者としてさまざまな研究的刺激を与えてくれた方々も多く，中でも，30年来の友人であるサウス・イーストミズーリ大学（SEMO）のケネス・ハイシュミット教授，本学大学院での教え子でもある北京在住の首都経済貿易大学工商学院の陳立平教授，そして，私が在外研究で滞在し，不慣れな私にさまざまなアドバイスをくださったロンドン大学ビジネススクールの指導教授ティム・アムブラー元教授にはこの場を借りて深く感謝する。

　また，本著の出版にあたって熱意を傾けてくださった創成社出版部の西田氏には感謝の念に堪えない。さらに，これまで私の教育・研究活動を支え続けてくれた，妻の春美や家族たちにも心から感謝の意を込めて本書を捧げたい。

　2021年2月　コロナの終息と春が待ち遠しい　元宮町の愚居にて

村松幸廣

目　次

第1章

コンシューマ・マーケティング の概念とプロセス

1 —— マーケティングの発展過程

　マーケティングの理念あるいは活動実践はアメリカで生まれた。イギリスの産業革命に遅れること100年余り，1860年代にアメリカは産業勃興期を迎え，19世紀末にはイギリスを抑え世界第一位の工業生産国となった。このような背景のもと，アメリカはビジネスの中心地となっていく。とりわけ，マーケティングの醸成にはアメリカビジネス界の競合関係が作用している。現代においてマーケティングはきわめて一般的になっているが，現在のような理論的発展がみられるようになったのは，ごく最近のことである。

　マーケティング発生の起源には諸説あるが，ここではバーテルズの説に従うことにする。バーテルズはアメリカ経済が急速に拡大して世界大恐慌の嵐に見舞われたことによって，従来の市場に対する企業の見方が180度転換され，市場の変化を読み込む必要性を指摘している。

　すなわち，従来の生産志向からの脱却である。しかしながら，需要と供給のアンバランスを解決するためには，単に販売努力するだけでは限界があった。社会的な需要喚起という経済政策がとられる中で，個別企業は市場の変化を読

み取ることに重点を置くこととなった。

　そこで，消費者ニーズの把握というマーケティング調査技法が発展することとなる。これらのことから，個別企業が製品開発やプロモーションの際に，消費者ニーズに対応するという現代マーケティングの発展の端緒を拓くこととなったのである。

　第1段階の生産志向とは，生産技術や生産能力を高め，購買需要に対応するための考え方であり，産業革命の時代は社会の需要を満たすために機械化が行われ生産性が飛躍的に向上した。この時代は作れば売れる時代であり，企業は消費者や購買者に関してあまり関心がなかった。市場の変化に対して関心を持たない時代でもある。イギリスでは国内需要を満たすと，商品を海外に輸出することとなり，原材料を確保するために植民地主義が台頭し，帝国主義へと移行する。この時代は経済が飛躍的に拡大するものの，イギリス社会は階層化が進展し，一般市民あるいは労働者はあまり恵まれた生活程度にはなかった。アメリカはイギリスやフランスの植民地でもあった。

　第2段階は販売志向の時代である。1929年10月にニューヨーク株式取引所の株価大暴落を引き金に，世界大恐慌が発生した。世の中は不況の真っただ中に落ち，巷に失業者があふれ，人々は不幸のどん底にあえぐ状態となった。1920年代，アメリカにおいては西ヨーロッパ諸国への投資が拡大するとともに，国内の好景気が続き，企業は生産に次ぐ生産状態となったが，供給が需要を急速に凌ぐほどとなり，モノ余り状態が起こり，大恐慌に至ったのである。その後，ニューデール政策などにより需要を喚起する経済政策の効果もあり，経済状態も徐々に回復していった。生産企業においては，在庫の処分あるいは供給過剰を解決するために，販売努力を行うことになった。すなわちプロモーション（販売促進活動）努力の傾注である。広告活動や販売員活動に注力し，市場拡大を行うこととなった。しかしながら，それが押し込み販売や虚偽の取引となるケースも見られ，消費者の反発を買うことになり，消費者問題となった。アメリカ政府も消費者保護の立法に力を入れ，消費者の救済のために，企業の取引規制を行った。そこで，消費者利益実現の意識が企業に芽吹くことに

なった。

　第3段階では，消費者志向あるいはマーケティング志向の考え方が主流となる。ただ単にプロモーションを強化するだけではなく，消費者ニーズを把握して，消費者が欲しがる商品を生産し，市場に提供するという経営理念に企業をして転換した。極めてクリエイティブな理念を導入し，現在のマーケティング・コンセプトを体現した。すなわち，まず消費者ニーズ在りきであり，それに企業を適応させていくという企業活動のプロセス化を成し遂げたのである。消費者ニーズに適合した製品計画を行い，最適なプロモーションによって消費者に商品情報を提供しつつ，効率的なマーケティング・チャネルを通じて消費者に提供するのである。1960年代にラルフネーダー（Ralph Nader）に代表されるコンシューマリズム（consumerism）が盛んになり，商品の安全性の確保や自動車公害，食品問題など企業活動批判の運動が展開され，政府の不正や消費者問題対策への責任追及さらに，社会問題を解決するソーシャル・マーケティングも登場するのであるが，これらも，コンシューマ・マーケティングの考え方で極めて端的に説明できる。

　むろん，世界全体を眺めた場合，企業によっても必ずしも，コンシューマ・マーケティングの段階に到達しているわけではなく，生産志向，販売志向，消費者志向にとどまっているケースもみられる。理想的な状態としてはコンシューマ・マーケティングのステージに達することが期待されよう。

2── コンシューマ・マーケティング

　ここでは，新たな発想のもとでコンシューマ・マーケティングというコンセプトを提供しようと考えている。従来のマーケティングは，企業管理のための一手法としてのマーケティングであった。

　時代の変化とともに，マーケティング領域の拡大や企業環境の変動に伴い，マーケティング活動の在り方が多岐にわたってきている。そのために，マーケティングの本質が不明確になってきている。単純に考えれば，マーケティング

は市場の変化に対応すべく企業の在り方や戦略を適応化させるところにその存在意義があろう。

　換言すれば，市場の単位である消費者の思いを企業経営に反映させて，消費者ないし人々の生活を向上させ，幸福感をもたらすのがそのミッションである。個々の消費者は社会を形成している単位であり，企業も社会の公器であり，社会の健全な発展に寄与すべき存在でもある。

　マーケティングは単なる販売活動とか競争戦略のツールであると考えるのではなく，マーケティングの見方を，社会，消費者，企業といった視点でとらえて大きなフレームワークを形成するような概念が求められよう。よって，私見によるコンシューマ・マーケティングについて論述してみる。

　コンシューマ・マーケティングは従来のメーカー・マーケティングのように企業視点によるものではなく，消費者視点あるいは消費者を社会の形成者とする幅広い見方によってマーケティングを捉えようとするものである。企業も消費者も社会が存在することにより存立するのであるし，企業も消費者も社会の構成要素である。この考え方からマーケティングを見直し，あらゆる要素や考え方を包摂するマーケティングがコンシューマ・マーケティングである。

3 ── マーケティングと消費者行動

　まず，消費者行動の視点からマーケティングを論述してみよう。消費者の視座からマーケティングを再考すると，問題点が明確となり，理想形が概観できる。既知のことではあるが，消費者行動研究はマーケティング研究の一つの分野であり，現在ではマーケティングを深化せしめ，マーケティング戦略構築には欠かせない理論的な基盤を提供する存在であるとともに消費社会の発展に寄与している。

　端的に述べるなら，消費者行動は購買前行動，購買行動，購買後行動に分けられる。それぞれのプロセスにおいて，マーケティング活動が連動している。例えば，購買前行動には購買意欲を喚起するための適切な情報提供としての

マーケティング・コミュニケーション活動が必要とされる。また，それぞれの段階において最適なマーケティングが求められる。さらに，消費者利益を実現するという意味から，消費者の立場を重視したマーケティング構築が希求されている。時系列的なプロセスについて記述してみよう。

4── コンシューマ・マーケティングのプロセス

　コンシューマ・マーケティングについてプロセス分析を試みてみよう。マーケティングの究極目標は，「消費者ないし顧客の満足を実現させる」ところにある。そのためには，消費者ニーズを的確に把握する必要が求められる。

　すなわち，市場把握活動である。その代表的な活動としてマーケティング調査があげられる。マーケティング調査はマーケティング意思決定を行うために有益な市場情報を獲得するために行われ，既存情報では消費者のニーズを十分に把握できない状況下で，新規の外部情報を収集し，分析し，データベースとするための活動である。

（1）マーケティングリサーチ

　図表1−1を参照しつつ，マーケティング調査の手順を述べると，マーケティング上で解決すべき問題について検討し，その問題解決のためにいかなる情報が必要であるかについて検討するところから始めなければならない。

　例えば，既存商品やブランド，サービスの売上が低下している場合，その要因を明らかにし，新規の製品・サービスを市場に投入する必要が生じたとす

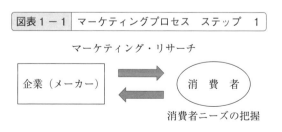

図表1−1 マーケティングプロセス　ステップ　1

マーケティング・リサーチ

企業（メーカー）　→　消費者

消費者ニーズの把握

る。この場合，既存の顧客の製品やサービスに関しての不満はどのような状態であるか，他社の競合商品の特徴や戦略について綿密に分析することが肝要となろう。そのために，新規の情報を収集することとなる。

　当該マーケティング問題の根底に何があるかを明らかにし，その問題解決にいかなる情報が求められるべきかを考え，適切な情報の入手に努力する必要があろう。次に，ターゲットとなる消費者をサンプルとして調査対象を規定する。サンプル選択にはさまざまな方法があるが予算の範囲内で，できるだけ広範なサンプリングを行う。

　次の段階は，アンケートの作成である。アンケートの方法にもよるが，質問項目はできるだけ単純化し，記述式よりも選択回答方式がとられる傾向がある。可能な限り短時間で回答をしてもらう必要もあろう。また，調査目的も明記し，プライバシーに配慮してフェースなども工夫しなければならない。

　最近では，M社に代表とされるような，ネット調査が主流となっているが，調査期間も極めて短期で，適切なサンプル抽出やアンケート調査票の作成も短期間で，調査データの加工や分析も数的処理などで極めてやりやすい。調査範囲が広範になったり調査のボリュームが大きくなるとコストも高くなる。

（2）製品計画

　次のコンシューマ・マーケティングのステップは製品計画（product planning）である（図表1－2参照）。製品計画とは既存のデータや調査による新規のデータの分析によって明らかになった消費者ニーズに基づいて，製品属性などの組み合わせにより製品を開発したり，改良する活動である。換言すれば，消費者ニーズを製品に反映させるプロセスである。

　把握した消費者ニーズを峻別し，商品化あるいは生産可能性を深く検討し商品に仕上げなくてはならない。むろんそこには，何らかの制約が存在している。ヒト，モノ，カネ，情報の限界や制約は企業によってさまざまであろう。ニーズに対応しようとしても，開発力や技術力，生産力がなければならない。商品開発力や技術は人的資源が大部分を占めている。技術力や開発能力のあるスタ

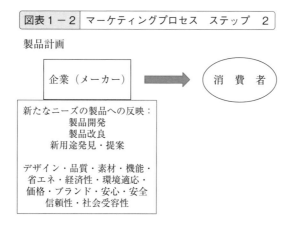

図表1－2　マーケティングプロセス　ステップ　2

製品計画

企業（メーカー）　→　消　費　者

新たなニーズの製品への反映：
製品開発
製品改良
新用途発見・提案

デザイン・品質・素材・機能・
省エネ・経済性・環境適応・
価格・ブランド・安心・安全
信頼性・社会受容性

ッフに恵まれていなければ，何とかしてそれを手に入れなければならない。ところが新商品を開発しても物理的な生産能力が確保できなければ，市場機会を失うことになる。また，試作品を作っても消費者の受け入れられない価格であれば，市場性がないため，生産販売を諦めなければならない。

　製品計画は，主に次の4つのステップを経る。第一に，製品コンセプトの確定である。消費者ニーズを把握し，製品開発の妥当性を入念に検討し，製品のあるべき姿を指向し，コンセプトを確定する。

　次に，ターゲットとなる消費者の特性を明らかにすることが重要である。すなわち，マーケティング戦略の立案である。具体的に，ターゲットとなる消費者分析によってその特徴を捉えることとなる。すなわち，消費者をいくつかの軸で分類しターゲット設定するのである。例をあげれば，性別，年齢層，職業，居住地域や居住形態，趣味，ライフスタイル，生活観などによって特徴づける。そして，競争企業との関係において製品ポジショニングを行い，マーケティング・ミックスの要素である4P（product, price, promotion, place）を具体化し，予算計画を立てるのである。

　第3に，製品化である。既述のようにさまざまな制約がある中で，具体的に市場に導入するか否かが入念に検討されなければならない。消費者にとって当該製品がどのように映るのか，市場形成の可能性があるのか否かも検討され

る。そのためにはテストマーケティングも実施され，ブランド性や，デザイン，形状，イメージ，パッケージの良し悪しなども検討し，最上の製品に仕上げるのである。

　最後に，後述するように，市場に導入する際の販売戦略やプロモーション戦略，チャネル選択についても十分な検討も行われる。

（3）マーケティング・コミュニケーション

　製品計画の次はコミュニケーション活動のプロセスである（図表1－3参照）。すなわち，消費者に対して適切な商品情報やサービス情報を提供するマーケティング・コミュニケーションである。マーケティング・コミュニケーションの構成要素は，広告，セールス・プロモーション，パブリシティ，パーソナルセリングである。広告は広義のプロモーションの範疇であり，消費者の購買意欲を喚起するものである。広告については，後の章で詳述するので，簡単に触れておこう。

　広告とは，消費者に商品の存在を知ってもらうと同時に，購買刺激を与えて売り上げを実現する機能が課せられている。そのため，ターゲットに対して適切な時期に，適切な内容とともに，適切な情報量をメディアに乗せて効果的に伝達する必要がある。

　加えて，広告は単に売上を実現するだけではなく，消費者，市民の生活に役立つ情報を提供するという役割も背負っている。生活の向上や改善のためには，リーズナブルで良い商品が求められる。広告はそのような人々に的確な商品やサービスの情報伝達を行う。換言すれば，広告によって生活の質の向上が

図表1－3　マーケティングプロセス　ステップ　3

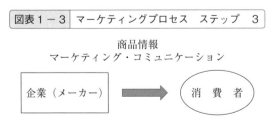

商品情報
マーケティング・コミュニケーション

実現できるのである。社会経済が発展すれば人々の暮らしは便利になり，ますます充実するであろう。

　しかしながら，人々の欲求水準が多様化，高度化し，極限に近づくにつれて人間社会は崩壊の道をたどることとなる。工業化や高度消費社会は多くの環境問題を抱え，もはやコントロール不能になりつつある。例えば，温暖化問題は人類共通の課題であるが，解決の方向に向いているとは言えない。このような，社会問題の解決には人々の共通意識を醸成する必要がある。社会問題解決には相互協力が不可欠であり，社会の健全な発展に寄与するという意味から，広告の役割は極めて大きいといえよう。

（4）マーケティング・チャネル

　次の段階は販売活動である。一般的には，卸・小売を通じて消費者に商品を引き渡すことである（図表1－4参照）。それには，適切な時期に，適切な商品を適切な価格と量で最終消費者に提供するチャネルの整備と適切なセールス活動が肝要である。マーケティング・チャネルにはさまざまなタイプがある。メーカーが消費者に直接販売するチャネルである直販方式，ネットを通じて消費者に販売するBtoCがある。これらは，最も簡素なチャネルであり販売コストを低く抑えることができる。しかしながら，一般的なマーケティング・チャネルは卸売業者や小売業者が介在している。すなわち，メーカー企業，卸売企業，小売企業を経過して消費者に商品を提供する。とりわけ，メーカーにとっては，効率的に売上を実現し得るチャネルを構築する必要がある。

図表1－4　マーケティングプロセス　ステップ　4

マーケティング・チャネル
（販売チャネル）
卸・小売・インターネット

企業（メーカー）　→　消費者

　マーケティング・チャネルのパターンを具体的にあげてみると，メーカーが消費者に直販するパターン，メーカーが販社を通じて消費者に販売するパターン，さらに，メーカーが販売力のある卸売り業者に売り渡すパターン，それに加えて小売業者を指定するパターン，加えて，力のあるメーカーが卸と小売に対してイニシアティブを持ちながら商品を送り出すパターンなどがある。

　直販パターンは一部の高級ブランドに見られたり，ネット販売に見られる。このような直販システムはメーカーの完全なコントロール下にありマーケティング戦略が効果的に行われる。また，販売会社を通じてメーカーが導入しているマーケティング・チャネルは家電や自動車などに見られる。メーカーのほぼ100％出資の販社はメーカーの完全なコントロール状態にあり，価格面やセールス・プロモーションにおいてはメーカーの販売戦略が貫徹している。このように，企業は自己のマーケティング・チャネルを通じて消費者に商品を届けるのである。

　換言すれば，個別のメーカーないし生産者からマーケティング・チャネルのシステムを経由して商品の所有権が消費者に移転し，商品の社会化が実現し，消費者は生活上のニーズないし欲求が充足されるのである。伝統的なチャネルシステムは既存の卸・小売業者を利用するチャネルである。南北に長い地理的条件の中で，地域の産物の流通のために，消費地卸や産地卸の機能が歴史的に発展してきた日本では，メーカーにとって既存の卸売システムの利用が有効であったため，食品や雑貨などは卸企業や小売企業を経由してターゲットである消費者に届けられるチャネル政策がとられた。

　このようなステップを経て，コンシューマ・マーケティングは消費者との関係性を強調しなければならない。すなわち，消費者行動プロセスをマーケティングの重要な要素として包含する作業が必要とされる。従来のマーケティングは消費者ニーズを把握し，製品計画し，プロモーションして，販売活動によって商品を消費者に提供することで事たれりとしていた。しかし，消費者は生身の人間であり消費行動をする意識的存在である。また，さまざまな日々のニーズや欲求を充足するために生活しているのであり，これらが充足され，生活あ

| 図表1－5 | マーケティングプロセス　ステップ　5 |

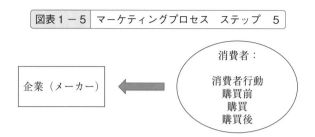

るいは自己の人生に満足を覚えることが大切である。マーケティングの最終目的は消費者の満足であり，人々の幸福の実現にある。

（5）コンシューマ・マーケティングと消費者行動の関係性

　図表1－6はコンシューマ・マーケティングの概念的なフレームワークを示したものである。消費者行動プロセス分析の重要性について言及しよう。

　消費者は自己の問題解決のために購買行動を遂行する。すなわち，現在の不満を感じ，そこから脱却するためにニーズや欲求を覚え，製品を購入したりサービスを利用する。現状に不満を覚え，理想の状態に近づくために現在の状態と理想とのギャップを感じ，それを解決するために購買行動をとるのである。これを問題認識のプロセスと呼ぶ。消費者行動は問題解決行動でもある。

　次の段階では問題解決を図るための意思決定に必要な情報を探索する。情報探索には積極的探索行動と消極的探索行動がある。積極的探索行動は何らかの購買意図を持って情報に接触する活動である。例えば，海外旅行のケースの場合には，行き先が決まって，価格帯も想定されるとその範囲での海外旅行パックやエアーチケットやホテルなどに関する情報の収集努力を傾注する。消極的探索とは何らの購買意図がない状態で，マーケティング情報などに日常的に触れる状態のことをいう。消費者は日々の暮らしの中で，さまざまな情報に囲まれているのであるが，ほとんどそれらを意識することはない。むろん，潜在的に情報が記憶されることもある。

　さらに，情報探索行動は内部探索と外部探索に分けられる。内部情報探索行

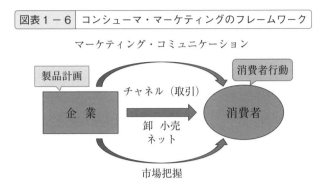

図表1−6 コンシューマ・マーケティングのフレームワーク

マーケティング・コミュニケーション

製品計画

企業

チャネル（取引）

卸 小売
ネット

消費者行動

消費者

市場把握

動は消費者自身の記憶情報のみに依拠することである。消費者は製品やサービスを比較する際に、過去の購買経験や過去の情報を頭の中によみがえらせるのである。なお、この記憶情報だけでは不十分の場合には、新たな情報を自己の外部に求める。これを外部情報探索と呼称する。今日の消費者にとって情報を求めることは非常に容易なことである。ネット社会ではスマホなどの端末を利用すれば、豊富で多種多様な情報を瞬時に収集することが可能である。ただ、消費者にとっては難解で理解不能な情報を捨象することで、情報の最適性を確保できるのであるが、このような能力を発展させることが非常に重要になっている。また、フェイク情報のような流言飛語も存在するので、それらを見破ることも必要である。すなわち、自己の価値認識を確立し、情報の収集を行うことが肝要であろう。

これらの情報探索によって得られた情報を評価・分析して製品やサービスを比較検討するための意思決定基準を設定する。意思決定基準はさまざまな側面がある。品質やデザインのように商品の属性に関する基準、好きとか嫌いといった心理的基準、価格水準に関する基準など、消費者の置かれている環境や感情、価値観によってかなり相違がみられる。

例えば、高額なパソコンなどの購買について考えてみると、消費者の支払い能力によって価格帯が決まってくる。また、デザイン性も基準となり、そのほか、機能や処理能力、扱いやすさなどに関心を持ち、それらが、選択の基準と

される。消費者は独自の意思決定基準を設定し，一般的には簡便な基準設定を行う。価格，機能，品質，デザインについて自己判断で基準を設定する。獲得された情報は自分の理解の範囲内で利用され意思決定基準を設定する。

　このように設定された基準に従って製品あるいはブランドなどが比較され，自己にとって適切な製品が選択される。むろん，製品などの属性要素のみならず心理的要素，時間的かつ空間的要素も加味される。心理的な要素とは，消費者の心理的側面であり，平たく言えば「好きとか嫌い」とかの感情や意識である。また，価値観もある意味では心理的側面である。ブランドの評価度も消費者自身の心理的尺度に依拠している。まさしく，ブランド・ロイヤリティ（ブランド忠誠心）は心理的構成要素である。ヨーロピアンやアメリカの高級ブランドは憧れや信頼という消費者の心理状態によってポジショニングされている。

　次の段階では，消費者は意思決定基準に基づいて，特定の商品やブランドを選択する。すなわち，複数の代替製品ないしサービスから一つを選択する。これが，購買意思決定である。意思決定から購買プロセスに移り，対価を支払って商品の私的所有権を獲得したりサービスの利用権を得て，生活上の欲求やニーズを満たすのである。一般的には，意思決定基準を簡素化し，価格，機能，デザイン等の身近な特徴的な観点から，購買対象となる複数の商品を相互に比較して，特定の商品の選択行動をとる。

　これらの価格，機能，デザインなどの属性評価をする場合には，何らの期待を持って比較し，その一つを選択し対価を支払う。その際には，商品に対して欲求ないしニーズを充足してくれると思われる満足水準を想定する。それが期待度である。消費者はさまざまな制約，すなわち，支払い能力，購買条件，入手の容易さ，地理的条件などに基づいて，期待度の最も高い製品・サービスを選択し，購買する。これが購買プロセスである。この購買プロセスでは対価を支払って製品の所有権を獲得したり，サービスの利用の権利を取得したりするのである。

　そして，製品・サービスを実際の生活の中で使用したり，利用することによって，そのパフォーマンスを評価する。その評価プロセスは当初の期待と得ら

れたパフォーマンスを比較することによって，満足ないし不満状態が生起するのである。満足を覚えた消費者は次の購買機会にも当該製品やブランドを選ぶ傾向があり，反復購買や当該製品・ブランドへの信頼が増し，ブランド・ロイヤリティを感じるようになる。企業にとってみれば，いわば，お得意様を獲得したこととなり，このような消費者をあるいは顧客を囲い込むことができれば，将来的にも売上の維持や拡大の戦略的な基盤を確立しやすくなる。

5—— コンシューマ・マーケティングの重要性

　人口が減少する国内市場を主戦場とする多くの企業においては，このような顧客の囲い込み戦略はとても重要であり，壮絶な企業間競争を勝ち抜く奥の手である。特に，競争市場においては，お得意様に対するサービスを高度化・深化させ，より良い商品を提供し，永続的な収益の確保に努力することが求められる。このような永続的な満足を提供することが可能な企業は，消費者・顧客に信頼され，彼らとの間でワントゥワンの関係も構築され，企業の存立基盤も更に堅固となり，老舗としての百年企業への道も可能となろう。

　このように，コンシューマ・マーケティングのコンセプトにおいては，消費者・顧客の満足を実現することが究極の目的であり，企業は消費者に寄り添って有効なマーケティングを実行する姿勢を守り続けるという精神に常に固執する。換言すれば，「消費者利益」をコアとするも，社会貢献の視点に立ちつつ「社会的利益」をも実現し，社会との共存を企業の役割として認識するのである。

　すなわち，コンシューマ・マーケティングによれば，従来の「利益」概念を拡大して，単なる企業利益の追求から脱却することによって，より広範な企業の在り方を呈示かつ志向するものである。企業利益概念は「利益＝収益－費用」という企業会計的なものではなく，最終的に消費者・顧客の購買行為によって実現される収益（売上）を認識することによって，消費者・顧客の存在を第一義的に捉える必要がある。

さらに，企業利益概念を包摂する「マーケティング利益」の考え方を呈示したい。すなわち，「マーケティング利益」とは消費者の立場に立って企業活動を推進し，消費者のニーズに適応したマーケティング戦略を実行し，消費者満足を実現することによって獲得される利益であり，その要素は単なる貨幣的要素だけでなく消費者・顧客の企業に対する信頼やロイヤリティが包含されている。このような「マーケティング利益」へのこだわりが，消費者と企業との関係性を確実なものとする。

マーケティングはアメリカで発生した企業活動であり，理念や理論もアメリカビジネスの発展とともに進化・深化してきたが，アメリカ企業では，株主配当主義が強く，「企業利益」については消費者主義や社会貢献の考え方が脆弱と思われる。むろん，キリスト教的な慈善やチャリティー精神はあるものの，競争社会特有の企業の権利意識が強く，積極的に健全な社会発展を企図するマーケティングが育っているとは言い難い。とりわけ金融主義が世の中に浸透している現状ではなおさらである。よって，従来の利益主導の企業理念を，ここで提唱する「コンシューマ・マーケティング」へと転換することを望むものである。

企業環境要因を消費者目線からみると消費者志向の在り方がかなり明確となる。企業環境には自然環境のような物的環境と人間の活動によってもたらされる人為的環境ないし人的環境に分けられる。自然環境は地理的・空間的環境，気候，エコロジーなどである。人的環境は法律，経済，政治，文化，宗教，慣習などがあげられる。

とりわけ，気候変動が取りざたされている昨今，地球温暖化問題は極めて深刻化している。毎年COPの会議が開催され，先進国と発展途上国の間で温暖化ガスの削減が問題とされるが，パリ協定によって，「今後，産業革命前からの地球の気温上昇を2.0℃より十分低く保つ。1.5℃以下に抑える努力をする。」という事項が196ヵ国で合意された。

今世紀末には温暖化ガスの排出量を実質ゼロとする目標が設定されたが，各国がその取り組み目標の設定努力をしたにもかかわらず，突然，アメリカ大統

領のトランプが脱退を表明した。その理由は経済発展の停滞という理由であり，経済先進国のエゴという非難を免れないものである。

　しかしながら，アメリカの東部，ワシントン DC の市民と西部のカリフォルニア州の温暖化あるいは地球環境保護意識はかなり差があり，環境保護政策も乖離が見られる。カリフォルニア州では環境保護意識が非常に高く，近隣の州でも温暖化対策がかなり進んでいる地域にあたり，世界でも指折りの温暖化対策の先進事例が数多くみられる。よって，トランプ大統領の脱退声明がパリ協定に大きく影響するものではなく，地球温暖化への直接要因にはなりにくいと考えられる。むしろ，温暖化ガス排出量が最大の中国の参加やインドの参加が評価されよう。

　気候変動や環境汚染は市民である消費者の問題でもある。消費者行動は日々の生活のみでなく，未来永劫の人類の生存問題にもつながっている。地球上に人類が登場して，経済活動を行うようになり，生産と消費が分離，一般市民は労働対価として給与を得て生活の糧となし，日々暮らしている。その中で地球環境問題が生じ，環境保護意識が醸成された。

　人類存続のためには消費者も環境に無関心ではいられなくなった。消費段階においても環境負荷がかかり，地球環境は悪化している。例えば，エネルギー問題やプラスティック問題，二酸化炭素，食品の被害，薬害，水質汚染，ごみ問題など枚挙にいとまがないほどである。地球環境保護の先進国であるドイツにおいては消費者の環境保護意識はかなり進んでいる。容器の回収システムが普及し，ドイツでは全国的に 2016 年プラスティックのレジ袋は有料化されている。それ以前にも，店舗によっては有料化が早期に導入されている。さらに，2019 年 11 月には全面禁止になっている。

　日本では有料化が 2020 年になって導入される。先進国では一番最後となり，中国よりも遅くなってしまった。日本ではマイクロ・プラスティックが海や河川に流出し，大量に発見されているにも関わらず，有料化ないし廃止がこれほど遅くなってしまったのは政府の怠慢であると言えよう。すでに，一般消費者は独自にエコバックを使用しており，買い物の際の利用率は過半数に上ってい

る。消費者の間では，環境保護意識が高まりつつある。

　それは，自分の身を守るだけでなく，人類の英知の発露である。また，オーガニック意識も高くなっている。日本でも，オーガニック商品の専門店が見られているものの，ブームとは言えない。ドイツやフランスではオーガニック専門店が大都市のみならず地方都市にも当たり前のように立地している。また，カリフォルニアにはチェーンストアが根を張っている。スーパーマーケットでのオーガニック商品の取り扱い比率は60％を超えている。

　そして，リサイクル（recycle），リユース（reuse），リデュース（reduce）の3Rについては先進国ではかなり導入されつつあるが，各国の事情や慣習によってまちまちである。ドイツや日本では家庭ごみの分別回収がかなり進んでいる。とりわけ，ドイツにおいては，優れた分別回収システムが導入されている。例えば，プラスティックの回収においては徹底した分別が行われている。ペットボトルのキャッシュバックなど回収システムが完備されている。また，ゴミ分別教育が幼稚園でもなされており，環境保護教育が世界でナンバーワンとなっている。

　フランスやイギリスではドイツとは異なる民族性もあってか，家庭ごみは生ごみや空き缶，ビンなど一緒にゴミ箱に入れられ，分別されずに回収されているのが一般的である。筆者がロンドンに滞在した経験からであるが，ロンドンでは家庭ごみはテムズ川の下流域に埋め立てされているといわれる。

　ところで，イギリスの環境・食料・農村地域省の官僚が東京の家庭ゴミ分別システムを視察した際に，「このように面倒くさい分別のやり方はイギリス国民にそぐわないので，全く導入不可能である」とつぶやいたとか。統一行動がとれないイギリスの国民性そのままである。フランスでも同様な状況が見られる。まさしく，個人主義のなせる業であろう。

　しかしながら，ロンドンの公園や食品スーパーでは，プラスチックやビン，紙類などの回収ボックスが設置してあり，分別回収が行われている。フランスでも同様な状況であるものの，回収が進んでいるとは考えられない。ロンドンやパリを訪問調査した時，いくつかのボックスをのぞいて見たが，ほとんど空

の状態であった。回収システムは存在しているものの，家庭ごみの分別が進まない限り，リサイクルやリユースは進まないであろう。

　残念ながら，ヨーロッパの状況からみると，経済先進国の名が廃るといえよう。消費者の意識のみならず消費者行動の在り方を考え直さなければならない。それは，とりもなおさず企業の在り方を問うことになる。昨今，消費者行動の変化に対しては，多くの企業が極めて敏感になっている。

　消費者の環境保護行動が変化すれば，それに対応することが急務であり，そのことが消費者の環境保護活動の利便性を促進させ，環境保護行動が人類の生存に向けてよい方向に大転換することになる。企業のみならず政府の政策にも反映され，企業や行政をはじめとしてさまざまな組織における消費者保護政策がグローバルに進展するであろう。その意味でも，企業の現状のマーケティングからのコンシューマ・マーケティングへの大転換が重要視されるのである。

　法律については，消費者利益をいかに守るかという考え方が肝要となる。「消費者利益」とは端的に言えば，「消費者満足」の極大化である。近年，この観点が薄れつつある。日本では，かつて高度成長期には営利性の追求が主であった。よって，公害放置や消費者主権の侵害がはびこっていた。また，企業内組合制度によって従業員への利益還元がかなり厚くされていた。社会的な存在である消費者への配慮については極めて希薄であった。加えて，社会志向などは片鱗もなかった。それが転換されたのは，経済の下降期，あるいは停滞期になって，やっと，「企業利益」の考え方から「消費者利益」へのコンセプトに転換したのである。

　高度経済成長期には作れば売れる，売れるので作る，効率志向によって単価が低下しても，売り上げが伸びる時代であった。しかし，停滞期にはデザインを一新したり，複合機能を付加しても売上が伸びることはなかった。賃金の伸びが鈍化することによって，あるいは各家庭隅々に耐久消費財が普及することで，購買意欲が高まることはなかったのである。そこで，消費者志向的な消費者ニーズに対応した売れる商品の開発と生産努力に経営資源を傾注することとなった。すなわち，本格的なマーケティング手法の導入である。

　これらの動きとともに,「消費者利益」を保護する法的システムが充実されることとなった。商品の安全性, 薬害防止, 詐欺的商法の摘発など法的措置が講ぜられ消費者保護の法的強化がなされた。国会でも消費者保護を目的とした消費者庁の設置が議論され, 実現した。しかし, この類の省庁の設置は先進国ではラストであった。むしろ, 中国のほうが日本よりも消費者保護政策の強化が進んでいた。

　経済政策でも日本では企業助成策が大きなウェイトを持っていた。自動車, コンピュータ, 家電品などの関連産業では海外資本が日本に参入しないように企業の保護や助成策を強化してきた。産業優先策がとられ, 消費の局面についてはかなりなおざりにされていた。そのため, 消費者政策が弱体化し, 消費経済の充実が遅れたといえよう。よって, 今後, 消費者自身が自己の主権を確立し, 消費者自身が自己利益を確保することが求められるとともに, 政府が積極的に介在し得る消費者政策の一層の充実が待たれる。

[参考および引用文献]

松江宏編著『現代流通の新展開』同文館, 2002 年。
松江宏編著『現代流通論』同文館, 2004 年。
松江宏編著『現代マーケティング論』増補版, 創成社, 2013 年。
松江宏・村松幸廣編著『現代消費者行動』増補版, 創成社, 2013 年。
村松幸廣・井上崇通・村松潤一編著『流通論』同文館, 2012 年。

第2章

コンシューマ・マーケティングにおける消費者行動アプローチ

1 —— 消費者行動研究のアプローチ

　コンシューマ・マーケティングの考え方は，既述したように，従来の消費者・顧客志向のマーケティングを実質的に消費者中心主義によって根本から変えていくのである。すなわち，消費者行動の分析・解明を基軸として，消費者満足の観点からマーケティング理念を転換し，消費者主権を重要視するのである。現在の企業に求められるのは，消費者利益の創出を目指すとともに社会的利益とのウェルバランスを実現することであり，それが企業活動ないし企業のマーケティングと人類社会における究極のミッションである。

　戦後の所得パターンの急速な変化と自由裁量所得の増加，消費者信用供与の拡大，マスメディアの発達等に伴い消費構造の変化は顕著になっている。たとえば，耐久消費財の普及率はきわめて高くなっており，日本人の70％の人々が中流意識をもち，個性化，多様化がみられる。このような変化は，消費者をして経済の傍観者から経済活動の主体者へと転換せしめ，消費需要の変化が経済成長を左右するまでになっている。ネットの普及やスマホによるコミュニケーションの日常化など情報環境は劇的に変化している。

　今日のマーケティング環境は，このように大きく変わったが，この変化に対
応するためにマーケティング自体も新たな方向への展開が求められている。と
りわけ，マーケティング活動の対象たる消費者行動の変化を分析，把握するこ
とが肝要とされる。消費者の存在は，マーケティングの対象であるとともに計
画立案実施において中核的位置を占めている。消費者志向を標榜してきた従来
のマーケティング活動では，もはや消費者の全体像を把握することが次第に困
難になりつつある。現代はまさしく高度大衆社会であり，消費者意識は大きく
変化している。このような複雑化した消費者行動を解明し，適確なコンシュー
マ・マーケティング戦略を展開することが，急務となっているといっても過言
ではなかろう。

　消費者行動は，人間行動の一部である。また，人間行動は，複雑な変数をイ
ンプットし，ある意思決定をアウトプットする行動プロセスである。消費者行
動においても，多くの媒介変数によって製品・サービスの購買意思決定を行う
と考えられる。

　消費者行動研究の緒を開いたのは，経済学的アプローチであり，その後の理
論発展にも重要な役割を果たしてきた。具体的にいえば，経済学において展開
されてきた代表的な消費者行動論には，消費選好理論があげられる。これは，
次の3つのアプローチに区分されよう。無差別曲線分析による理論，そして限
界効用学派の理論，顕示的選好理論である[1]。これらの理論は，価格と所得と
の関係において製品・サービスの選好すなわち購買意思決定の結果をいかにし
て定式化するかにある。経済学的アプローチによる消費者行動における固有の
仮説をあげてみると，(1) 消費者は，経済動機によってのみ購買意思決定を行
う。(2) 消費者は，効用を享受し満足を獲得する。(3) 消費者は，経済合理性
を指向して行動する。(4) 消費者は，所得レベルにおいて選好判断を行う。す
なわち，経済人モデル，合理的人間モデルとして消費者をとらえている。

　コトラー (P. Kotler) によれば，経済学的アプローチは，消費者を経済人モ
デルとし，独立した理論的フレームワークとして評価し，「合理的かつ賢明な
計算に基づく購買意思決定論である」と断定し，さらに「(消費者) 個人は，自

己のし好と価格とに沿って最も多くの効用をもたらす財に支出する」[2]と記述される。また，特にマーシャルのモデルの限界を次のように指摘している。「マーシャル・モデルによれば，（1）購買者は，自己の最大利益獲得のために行動し，（2）経済合理的欲求をもつ購買者に論理的規準を求め，（3）すべての市場が経済的要因に左右されると仮定している」[3]。このような経済変数の購買行動に与える影響は無視できないとしても，製品選好またはブランド選好の形成過程の基本問題は経済変数のみならず，個々人の心理的かつ社会的な変数の相互作用である。このように経済学的アプローチについては，それなりの消費者行動の理論的な解明の成果を期待できるが，次のような限界も指摘される。

　経済学的アプローチによる消費者行動論はオペレーショナルではないし，記述モデルというよりも規範的モデルである[4]。消費者の獲得する効用の測定が不可能であるためにこの規範的モデルを実践面に応用するのは容易ではない。また，消費者パターンを変化させ，調整することは不可能である。すなわち，調整効果をも測定が不可能であるとともに，消費パターンが社会心理的影響を受けやすく，満足志向へと変化しているからである。

　加えて，この理論は，消費者を中心とするのではなく，製品を中心とした理論である[5]。もとより，経済学は効用を所与の関数としてとらえている。しかしながら，消費者行動は，個別の欲求充足という目的志向の行動である。消費者は，自己の欲求ないしニーズを充足するために製品・サービスを購買し，消費するのである。これらのことから効用概念はニーズと対象（製品）とにおける相互関連的なメカニズム・プロセスとして解明されるべきである。この視角は，製品から消費者のニーズと動機へと焦点を移行するものである。経済理論の新しいアプローチとしてランカスター（K. J. Lancaster）は，財が効用の直接対象であると仮定する伝統的アプローチから離れ，効用が引き出される財の所有や特性を中心概念としてとらえる必要があると主張している[6]。この仮定は，財のニーズ充足という製品属性を対象として理論再考に道をひらくものである。しかしながら，製品属性を本質なものとみなしながらも，消費者にとって所与であると仮定するためにそこに限界が生ずるのである。消費者の製品属

性のとらえ方は，心理学的アプローチの認知と認知バイアスとして把握される。

　経済理論は，常に消費者が適切かつ有用な情報と共通した情報を取得することを前提としている。しかし，実際には，同一の広告情報に対して消費者は，さまざまな反応を示すのである。すなわち，経済理論は選択的認知と個人の認知リスクに伴う情報利用の状況を無視していることになる。また，消費者の選好が共通であるとして，学習，態度形成，態度変化等心理的要因を無視している。

　経済学の限界を認識し心理学的手法を援用した経済学者がカトーナ（G. Katona）である。彼によれば，経済理論は，消費者の単一的動機を取り扱うという特色をもっている。これに対して，心理学は多極的動機を取り扱い，環境とともに変化する経験的学習によって形成される動機論を基盤とし，購買意思決定と消費者支出における態度や期待が支配的な役割を果たす[7]として，心理学と経済学の統合の有効性を指摘している。以下，消費者行動を社会学的側面と，心理学的側面から焦点を当て，経済学的アプローチを補足しつつ各々のアプローチの特徴と有効性について論述しよう。

2── 社会学的アプローチ

　現実の人間は，きわめて複雑な要因によって行動する。人間行動の一環である消費者行動も同様にさまざまな要因によって規定されているのである。この意味からも「消費者行動における経済的要因と非経済的要因を類別し，概念化し，操作的な変数へと転換する作業が行わなければならない」[8]。さらに，消費者個人は，社会の一構成員として日常生活をおくっている人間である。そして，相互の人間関係のなかで影響し合っている。すなわち個々の消費者行動は，集団（コミュニティ）の消費行動と密接な関係をもち，集団の消費行動は社会との関係によっても左右される。また逆に，個々の消費者行動が社会全体の消費傾向を規定しているのである。このように，消費者行動を個人と集団あるい

は社会との関連から把握する必要がある。

消費者行動の社会学的アプローチは，レファレンス・グループ（reference groups），社会的役割（social role），伝播プロセス（diffusion process），社会階層（social class），文化（culture）等の概念ツールを用いて消費者の購買行動を説明する。

まず，レファレンス・グループについてのべよう。人間は孤立した存在ではなく，まわりの人間と相互の人間関係を維持しながら日常行動によって欲求を充足し目標を達成するのである。また，人間は，自分の考え方や行動様式を評価する際に他の人々の意見を求めたり比較することによって評価するのである。このことから，個人が参加している集団は，個々人の行動に強い影響をもたらしている。個人は，集団の容認を得るために集団の制約のもとで自己の行動基準を形成しなければならない。また，個人は，定期的交渉をもたないが，同一視したり，あこがれたりする集団にも影響を受ける。これらの集団がレファレンス・グループであり，家族，仲間集団，職場や地域等の社会集団，その他宗教組織や友愛的組織があげられよう。レファレンス（準拠）とは，個人が自分自身の判断，好み，信念，行動を決定する際に依拠することであり，レファレンス・グループは個人の行動に直接的影響を与えている。とりわけ，SNSの普及によって，レファレンスグループの影響は極めて日常的になっている。いわば，口コミの影響が消費者行動に相当なインパクトとなっている。

レファレンス・グループは，次の4つに分類される[9]。第1に，個人が実際に所属しているメンバーシップ・グループがあげられる。たとえば，職場集団，遊び仲間，大学のサークル等がこれに該当する。この集団において，個人は何らかの所属意識をもち，集団の行動基準を遵守しようとする。そして，直接的に顔を会わせる対面的コミュニケーション（face to face communication）が行われ，コミュニケーション機会も多く，相互影響度も強い。SNSの口コミなども含まれる。

第2のレファレンス・グループは，性別，年齢，学歴，社会的地位等によって自動的に所属する集団である。この集団において個人は，それぞれの役割を

負っている。たとえば，男性として，大学の教育を受けている個人，21歳という年齢に達した成人として必然的なそれなりの考慮を求められ，行動が規定されるのである。個人それぞれが，与えられた環境のなかで，年齢や性別等の各々の属性に適切な行動をとるように社会的期待を負っていると考えることができよう。

　第3に，実際に所属している集団ではなく，参加したいあるいは所属したいという願望の対象としての集団である。何らかの形でその集団に関係したいと考え，その集団の特性に少しでも近づこうとする。この集団は，比較的高い社会階層を構成している人々から成り，個人は，そのステイタスシンボル，すなわち，ファッションやライフ・パターンを採用することによって同一化の努力をするのである。

　第4のレファレンス・グループは，否定したり拒絶したい集団である。この否定的レファレンス・グループは反面教師としての影響をもたらすのである。自己のライフスタイルに合わないようなファッション・グループを避けたりすることが考えられよう。

　以上のように，レファレンス・グループは，個人の欲求水準に影響を与え，満足，不満の状態を生起せしめる役割を果たす。また，その行動様式に対しても影響を与える。ボーネ（F. S. Bourne）は，製品およびブランド選択に対するレファレンス・グループの影響度の組み合わせを図表2－1のように4つの類型に区分している。ボーネは，タバコ，ビール，自動車，薬品の製品選択においてレファレンス・グループの影響が大きいとしており，衣服，家具，雑誌，冷蔵庫についてはブランド選択への影響があるとのべている。しかし，石けん，缶詰，ラジオについては，製品選択とブランド選択の影響度が小さいと結果づけている[10]。

　いかなる人間社会も，階層化されるに伴って成員の役割が必然的に規定される。その役割が社会的に一定に評価されて個人は，ある地位を占めることになる。したがって，個人によって担われる社会的役割はそれに見合った地位を伴い，これらの相互比較によって社会階層が成立する。

| 図表２－１ | 製品およびブランド選択に対するレファレンス・グループの影響 |

```
              弱－   製品へのレファレンス・グループの相対的影響   強＋
  ＋
  強                      －                        ＋
  ブ                  衣   類              自　動　車
  ラ                  家   具              タ　バ　コ
  ン         ＋       雑   誌              ビ　ー　ル            ＋
  ド                  冷蔵庫(形式)         薬　　品
  へ                  化粧石けん
  の
  レ       ─────────────────────────────────────────── ブランド
  フ
  ァ
  レ                  石　け　ん
  ン                  缶　　詰            エア・コン
  ス                  冷蔵庫(ブランド)    インスタントコーヒー  －
  ・         －       ラ　ジ　オ          テ　レ　ビ
  グ
  ル                      －                        ＋
  ー
  プ
  の
  影
  響
  －
  弱
                          製　品
```

出所：F. S. Bourne, *Group Influence in Marketing and Public Relations*, p.141.

　社会階層は，「一定の価値観，ライフスタイル，利益，行動を共有する個人あるいは家庭がカテゴライズされうる社会における比較的に継続的かつ同質的な意思決定に基づく集合である[11]」と定義されている。すなわち，地位と役割を水平的な社会関係からみれば，同質的集合が認められ，垂直的な観点からは，この集合が上下の関係に配列された成層になる。この成層を社会階層と呼ぶことができる。

　社会階層の区分には，さまざまの見解があるが，最もよく知られた区分は，ウォーナー（W. L. Warner）のそれである。彼は，図表２－２にみられるように，6段階に区分している。また，センターズ（R. Centers）は，上，中，労働者，下の4つの階層に区分しており，カーマン（J. M. Carman）によれば，上，中の上，中の下，下の上，下の下の5段階に分けている。

　次に，ウォーナーの階層分類を取り上げ説明を加えよう。上の上階層（upper-upper class）は，いわゆる上流階級で社会的な血統書つきの名門であり，上品

| | 図表2－2 | 社会階層の区分 | |

	ウォーナー	センターズ	カーマン
上の上階層	1.44 %		
上　階　層		4.0 %	0.38 %
上の下階層	1.56		
中の上階層	10.22		10.82
中　階　層		36.0	
中の下階層	28.12		30.82
労働者階層		52.0	
下の上階層	32.60		49.96
下　階　層		5.0	
下の下階層	25.22		8.02
そ　の　他	0.84	3.0	
	100.00 %	100.0 %	100.00 %

出所：D. L. Loudon, A. B. Dellabitta, *Consumer Behavior*, p.193.

に生きること，名声をあげること，コミュニティへの義務の履行がその価値観である。上の下階層（lower-upper class）は，成り金といわれる階層であり，子女の教育に熱心で上流階級に受け入れられることを強く望んでいる。中の上階層（upper-middle class）は，医者や公認会計士等の専門的職業の成功者であり，限られた所得のなかで上の階層のライフスタイルを模倣する。中の下（lower-middle class）は，ホワイトカラーが中心となっており，子供の教育に熱心で，より良い生活への志向が強い。下の上階層（upper-lower class）は，ブルーカラーの大部分である。下の下階層（lower-lower）は，失業者や半失業者，公共的救済を受けている人々によって構成される。

　さらに，これらの6種類におけるアメリカの消費者行動のパターンを明らかにするとともに店舗選択行動に言及しよう[12]。

　上の上階層の消費パターンは，他の階層とまったく異なっている。彼らは消

費において保守的で，あまり多く購入せず，製品よりもサービスをより利用する。

　上の下階層の消費者行動は，かなり顕著な消費傾向にある。高価な自動車，広大な土地，宝石のような財産や地位を誇示する購買意思決定を行う。

　中の上階層は，他の階層よりも数多くの製品を購買する。なぜならば，彼らは成功者であり，彼らの購買意思決定は，社会的意識を反映しており，高品質製品を所有することによって同僚や他の人々に成功を示すことが目標となるからである。彼らは教育程度が高く，その消費パターンは経験に基づいており，現実的評価よりも記憶を重視して支出を決定する。

　次に上の上階層から中の上階層までのショッピング行動の特徴をあげてみよう。ところで，これらの階層は，マーケティング戦略のターゲットとしては重要なセグメントとなっている。このグループの婦人は，他の階層よりも目的志向かつ効率的な購買を行う。また，何を，いつ，どこで購入するかの知識が豊富で，広範な選択を行う。店舗が清潔かつ整然としていること，趣味のよさといった環境に強い関心をもっている。そして，都市ないし郊外の専門店とか一流デパートで買い物をする。

　中の下の階層の消費者は，社会的容認を購買のガイドラインとして採用する。たとえば，家具を購入する場合，そのデザインを気にしたり，友人や隣人の評価を重視する。このように製品選択については，オリジナル性やイメージ性よりも安全性，保存性にとらわれる。また，金銭感覚が発達していて，ディスカウント・ハウスを頻繁に利用する。

　下の上の階層の消費者については，限られた範囲の製品・サービスの消費支出となっている。彼らは中間階層と比較して直接的満足を求める。たとえば，外部的支出をおさえる傾向にあり，家のサイズや立地よりも家のインテリアやエクステリアに関心が強い。また，上位階層への社会移動の制約が強いために，社会的なエリートへの希望はあまりみられない。かわりに，住宅の好みは上品さ，清潔，新しさ，安全といった外観のよさを求める。そして，製品への支出ウェイトが高く，サービス支出は低い。この理由としては，子供の教育費

が少なく，バケーションや外食にあまり金をかけない傾向にあり，DIY（do-it-yourself）の傾向が強いからである。この階層の消費者は，気のおけないなじみの店舗を利用し，販売員との人的関係を大切にする。そして，標準的な反復購買，ナショナルブランドの選択，衝動買いの消費パターンがみられ，ディスカウント・ハウスの利用度が高い。

　下の下階層は，非計画的な衝動買いの傾向が強く，クレジットの利用が多くなっている。教育程度が低く，メディア情報の把握が不適確で，消費者被害を生じやすく，特定の店舗においてショッピングを行う。

　このように，社会階層によって消費者行動のパターンが異なっている。わが国では，中流意識が根強いが，同様な傾向がみられる。

3── 心理学的アプローチ

　心理学的仮説によれば，人間の意思決定を中心とした諸行動は多面的な心理的変数が起因するとされる。この重要な規定因子として「知覚」「認知」「学習」「動機づけ」があげられる。

　知覚（perception）とは，図表 2 - 3 にみられるように，感覚的刺激によって一貫した意味のあるものとして対象を把握する学習，記憶，予測，空想，信条，態度，パーソナリティの複雑なプロセスである。感覚的刺激は，刺激要因と機

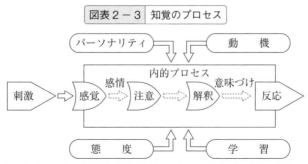

図表 2 - 3　知覚のプロセス

出所：D. L. Loudon, A. J. Dellabitta, *Consumer Behavior*, p.320.

能的要因に分類される。

　刺激要因は，物的刺激の特性自体とそれから誘引される神経システム効果である。たとえば，新聞のカラー広告は，モノクロ広告よりも多くの購読者の注意を引きつけるであろう。刺激要因は，類似性，近接性，連続性，文脈といった特性に分類される。類似性は，類似したものを1つのまとまりと知覚することであり，近接性は，他の条件が同様な場合に互いに近いものを同じカテゴリーに属するものとして知覚することである。連続性とはある部分的刺激が1つの全体を形成するものとして知覚される。文脈とは，何物かを知覚する場合に状況によって認識の仕方が相違することである。たとえば，雑誌のプレステージの高さによって掲載広告のイメージが異なる。

　機能的要因とは，個人が刺激を選択的に知覚し自己認識の一貫性を維持しようとする傾向であり，注意，ニーズ，準備からなる。注意とはすべての刺激のなかから一定の刺激を選択的に知覚することである。ニーズは知覚の度合に影響し，空腹を感じる人は，他の人と比べて食物の刺激をより知覚する。準備は，刺激に対する学習によって知覚される経験であり，たとえば，ブランドイメージは，品質の差異が存在しない場合でもブランド差異の知覚によって形成される。

　これらの知覚構成要因によって知覚地図（perceptual mapping）がつくられる。すなわち，消費者が各種のブランドをどのように知覚しているかを分析することが可能なデータを表す地図の開発がなされる。それは，新製品機会評価と競争ブランドのイメージの理解に役立ち，ブランド・イメージの変換にも応用可能である。新製品あるいは新ブランドが発表されると，消費者は，既存ブランドとの属性を比較しながら知覚する。たとえば，A，B，Cの3種のブランドがあり，新たに市場に導入されたブランドが，Bと類似的に認識されると，XはBのマーケット・シェアとの競合関係になるが，AとCのマーケット・シェアには影響を及ぼすことは少ない。

　ジョンソン（R. M. Johnson）は，図表2－4にみられるようなビールの知覚マップを作成した。このマップから，シュルツ，バドワイザーが，高価格でヘ

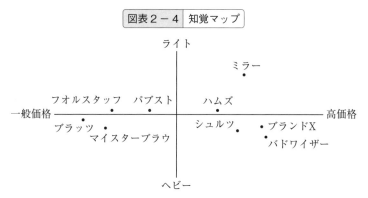

図表2－4　知覚マップ

出所：Richard M. Johnson, "Market Segmentation on: A Strategic Management Tool," *Journal of Marketing Research*, Vol.8, February 1971, pp.13-18.

ビーであると同類的に知覚され，ブランド x と競合する。しかし，フォルスタッフ，パブストとはまったく競合しないことが理解される。

　また，消費者は知覚リスク（perceived risk）を負担しなければならない。すなわち購買行動において，目的の不明確性によるリスクと当該製品・ブランドのニーズ充足が十分か否かのリスクを知覚する。コックス（D. F. Cox）は，知覚リスク要因として，購買目標の不確実性，購買対象（製品，ブランド，モデル）の目標達成度に対する不安，購買期待が実現されない場合の不満の3点をあげている[13]。

　このようにリスクは，不確実性と結果の2つの要素に関連し，不確実性は購買目標と関係があり，結果は，個人の心理的ニーズと社会的ニーズを充足する製品・ブランド属性に関連している。

　認知概念によれば，人間行動は，信念（belief），期待（expectation），予測（anticipation）等の要因によって決定され，その行動は目的志向的で意図的であるという考え方に立つ[14]。消費者行動においては，製品価格，名称，過去の経験，理解，評価あるいはイメージ，信用度等を主たる内容とする。特に，認知プロセスにおいては，再認・再生機能が重要となる。たとえば，ブランドや製品の知名度がこれにあたる。

　動機づけ理論の代表的なものとして，マズロー（A. H. Maslow）の欲求5段階説がある[15]。彼は，人間の欲求を5つに区分し，基本的欲求から高次の欲求へと展開し，欲求の階層性を主張している。人間にとって基本的な欲求は生理的欲求である。生理的欲求とは食欲や性欲といった生命体としての肉体的欲求である。この生理的欲求が充足されると安全への欲求が生じる。安全への欲求は，身体的安全や保安を求めることである。次に，愛情欲求ないし帰属欲求である。人間は，集団や家族の一員であるが，そこに所属しているという意識をもつとともに，対人的に認められていると感じる必要がある。これらの欲求が充足されると，尊重，威信，評判，地位を求める尊重欲求が生じる。人間は，集団のなかにあってリーダーシップを発揮したいという欲求をもっている。最高次の欲求は，自己実現の欲求である。自己実現の欲求は，自己の能力を最大限に発揮して，より自分らしさを強調し精神的充実感を味わう状態のとき満たされる（図表2-5参照）。もちろん，これらの欲求の階層的発生は，社会の変化と無関係ではなく，社会的要因が欲求を生起させ，より高次の欲求へと昇華し，動機形成プロセスに至る。

　学習とは，多かれ少なかれ経験の結果として生ずる。持続的な行動変容である。また，直面した状況への反応を通じてある行動を遂行したり変化したりするプロセスである。学習理論の代表として，I. パブロフ（I. Pavlov）の条件づけ学習理論がある。彼は，動因（drive），きっかけ刺激（cue），反応，再生の4

| 図表2-5 | マズローの欲求5段階 |

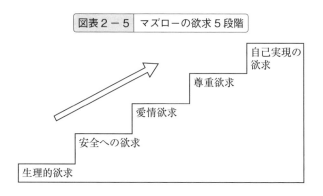

つの因子によって学習プロセスを構成している。動因とは，ニーズあるいは動機ともいわれ，個人の行動を生ぜしめる内的な強い刺激である。学習の動因としては協力，恐怖，欲求とがあげられる。きっかけ刺激は，外部環境から感覚を通じて受け入れる弱い刺激である。反応とはきっかけ刺激の集積によって生ずる有機体の反応である。再生とは，同様なきっかけ刺激によって繰り返される特定反応が生起することである。

　また，学習は媒介変数 (intervening variable) であると考えられる。すなわち，独立変数 (independent variable) としての経験や活動などと従属変数 (dependent variable) としての行動の変化などとの2つの変数間をつなぐ媒介変数としての学習プロセスであると考えることができる[16)]。これは，システムズアプローチに基づいた考え方である。

　消費者行動論への学習理論の応用の根拠としては，消費者の学習プロセスは情報探索，連想，思考のプロセスであり，購買意思決定の段階と同一である点が考えられる。

4 ── 諸アプローチの統合

　消費者行動の影響要因を明示すれば，図表2-6のようになる。これらの要因は，外部要因と内部要因に分類される。内的要因は個人の心理的要因であり，外的要因とは，個人が帰属する外部環境の影響（文化，社会階層，集団影響，個人的相互影響）である。もちろん外部環境の影響は，内的要因の変化に作用するということも無視できない。

　従来，消費者の心理は，「神秘的な心理的プロセスであり，その機能については部分的推測しかできない[17)]」ブラック・ボックスとしてとらえられた（図表2-7参照）。しかし，社会的アプローチ，とりわけ心理的アプローチの援用によってかなりの部分が解明されているといえよう。

　消費者行動は，人間行動の一部である。基本的な人間行動モデルはS → O → Rモデルによって示される。この場合，Rは反応，Oは有機体，Sは刺激で

図表２－６	消費者行動の内的要因と外的要因

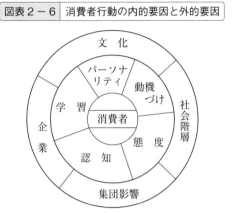

出所：P. D. Bennett, H. H. Kassarjan, *Consumer Behavior*, p.50.

図表２－７	消費者行動のインプット・アウトプット

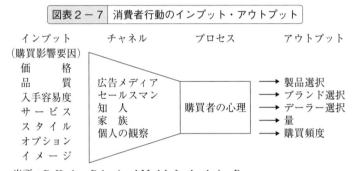

出所：P. Kotler, *Behavioral Models for Analyzing Buyers*.

ある。また，関数で示すならば，R ＝ f(S, O) である。同一の有機体に刺激が作用してさまざまの反応を生起する。

　しかし，消費者行動は全体的有機体の反応ではなく，むしろ，消費に限定された行動であるという点からOをC（consumer）に代替させ，S → C → RあるいはR ＝ f(S, C) とする。これによれば，与えられた刺激に対して消費者はさまざまに反応する。個人としての消費者は，製品特性，広告イメージ，販売員の説得といった刺激に直接的に支配されるのではなく，これらの刺激を捨象し，統合化し，ある意思決定行動を起こすのである。また，S → C → Rモデ

図表2－8　S→C→Rモデル

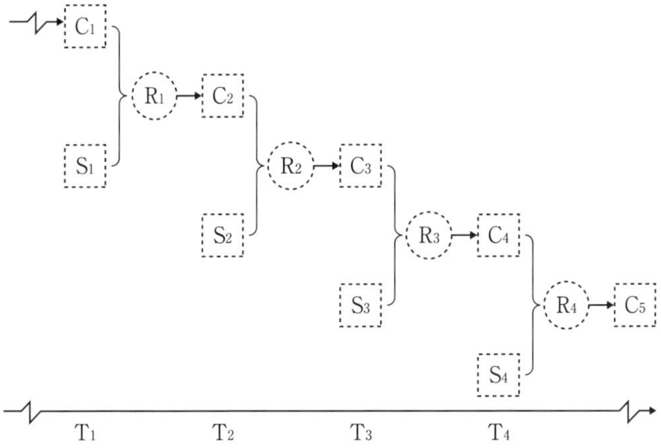

出所：F. D. Reynolds & W. D. Wells, *Consumer Behavior*, p.30.

ルは，時間の概念と経験の概念とを包摂している。

　消費者行動は，時間的経過を伴った学習のプロセスであることから，経験の集積効果が生じる。また，ある時点の消費者反応は，経験反応の連続であり，時間の経過によって変化する。そして，時間的経過に伴った各段階の反応は，消費者の環境影響と刺激とによって統合される（図表2－8参照）。

　消費者は，自己の目的規準に照応し行動するというよりもむしろ，状況の認知によって行動する。具体的には次のように仮定することができよう[18]。

《仮　　定》

　1　消費者は，さまざまな刺激または情報資源の影響を受ける。

　2　消費者は，自己の目的を達成しようとして意思決定を行う。

　3　消費者は，さまざまな状況のなかで意思決定し行動する。

　4　消費者は，さまざまに，多くの刺激（効果）に反応し行動する。

　5　消費者自身も変化する。

　図表2－9は消費者の刺激変数を示したものである。消費者サイドからみた

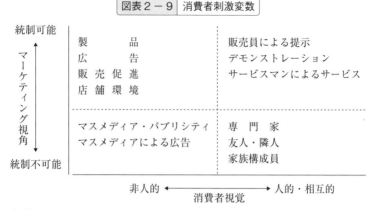

図表２－９　消費者刺激変数

出所：Reynolds, Wells, *Consumer Behavior*, p.33.

情報は，人的情報と非人的情報に分けられる。人的情報は販売員等による人的マーケティング・コミュニケーション活動によってもたらされる情報，あるいは消費者相互の双方的コミュニケーションによる情報である。非人的情報は，消費者が応答できないマスメディアを代表とする物的コミュニケーションによって提供される一方的な情報である。これらの人的情報，とりわけ非人的情報を操作することによって，消費者と環境との相互作用の評価が容易になる。消費者の情報に対する反応は，観察可能な反応と観察不可能な反応とに分類される。観察可能な反応とは，広告情報の知覚度，接触の頻度である。観察不可能な反応は，消費者の内部的情報（記憶）の探索である。情報探索とは，環境に対する心理的相互作用による現実的な思考方法であり，環境との相互関係に基づく意思決定である。情報探索プロセスは，獲得，変換，利用の３つに区分される。獲得とは刺激を知覚し解釈することである。変換とは自己の目的思考によって評価する心理的行動であり，心理的態度と評価とのプロセスである。利用とは情報の活用であり意思決定そのものである。

　消費者を取り巻く環境要素は，消費者行動研究にとって重要な役割をもつ。心理学的観点からは，個人が研究対象となるが，消費者行動研究では個人に加えて集団との関係をも対象とする。

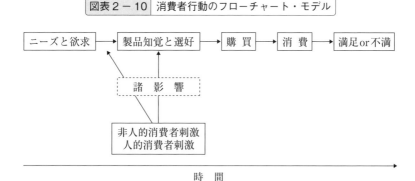

図表2－10　消費者行動のフローチャート・モデル

出所：Reynolds, Wells, *Consumer Behavior*, p.42. に加筆。

　消費者行動をフローチャート・モデルに示すと図表2－10のごとくとなろう。消費者は，過去の経験と生活環境等によりニーズと欲求を感じ，製品を知覚し選択する際には，環境の諸影響を情報として受け入れる。次に購買し費消した結果，満足あるいは不満を感じる。消費者行動論の中心概念は，購買意思決定であり，購買後の行動についてはあまり問題とされなかったが，購買後行動は消費者行動プロセスの終着点であり，その成果が消費者の次の購買行動の刺激となると考えれば，かなり重要なプロセスとして認識される。

　以上のように，消費者行動には多くの内的変数，外的変数が作用する。既述の3つのアプローチの概念を明示すれば図表2－11のようになる。消費者を多面にとらえ，個々の消費者の購買意思決定プロセスを解明するために各アプローチを有機的に統合化する必要がある。すでに，行動科学のようなインターディシプリナリ・アプローチが確立しつつあるが，消費者行動論として独立した理論の精緻化が必要である。

図表2-11	消費者行動の心理学，社会学，文化人類学，経済学の諸概念

心理学的概念
  P1　モチベーション
    1-1 生理的（biogenic）
    1-2 社会的（sociogenic）
  P2　認　知
    2-1 知　覚
    2-2 態　度
    2-3 概念化
    2-4 構　成
    2-5 意思決定プロセス
  P3　学　習
    3-1 手　段
    3-2 知　覚
    3-3 感　情
    3-4 社会的要因
    3-5 慣　習
    3-6 態　度
社会学的概念
  S1　社会化
  S2　シンボリックな相互作用
    2-1 シンボル
    2-2 役　割
    2-3 準拠集団
    2-4 観　点
    2-5 選　好
    2-6 コミュニケーション・チャネル
  S3　構造──機能
    3-1 社会システム
    3-2 機　能
    3-3 社会構造
    3-4 行動規準と価値
  S4　発達段階
    4-1 ファミリー・ライフサイクル
    4-2 経　歴
  S5　社会的差異

文化人類学的概念
  A1　文　化
    1-1 文化パターン
    1-2 文化相違
  A2　文化の変化
    2-1 変化の過程
    2-2 イノベーション
    2-3 発　明
    2-4 伝　播
    2-5 採用プロセス
    2-6 変化の要因
経済学的概念
  E1　需要（価格）
    1-1 効　用
    1-2 代替財
    1-3 差別曲線
    1-4 選　好
  E2　消費機能（所得）
    2-1 所得の仮定
    2-2 実質所得の仮定
  E3　統計的所得分析
  E4　消費者選好
  E5　在　庫
  E6　フロー
  E7　ダイナミックス
    7-1 短　期
    7-2 長　期
    7-3 事前分析（et ante）
    7-4 事後分析（ex post）
    7-5 ラ　グ
    7-6 プロセス分析
  E8　集　合
  E9　態　度
  E10 期待値
  E11 プロセス
    11-1 選　択
    11-2 使　用
    11-3 意思決定
  E12 消費構造

出所：F. D. Reynolds, W. D. Wells, *Consumer Behavior*, p.28.

【注】

1) Peter D. Bennett, Harold H. Kassarjan, *Consumer Behavior* Prentice-Hall 1972, pp.10-25.

2) Philip Kotler, *Behavioral Models for Analyzing Buyers*, p.150, in Howard A. Tompson (ed.) *The Great Writing in Marketing.* （　）は筆者。

3) ibid., p.152.

4) Peter D. Bennett, Harold H. Kassarjan *op. cit.*, p.23.

5) ibid.

6) K. J. Lancaster, "A New Approach to Consumer Theory," *Journal of Political Economy*, Vol.74, 1966, pp.57-132.

7) George Katona: "Rational Behavior and Economic Behavior," in Howard A. Thompson (ed.) *The Great Writing in Marketing.*

8) E. W. Cundiff, Richard R. Still, Norman A. P. Govoni: *Fundamentals of Modern Marketing*, p.55.

9) 塩田静雄『消費者行動』122-123頁。

10) Francis S. Bourne, "Group Influence in Marketing and Public Relations," *in Perspectives in Consumer Behavior*, Kassarjian and Robertson (ed). pp.289-96.

11) J. F. Engel, R. D. Blackwell, *Consumer Behavior* 4th ed. The Dryden Press, 1982, p.111.

12) David L. Loudon, Albert J. Dellabitta, *Consumer Behavior*, McGraw-Hill, 1979, pp.202-212.

13) Donald F. Cox. ed., *Risk Taking and Information Handling in Consumer Behavior*, 1967, pp.5-6.

14) 馬場房子『消費心理学』36頁。

15) A. H. Maslow, *A Theory of Human Motivation*, in H. A. Thompson (ed).

16) 馬場房子『前掲書』75-76頁。

17) P. Kotler, *op. cit.*, p.149.

18) Fred D. Reynolds & William D. Wells, *Consumer Behavior*, 1977, p.32.

第3章

コンシューマ・マーケティング と消費者行動のプロセス

1 —— 消費者行動の基本プロセス

コンシューマ・マーケティングを基本とする場合に，消費者行動のプロセスについて十分考察することが重要である。

消費者行動プロセスは，大別して3段階に分けられる。すなわち，購買意思決定を境として，購買前のプロセス，購買後のプロセスである[1]。

第1段階の購買前のプロセスとは，消費者が購買意思決定を行うに必要な状況設定を行うための準備のプロセスである。通常，消費者は，製品またはサー

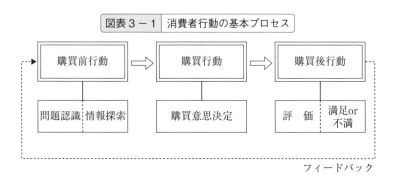

図表3−1　消費者行動の基本プロセス

購買前行動 ⇒ 購買行動 ⇒ 購買後行動

問題認識｜情報探索　　購買意思決定　　評　価｜満足or不満

フィードバック

ビスに対するニーズあるいは欲求によって購買行動を遂行するのである。この
ニーズあるいは欲求を生ずるプロセスにおいて，テレビのコマーシャル等の
マーケティング刺激が消費者に与えられ，消費者はこれに反応するのである。
この段階が問題認識のプロセスである。問題認識のプロセスは，消費者がニー
ズあるいは欲求を知覚し，より望ましい状況を創出するために現状の不満を解
消することを通じて生起する。このように，問題認識プロセスは消費者の内的
かつ心理的プロセスとして把握される。消費者のニーズあるいは欲求は，外部
刺激によって生起するのであるが，これらの知覚は人間の内的反応の結果とし
て生ずるのである。たとえば，美味そうなケーキを視覚あるいは臭覚によって
とらえ，食欲を感じたとするならば，外部刺激に対して反応したことになるが，
欲求を生ずるのは人間の内的作用なのである。

　このような問題認識プロセスを経過すると，消費者は，問題解決に必要な情
報探索行動をとる。情報探索は，購入対象となる製品・サービスあるいは，購
入予定の店舗に関する情報の獲得に努力することであるが，日常生活上，意識
的かつ無意識的に情報に接することも含まれている。言い換えれば，特定の製
品・サービスの購入を目的とする情報探索のみならず，無目的での情報取得の
行為も情報探索行動として理解されるのである。たとえば，前者の例として
は，自動車の購入のケースが考えられる。数社のメーカーの自動車の比較をす
るためにディーラーを訪れ試乗したり，カタログを受け取ることが情報探索行
動として考えられる。また後者の例として，何気なくテレビのコマーシャルや
新聞・雑誌の広告を見たり，目的のないショッピングで商品情報に接すること
によって結果的に情報探索行動を遂行することになる。

　第2段階の購買意思決定プロセスは，特定の製品・サービスを選択，購入す
る行動プロセスである。消費者は，情報探索プロセスによって獲得した情報を
プロセシングし，意思決定情報として利用する。この情報をもとに，複数の購
買対象である製品・サービスを比較・評価し，最小の物的コスト・心理的コス
トをインプットして最大のアウトプットであるパフォーマンス（成果）が期待
される特定の製品・サービスを選択する。すなわち，複数の代替案のなかから

1つの代替案を選択することが意思決定行為であり，消費者行動においては，複数の製品・サービスから1つの製品・サービスを選択購入することが購買意思決定なのである。また，消費者は，購買意思決定に先立ち，製品・サービスの比較・評価の基準を設定する。すなわち，製品・サービスから獲得されるパフォーマンスの期待水準をそれぞれの製品・サービスに対して想定し，より期待水準の高い製品・サービスを購入するのである。

　第3段階は，購買後行動のプロセスである。消費者行動を経済学的にとらえると購入行為によって消費が終結するとされるのであるが，実際には，消費者は購入した製品・サービスを使用ないし利用することによってニーズ・欲求の充足を図っているのである。むしろ，消費者行動の終局点は，購入後における製品・サービスの欲求充足度の評価のプロセスにあるとすべきであろう。消費者は，製品・サービスに対する当初の期待と使用，利用することによって得られたパフォーマンスとの比較・評価を行い満足ないし不満を感じるのである。むろん，満足ないし不満状態は心理的プロセスであり，消費者それぞれによって個人差があるのは当然である。満足状態にある消費者は当該の製品・サービスを反復購買する傾向がある。逆に，不満を覚える消費者は次回の購買において同じ製品・サービスを拒否するであろう。さらに，不満状態が強い場合には解消を図るために苦情行動を生起するのである。

2 ── 購買前行動

　既述のように，購買前行動は問題認識のプロセスから始まる。消費者は，製品・サービスの不足や欠如の状態を認識し，現実的な状況に対して不満を感じて自己の望ましい状態を想起する。このような現実的状況と望ましい状態との差を知覚して，そのギャップを埋めようと製品・サービスの購入を図るのである。

　問題認識プロセスは，動機，経験，情報の3つの要素によって構成されている。動機とは，特定の目標を達成しようとする意識性向である。たとえば，消

費者が保有している自動車のモデルチェンジが行われ旧式になってしまったと感じたならば新車を購入したいと考えるであろう。動機の形成は内的要因が外部的刺激によって変化するプロセスであるといわれる。この場合，自己の所有する自動車がもはや自己の欲求充足にそぐわないことから購買動機が形成される。

　経験とは，過去のさまざまな行動によって得られた知識，思考方法等の記憶状態をいう。とりわけ，過去の問題解決行動から派生した記憶情報の蓄積が主要な経験となり，過去の購買経験は，問題認識に大きな影響を与える。消費者の購買成果の評価がプラスであるかマイナスであるかによって問題認識度にかなりの差異が生じる。自動車の購買を例にとるならば，パフォーマンスの高い場合は問題認識度がゼロあるいは非常に低いが，逆にパフォーマンスが低く欲求充足度が低水準の場合には問題認識度が高くなる。

　情報とは，特定の意識下にあって獲得される記号の集合である。記号とは，言葉，文字のみならず，音，色彩，形態，イメージ等を含んでいる。消費者が獲得する情報は，企業の意図的な商品情報のみならず，日常生活のなかで得られる情報も含まれる。とりわけ消費者の問題認識プロセスにおいては，企業が意識的に伝達するマーケティング情報が大きな影響を及ぼしている。

　消費者は，問題認識のこれら3つの要素によって，現実的状況と望ましい状態とのギャップを解消しようと購買意識を形成する。この現実的状況とは，消費者の知覚された内的状況，すなわち自己認識に内在要因のみが関与して外在要因がまったく作用しない安定的状態あるいは時として無意識の状態を意味していると考えられる。これに対して，消費者の望ましい状態は外在する媒介変数すなわち情報的刺激に反応する心理的状態である（図表3－2参照）。

　消費者の問題認識はさまざまな形態をとるのであるが，一般的には，製品・サービスの不足に伴った自己の欲求充足のために購買行動を生起する。換言すれば，特定のアイテムへの基本的なニーズが存在する限り，問題認識のプロセスを通して消費が実現する。加えて，自己の保有する製品，利用しているサービスに対する不満も問題認識を引き起こす条件となる。

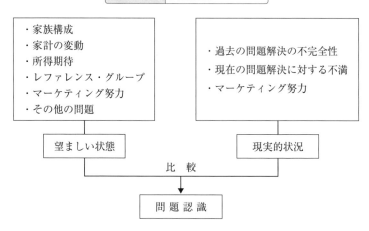

図表3－2 問題認識のプロセス

　日本における消費者のブランド志向が相変わらずであり，高級ブランドのみならず，若者の間ではユニクロやアメカジなどの身近なブランド志向も顕著になっている。この傾向は，消費者が自己の所有している製品ないしブランド属性に関して不満を持つかあるいは所有願望が強い場合にブランド変更という問題認識を持つことによるものである。また，核家族化の進展や少子化によって，消費者の購買の個性化傾向が強くなっている。これらの変化は，製品ライフサイクルの変動を生ぜしめるとともにマーケティング戦略に影響をもたらしている。

　マーケティング戦略は，直接的に消費者の購買動機を喚起することを目的として，問題認識の保持を強化するのである。既述のように，動機は，問題認識の主要な要素である，その役割は，行動を生起し成果を導出することにある。

　動機の構成要素は，動因，内的思考（autistic thinking），環境的刺激の３つに大別される。

　動因に関する定説はいまだ確立していないが一般的には，生理的・遺伝的要因による内的バランスの破壊に起因すると説明されている。また，動因は，過去の目標達成の際の動機パターンを継承しつつ特定の行動レベルの変化を誘導

することになる。

　次に，内的思考についてのべると，人間は生来，さまざまな対象に対してユニークな思考をめぐらし，ある行動によって得られるであろう期待利益のイメージをいだくのである。たとえば，大部分の人間は，単なる時間の経過のみによって空腹を感じて食欲を満たそうとするのではなく，美味そうな食事を脳裏に思い浮かべることによって食欲を充足したいと考えるであろう。むろん，外在的要因が内的思考プロセスに影響することも看過できない。

　外在要因たる環境的刺激には，物的刺激，心理的刺激の2類型がある。物的刺激は，メディア等によって伝達される情報がその代表である。心理的刺激は，問題認識プロセスに対して直接的な要因となる刺激であり，友人や身近な人のアドバイス等のパーソナル・コミュニケーションがあげられる。また，これらの刺激が，直接的に動機を変換するというよりむしろさまざまな説得によって知覚変化が生じるのである。とりわけ，既述のレファレンス・グループによる説得のような強い効果があげられよう。消費者が当該ブランドについてかなりの忠誠度を示しているとしても，所属するレファレンス・グループによって批判されるとブランド・ロイヤリティは稀釈されて，ブランド変更の動機を生じさせることになる。

　動機とニーズはよく混同されているが，明確な規定はあまりみられない。ただ，動機は単独で成立するのではなく，ニーズという基本的構成要素からなるということはかなり明白になっている[2]。

　ニーズとは，人間の内的側面としての生理的かつ精神的状態であり，動機は外的環境に作用し望ましい状況を可能にする行動へと導く動因あるいは心理的状態をいう（図表3-3参照）。

　いかなる行動も動機づけがなされ，ニーズを充足するための具体的目標を達成しようと努力を傾注するのである。しかしながら，逆説的に考えると，動機づけがなされたとしてもすべての行動が遂行されるとはいいがたい。すなわち，行動のための条件が整わなければ目標達成への行動をとることは不可能である。消費者が高価な製品・サービスの購買欲求をもったとしても支払能力を

図表3−3 ニーズと動機の比較

ニーズの類型	動機の類型
Ⅰ．生理的ニーズ	Ⅰ．生理的動機
A．食物	A．空腹
B．水	B．渇き
C．性	C．緊張緩和
D．睡眠	D．疲労回復
Ⅱ．心理的ニーズ	Ⅱ．心理的動機
A．社会的ニーズ	A．社会的動機
a．所属	a．保障
b．仲間	b．充実・愛情
c．認知	c．保障
B．エゴ的ニーズ	B．エゴ的動機
a．独立	a．認識
b．完成	b．充実・認識
c．知識	c．充実
d．自己確信	d．保障
e．認識	e．認識
f．評価	f．愛情・充実
g．尊敬	g．保障

出所：C. G. Walters, *Consumer Behavior: Theory and Practice*, p.225.

超えていれば，購買行動を断念しなければならない場合があろう。

　さらに，動機づけられた行動は，学習されることがある。過去の問題解決が経験として蓄積され，何らかの問題に直面した時に学習プロセスを通じて一定の行動方法を選択する。また消費者行動も複雑な人間行動の一部であるため，学習プロセスとの関連が非常に深いのである。その典型的な例としてブランド・ロイヤリティの形成があげられる。ブランド・ロイヤリティは，特定のブランドに対する消費者の非常に強い信頼と欲求とによって形成され，購買のルーチン化された状態をいう。消費者は，常に自己の利益を志向する学習プロセスを通してニーズの充足を図る。しかしながら，特定の目標達成へとどのように動機づけられようとも，消費者すべてが同一行動を志向するのではなく，消費者の置かれたそれぞれの環境の差異によって各々がさまざまの行動を志向するのである。換言すれば，ある環境下において適切な行動へと消費者をかりたてるのが動機の役割であるといえよう。

　別の見方をすれば，消費者は，動機を形成することによって自己の緊張緩和を図るのである。なぜならば，消費者が問題認識の下のある行動を遂行することによって問題解決への期待をもつことは，現実的状況を過去のものとして忘却しようとするにほかならない。このように，消費者は，動機形成によって消費行動を志向している。

　なお，消費者行動を生起する動機にはリスクが伴う。このリスクは知覚リスクと呼ばれている[3]。これは，消費者にとって便宜性が認められない購買とか，低レベルの製品パフォーマンス，自己の社会的地位や名声が傷つけられるような製品・サービスのマイナスリザルツが予想される場合に生ずるものである。消費者は，不確実性の減少とリスク回避のために手段を講ずる。たとえば，単一のマテリアルに関して客観的な評価基準を設定し意思決定を行ったり，多角的に情報収集を行い購買行動を正当化してリスクの減少を図るのである。

　これらのことから，企業の立場は，ニーズへの関心から動機形成という点に視点を移行することになろう。ニーズは，新製品開発やイノベーションにおいて重要と思われるが，標準的な消費者の購買意思決定においては，動機のウェイトの方が高くなっている。そのため動機形成に影響を与えるマーケティング活動としては，ストア・ロイヤリティあるいはブランド・ロイヤリティの確立，衝動的購買行動，製品選択，店舗選択，パッケージング，価格決定，ディスプレイ等についての配慮の必要性が強調されよう。

　購買前行動において，問題認識のプロセスに続いて情報探索プロセスが生ずる。情報探索プロセスとは，問題解決のために有用となる製品属性や店舗に関する知識，データを収集するプロセスである。

　情報探索活動を類型化すると，情報へのアクセスの相違によって積極的探索活動と消極的探索活動とに分けられ，情報の所在の相違から，内部探索活動と外部探索活動に分けられる。

　積極的探索活動は，確固たる購買意図に基づいて製品選択に必要となる代替製品の情報を獲得することである。たとえば，消費者が店舗を訪問し，製品カタログやパンフレットを請求したり，試供品の提供を求めたりして代替製品の比較を試みることがあげられよう。

　消極的探索活動は，購買意図が不明確でただ漠然と情報に接触することである。すなわち，日常的生活のなかで広告媒体やディスプレイを通して情報を得るのであるが，どちらかといえば，購買意思決定への影響は間接的である。

　内部情報探索活動は，消費者が過去に蓄積した記憶情報を想起し検討する心

理的プロセスである。消費者は，問題解決のために記憶状態にある経験的情報を想起し，購買意思決定に必要な情報の比較・評価を行う。しかし，意思決定情報が不充分であるとか，環境変化が著しいために記憶情報の有用性が低下すると，より広範な情報を必要として外部情報探索活動が行われる。

外部情報探索活動とは，消費者の内的な記憶情報以外の外在的な情報収集活動である。たとえば，広告，セールスマン活動，店舗ディスプレイ等のセールスプロモーションを中心としたマーケティング活動によって提供される情報や友人・知人といった身近なレファレンス・グループによるパーソナル・コミュニケーションがこれにあたる。消費者は，多くの情報源からかなりの情報を入手するが，意思決定に有用か否かの判断能力が要求されるとともに情報の信憑性の確認を必要とする。実際には，消費者は受け入れた情報を確認する手段をもちえない場合が多く，消費者被害を発生するケースがあとをたたない。

最近の消費者行動の傾向としてブランド志向が根強い。これは，消費者の本物志向，目立ちたがりの差別化志向の意識が働いているとともにブランドの信頼性，情報の信用の高さに依拠していると考えることができるであろう。消費者は，ブランド情報のすべてを獲得できるわけではない。数多くのブランドのうち比較・評価の可能なブランドについて情報探索を行う。

これらのブランド情報選択上，マーケターのとるべき方策としては，消費者に対して自己のブランドの有用性を知覚させ，ブランド評価を高める情報を提供することである。

消費者のブランド選択行動を断念したりブランドの変更を行うケースは，以下の6つであろう[4]。

(1) 当該ブランドが消費者の入手可能な範囲を超えている。
(2) 当該ブランドが消費者の動機に適合しない。
(3) 当該ブランドの情報が不充分である。
(4) 試用の結果が期待以下である。
(5) 現在使用しているブランドに充分満足している。

(6) 広告等のマーケティング・コミュニケーションに対して消極的である。

　また，消費者は，ブランド選択の際には次の3つのブランド・サブセットを設定する[5]。

　第1の想起セット（evoked set）は，消費者が購買意思決定において積極的に評価する選択ブランドである。

　第2に，不活性セット（inert set）は，消費者の購買目的に適合しない評価対象外のブランドである。

　第3の不適性セットとは，消費者が過去の不快な経験，あるいは信頼性の高いと思われるような批判的情報を入手して，購買を拒否するブランドである。

　ブランド購入の時には，想起セットが購買対象となり，他のブランド・サブセットは捨象されて情報探索活動が遂行されるのである。

　消費者は，期待利益と情報探索活動に伴うコストとの比較を行い，期待利益がコストを上回ると予測される場合に購買行動を起こす。ここで取り扱うコストは，情報獲得に必要とされる物理的要素と心理要素から成る。物理的要素とは，情報を獲得する際の貨幣的支出（交通費，通信費等）が大部分であるが，場所的移動に要する時間的コスト，さらに製品・サービスを購入し使用・利用するまでの猶予コストも含まれよう。また，心理的要素は，情報に接触し収集する際の心理的負担すなわち心理的コストである。換言すれば，購買対象についてのフラストレーション，感情である。

　さらに，消費者は，情報探索活動をすすめるにあたってさまざまな知覚リスクを経験する。以下列挙してみよう[6]。

1　財務的リスク——当該ブランドが充分機能しない場合には，消費者にとって支出が無駄になり，使用可能な状態を維持するには追加コストを必要とする。

2　実行リスク——当該ブランドが購買意図に基づいた機能を発揮できなかった。

3　身体的リスク——当該ブランドによって消費者が身体的影響を受け，健康を害したりする。

4　心理的リスク——当該ブランドのイメージが消費者の期待と合致しない。

5　社会的リスク——当該ブランドが消費者のもつ社会的意識に反する。

6　時間的リスク——ブランド選択が失敗に終わると消費者は調整，取り替え努力を必要とし時間を浪費する。

これらの知覚リスクを回避し不確実性を減少するために情報探索を行うとともに，次のような行動をとる。すなわち，信頼・名声という点からブランドを選択するか自己の経験の範囲に限定する。また信頼性の高い商品テストの結果に依存したり保証制度の整ったメーカーの製品に固執する。高価格・高品質のブランドを選択する。これらの方法をとることによってブランド選択をより簡単にするのである。

なお，学習された購買行動によって，情報探索活動の範囲を狭小化するケースがある。消費者が過去の購買成果に十分満足しているならば，当該ブランドの反復購買態度が形成され，ブランド・ロイヤリティが確立される。この場合には，ほとんど情報探索の必要は生じないであろうし，問題認識がなされても外部情報探索活動が行われることはほとんどないであろう。

消費者の必要とする情報の要件としては，製品ブランドの種類とその有用性，興味性，ニーズ充足性に優れていることである。

次に，消費者の購買意思決定に必要な情報源を類別すると，マーケティング情報，消費者相互の情報，中立的情報の３つに分かれる。それぞれについて解説を加えよう。

・マーケティング情報

これは，マーケターの直接的統制下にあり，広告，セールス・プロモーション，人的販売等のコミュニケーション活動によって，消費者に提供される製品・サービス情報である。消費者のメリットは，情報の入手と理解が容易で適切な情報であるということである。デメリットは，時として表面的で浅薄な情

報であったり，信頼性が欠如したり常に全情報が伝達されるとは限らない点があげられる。

・消費者相互の情報

　消費者のインフォーマルなパーソナル・コミュニケーションによってもたらされる情報である。その特性として，消費者ニーズに適合した弾力性に富み，信頼性が高く，情報の質が高いという点があげられる。しかし，風聞的な情報については正確性に欠けるきらいがある。

・中立的情報

　政府の定期刊行物，民間および公共の調査機関の報告書，消費者団体等の商品実験レポート，新聞雑誌の記事などのフォーマルな情報である。これらの情報の特徴は，信頼性が高く真実性に富むが，中立性を厳守するには，すべての項目を網羅することが困難であり不完全となる。さらに，情報を入手する時間とコスト負担が大きい。

　以上の情報探索プロセスを終了すると，次に情報内容の評価段階となる。情報の評価とは，消費者が入手した情報のなかから一定の比較基準に基づいて意思決定に有用な情報を峻別することであり，購買行動の準備的プロセスである。

　これらの３つに類別される情報は従来のコミュニケーション形態が大きく変化している。すなわち，ネットの普及によってデジタル化され，いつでもどこでも情報源泉に即時にアクセス可能であり，情報の受け手にとって峻別が可能となっている。消費者相互の情報においては，ネットを介した口コミが一般的になってきている。とりわけ，スマートフォンの普及によって，情報の受発信が即時的に行われ，消費者行動に与える影響が大きくなっている。このように情報プロセスの変化は製品における概念化をも変えてしまうほどである。

　コックス（D. Cox）によれば，製品とは価格，色彩，嗜好，感覚，友人のアドバイス，セールスマンの意見等の物的要素と人的要素とに情報を包摂したきっかけ刺激（cue）の配列であるとされている[7]。消費者は，代替製品選択の評価項目としてこれらのきっかけ刺激を受容し，きっかけ刺激がもたらされると

消費者は情報に関して選択行動をとる。きっかけ刺激は情報として製品・サービスに付加されており，消費者は，個別的にきっかけ刺激を認識するというよりもむしろ記号としての情報に反応するのである。

　このようなきっかけ刺激に対して消費者は，期待利益と実現利益との評価を行う。期待利益の評価とは，製品属性を要因とするきっかけ刺激を受け入れた消費者が，ある状況を想定して質的・量的期待をもつことである。また，実現利益の評価とは，きっかけ刺激と予測水準を同一とする評価基準を設定し状況判断を行うことである。このように期待利益の評価はかなり不確実性が伴うけれども，実現利益の評価法は，具体的かつ直接的評価という特徴をもつ。

　しかしながら，消費者の置かれる状況によって評価の程度はかなり相違する。たとえば，ニーズの緊急度が高いほど評価のウェイトは小さく，製品購買が重要であれば評価が高くなり，代替案が複数で複雑になれば評価度が高くなる。

　消費者は，自己の欲求・ニーズと代替製品の有用性とを比較・検討し，いくつかの可能な評価結果を創出する。この結果に基づいて購買行動を遂行し意思決定情報の探索活動を停止する。

3 —— 購買意思決定

　消費者は，情報探索活動と評価プロセスによって獲得した意思決定情報をもとに，代替案のなかで最小犠牲によって最大成果の実現が期待されうる特定の対象を選択する。換言すれば，自己意識を表現するための最も効果的な製品・サービスをイメージ・リストのうちから抽出する[8]。このように，購買意思決定プロセスは，消費者行動において収束的なプロセスであり，一定の成果を生み出す起点でもある。

　ところで，意思決定とは特定の行動可能性を高めるために当該状況の不確実性を除去し多少とも安定的要素を創出する有効な代替案の1つを選択することである。

　消費者が望ましい製品を認知すると，ブランド，価格，用途，サービス，取扱いの容易性，製品属性，購買時期等々によって何らかの刺激を受け，媒介変数により購買意思決定のヒエラルキーが形成される。このヒエラルキーは，消費者の購買慣習や製品の種類によって違ってくる。たとえば，食品や雑貨等の日常的購買行動では，意思決定ヒエラルキーはほとんどみられない。なぜならば，同様な製品の反復購買傾向が強いからである。しかし，高級品，専門品の購買に際しては，比較的にヒエラルキーの度合いが高くなっている。この場合，情報の比較・評価の時間をかなり要し，意思決定の空間的・時間的な差異がかなり強くなっている。

　一方，消費者の購買意思決定は，情報の過不足によっても変化する。情報探索活動の範囲が消費者の探索能力を超えると知識ギャップが生じ，このギャップを埋めるための適切な判断が要求される。情報不足の場合，期待利益には不確実要素が多くなり意思決定の困難性が増大する。また，逆に情報過多に伴って有用性の判断が困難となる。しかしながら，代替製品の比較検討のみならず，ある明確な意図に基づいた論理的行動をとるには，数多くの意思決定を段階的に行い，意思決定の集約を行う必要がある。

　約言すれば，購買意思決定プロセスは，(1) 情報の組織化あるいは統合化，(2) 意思決定基準の設定，(3) 意思決定の3つの段階を経て複数の代替製品から1つの製品を選択するプロセスである。

　情報探索活動と評価プロセスとによって取得した情報を問題解決のために分析可能な内容に変換し，有効な意思決定データとして整えることが情報の組織化あるいは統合化の段階である。

　次に，意思決定に必要な代替製品各々の比較基準が設定され，これに基づいて製品属性や使用価値の比較を行う。基準とは判断の根拠となる価値あるいは評価の水準である[9]。むろん，消費者は，それぞれ異なった環境条件の下で各々の基準をつくり出す。具体的には，意思決定基準の設定に影響する外在的要素としては，マーケティング情報，レファレンス・グループや個人的関係におけるコミュニケーションがあげられる。そして，内在要素としては，個人の

54

コ ス ト	パフォーマンス	適 合 性	便 宜 性
価 格	耐 久 性	ブ ラ ン ド	店 舗 立 地
修 理	効 率	ス タ イ ル	店舗レイアウト
据 付 け	経 済 性	ストア・イメージ	店舗の雰囲気
利 用	素 材	製品イメージ	サ ー ビ ス
機会コスト	依 存 性	時間的要素	そ の 他
そ の 他		外 観	

図表 3 - 4 意思決定基準（表題）

出所：C. G. Walters, *Consumer Behavior*, p.161.

知覚，ニーズ，動機，態度があげられる。

意思決定基準には，コスト基準，パフォーマンス基準，適合性基準，便宜性基準の4つがある[10]（図表3 - 4参照）。

コスト基準は，製品・サービスの入手と保全に要する物理的犠牲，時間的費消である。消費者は製品，たとえば，電化製品を購入する際に対価を支払い据付けをしてもらう。また機能を維持するには，追加的支出や時間を要し，さまざまなリスクを負担しなければならない。パフォーマンス基準は，製品・サービスの使用や利用によって獲得できるであろう物理的成果・心理的成果への期待水準である。

さらに，適合性基準とは，消費者の自己欲求と製品・サービスとの相互関連性であり，きわめて心理的側面となっている。便宜性基準は，製品・サービスや店舗属性に関連した時間的かつ享楽的な期待外利益である。

消費者は，これらの基準を複合化することによって選択評価基準を設定し，所与の条件下で最大効果を発揮しうる基準を適用する。とりわけ製品コスト基準が主要な基準となる。さらに，消費者の選択対象としては，製品代替性，店舗代替性，購買方法代替性があげられる。製品代替性は，製品の物理的属性，心理的属性である。店舗代替性は，店舗属性であり，購買方法代替性は，店舗にいたるまでの空間的かつ時間的要素である。

このように消費者は，一定の目標を設定し情報を獲得，評価して最終的に代

| 図表3-5 | 消費者の選択対象 |

製品代替性	店舗代替性	購買方法代替性
ブランド特性 ブランドの種類 価格レベル 製品パフォーマンス 製品用途	立地の特徴 サービスのタイプと質 品　揃　え レイアウト 接客態度 そ　の　他	交通の利便 購　買　形　態 時間的要因

出所：C. G. Walters, *Consumer Behavior*, p.162.

替案を選択しなければならない。しかしながら，一般的に消費者は必要充分な情報源泉を確保し，情報処理を行う能力をもっているのではなく，限定された処理能力を有しているにすぎない。そして，代替製品の比較においては簡単な経験的方法あるいはヒューリスティックスを用いる。このヒューリスティックスは，処理能力の限界範囲内において選択行動を簡素化し適応する方法である[11]。

　消費者は，記憶のなかに戦略セットないしルールセットを有しており，必要に応じてこれらを想起して特定行動の意思決定に適用する。これは，蓄積されたルールメソッドといわれる。これとは対照的に，構成的ルールメソッドは，記憶として格納されているルールの諸要素の統合化を図り選択行動を展開する経験法である。両者の基本的概念は，記憶内に確定したヒューリスティックスあるいはルールが存在するのではなく，記憶の構成要素からビルトアップされるというところにある。すなわち，消費者は，特定の状況に対処するためにヒューリスティックスを構成する共通のガイドプランをもっており，これを適用して選択意思を決定する。

　ヒューリスティックスには多くの要因が存在すると考えられるが，特に経験と知識の質的，量的程度に依存するとされている。たとえば，次のような3つの状況を想定しよう。(1) ヒューリスティックスを生起するに必要な諸要素が記憶内において充分かつ有用である。(2) 記憶内で諸要素が有用であるが充分

でない。(3) 諸要素が記憶内で有用な状態ではない。(1) のケースは，選択ヒューリスティックスの構成には記憶内諸要素がそのまま適応可能であるが，(2) と (3) では，消費者が選択を行うために諸要素を修正したり改善して再構成する必要が生じてくる。

このように，消費者は，代替製品を比較し選択行動を遂行するためにヒューリスティックスを用いて情報処理能力の範囲で複雑な意思決定を実行する。なお，自己の経験と知識，選択状況に依拠しつつこれらのヒューリスティックスを適用する場合に中断という機能が作用する。通常，獲得情報の評価段階において内的処理機能が働いて走査・中断メカニズムを通じて意思決定が行われるのであるが，中断は，代替案の比較と選択プロセスとに発生する。すなわち，比較基準が混乱し情報が不足するなど中断へのリアクションは，消費者の中断意識にかなり依存している（図表 3 - 6 参照）。

多くの場合，ヒューリスティックスあるいは経験ルールは，評価プロセスよりもむしろ代替案の比較に適用される。ライト（P. L. Wright）の指摘によれば，選択ヒューリスティックスを用いた代替製品選択プロセスは，代替製品の評価プロセスと意思決定ルールの2つに区分される[12]。代替製品の評価プロセスにおいては，インプットとしての代替製品情報を収集・獲得し，アウトプットとして一定の態度を決定する。また意思決定ルールによれば，代替製品の選択基準を明確化することになる。

代替製品の選択には，ブランド評価選択と製品属性選択とがあり，前者は代替ブランドを選択基準によって全体的に比較・評価するのであり，後者は単一の製品属性に関して製品評価が行われる。

消費者行動研究における意思決定ルール概念は，選択基準あるいは情報処理プロセスを充分に明示できない。この根拠としては，選択基準は黙契約な特徴をもっているが，最良の代替製品が選択されるという仮定に立っているということである。しかし，この仮定は，最初の代表製品と次の代替製品との相違を無視している。実際には，消費者の経験するコンフリクトが選択行動に影響することから考えると代替製品の相違は重要になる。たとえば，2つの代替製品

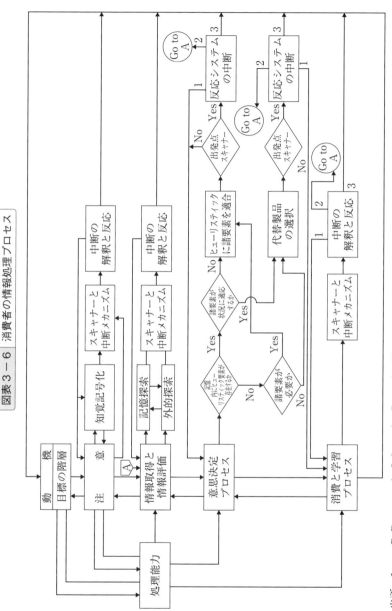

図表 3 − 6 消費者の情報処理プロセス

出所：James R. Bettman, *An Information Processing Theory of Consumer Choice*, p.177.

が類似していると，消費者は，選択行動を起こす前により詳細な情報を獲得し
ようとする。

　選択ヒューリスティックスの12の具体例をあげて各々について解説を試み
よう（図表3－7参照）。

　作用ヒューリスティックスは，かなり単純的ルールである。消費者は，代替
製品属性や信念を試みるのではなく，単に，代替製品の評価を記憶から自動的
に引き出すだけである。最初の処理行動をとった後に作用ヒューリスティック
スが主に用いられ，他のヒューリスティックスが選択のために採用される。す
なわち，消費者は全体的評価を学習し，これらの作用を受けるのである。加え
て，作用ヒューリスティックスは消費者がより詳細な処理プロセスを必要とし
ない最寄品の選択に適用される。

　線形的購買補完法は，一般的で線形購買のタイプである。特定の代替製品を
想定し，V_iをi番目の属性評価とし，W_iをi番目の属性ウェイトとする。単
一の代替製品に対する評価Eは，次のような線形ヒューリスティックス・モ

図表3－7　ヒューリスティックスの類型と比較

ヒューリスティック	評価プロセス	選択基準	処理形態
作用ヒューリスティック	全体的評価	最上選択	中位
線形的購買補完法	ウェイト評価	最上選択	ブランド
一般的情報統合	一般的関数	最上選択	ブランド
接続法	任意導出	不定	ブランド
分離法	任意導出	不定	属性
序列法	任意導出	不定	属性
連続評価法	任意導出	不定	属性
消去法	任意導出	不定	属性
半序列法	任意導出	不定	属性
付加的差異法	相対的評価	最上選択	属性

（注）任意導出とは，代替製品各々について評価が引き出され，一定のルールに
　　よらないプロセスである。

出所：J. R. Bettman, *An Information Processing Theory of Consumer Choice*, 1979,
　　p.184.

デルで示される[13]。

$$E = \sum_{i=1}^{n} W_i V_i \quad (i = 1, \ \cdots\cdots, \ n)$$

また，代替製品ルールは標準的線形ルールとなり次のように求められる。

$$E = \sum_{i=1}^{n} W_i^* V_i \qquad ただし \qquad \sum_{i=1}^{n} W_i^* = 1$$

　代替製品選択のケースによって属性ウェイトが同等の場合と，相違する場合があるが，いずれにしても属性に関するポジティブなデータとネガティブ・データが相互に補完し合い相殺される。

　一般的情報統合法は，線形的購買とは異なり，属性ウェイトと属性評価とが必ずしも線形関数ではなく，一般的関数によって代替製品の全体的評価を行うために統合化される選択ヒューリスティックスである。単一的な情報評価に依存するのではなく，当該情報を分析し，複合化・統合化して評価に有用な情報として整合し利用する場合がこれにあたる。

　接続法において，消費者は，それぞれの局面に対して最小犠牲の行動をとると仮定される。この場合，ネガティブ・データが判断材料となり，代替製品が行動対象として不適切であれば拒絶される。すなわち，代替製品の直接評価は行われず，適応性を有するか否かによって製品類別化が行われる。

　接続法は非補完的であり，一定の代替製品属性の高価値は他の属性価値を補完できない。分離法によれば，消費者は，各々の局面に対し受容可能な標準行動を生起する。そして，代替製品がある属性について標準以上であればそれを適用する。また，評価プロセスに基づいて受容可能な代替製品と不可能な代替製品とを類別し，満足基準によって選択を行う。分離法ルールを適用するとポジティブ・データにウェイトを置くとともに非補完的行動をとる。

　序列法ヒューリスティックスは，製品属性の重要度によって序列化するのが特徴である。代替製品は，最初に，最も重要な属性の比較が行われ，当該属性について最もすぐれた代替製品が選択され，他の属性は無視される。また，代替製品セットが近接していると，副次的な属性の比較が行われる。このように第

1番目の属性が検討され，次々と他の属性が比較されると，属性ごとに代替製品クラスが形成され，序列的評価が行われる。しかし，この序列法にも問題点が残る。すなわち，属性の序列と当該属性の評価基準が不明瞭でありすべての属性が検討された後に，残存する属性間の連鎖が考慮されないことである。また，序列的ヒューリスティックスは，属性に基づく意思決定であり，非補完的である。

連続評価法において，消費者は，個々の属性について近接的行動をとると仮定され，1つの属性を選択しこの属性について最良の代替製品を評価する。さらに，もう1つの属性が選好されこれが評価され，順次代替製品評価がなされる。

消去法は，製品属性をウェイトづけする方法である。選択状況において自己の欲求充足度の低い代替製品から消去される。ついで，副次的属性が評価される。

半序列法では，消費者は，重要な属性について製品期待が均衡している場合のみならずあまり重要でない副次的属性をも考慮する。そして，間接的評価がとられ消去された代替製品も評価対象となる。

付加的差異法は次のような関数で示される。

$$\sum_{i=1}^{n} \varphi_i \left[V_i \right] V_i(X_i) - V_i(Y_i) \geq 0$$
$$\varphi \text{ は状況差異関数}$$

X，Yの2つの代替製品の選択を仮定し，i時におけるXの効用を$V_i(X_i)$，Yの効用を$V_i(Y_i)$ とする。この場合，XとYの差異が認識されXが選択される。このヒューリスティックスでは，個別評価よりもむしろ比較評価によって差異の測定が行われる。この半序列法は付加的差異法の特殊ケースである。

位相戦略は，混成ヒューリスティックスであり，第1段階では，ある代替製品を消去するために接続法ルールが用いられ，第2段階では，残存する代替製品セットの比較に線形的ヒューリスティックスが適用される。位相戦略は代替製品を抽出するための複雑な選択を簡素化する効果的なヒューリスティックスである。

　消費者は，これらのヒューリスティックスを購買状況に応じて採用するが，個別的にヒューリスティックスを適用するのではなく，複合化あるいは捨象しながら行動目標を設定するのである。

4──購買後プロセス

　消費者は，製品・サービスを購入し利用し自己の購買意思決定が妥当であるか否か購買成果を評価する。その手順として，まず記憶セットを拡大し，店舗選択あるいは製品選択を行う。代替製品評価の際に当該製品に対し期待をもち，購買後に製品を使用した結果としての製品パフォーマンスを獲得する。さらに製品への期待水準と製品パフォーマンスとの比較によって評価する。獲得されたパフォーマンスが期待水準を上回っていれば，消費者は満足するが，逆に，パフォーマンスが著しく期待水準を下回ると不満の状態となる。

　消費者満足は，動機あるいは期待報酬が実際の購買成果と一致または上回る場合に生ずる心理状態である。通常，消費者は，購買に際していくつかの期待を有している。たとえば，(1) 製品・サービスの特性と効用，すなわちアイテムから直接的に引き出される期待利益，(2) 製品・サービスの直接的利益を獲得する以前のコストと努力，(3) 購買後の社会的利益とコスト（環境に対するインパクト）があげられよう。

　さらに，消費者満足あるいは消費者の報酬は，継続的な購買意思決定の要因となりうる。すなわち，購買態度は，同じような刺激による強化によって学習され購買ルーチン化が生起する。さらにポジティブな強化がなされるに従って，消費者は，同一ブランド購買を継続し，ブランド・ロイヤリティを形成する。

　また，消費者は，購買評価プロセスによって認知不協和といわれる不安定状態を感じ，これを解消しようとしたり，避けようとする。エンゲル＝コラット＝ブラックウェル（J. F. Engel & R. D. Kollat, D. T. Blackwell）によれば，次のような条件下で認知不協和が発生するとされる。

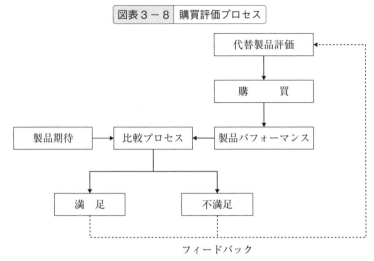

図表3－8 購買評価プロセス

出所：D. L. Loudon, A. J. Dellabitta, *Consumer Behavior*, p.517.

(1) 消費者が自己の生活のなかで不一致レベルに達するまで耐えているが，これを越えた場合。

(2) 行動の変更が不可能な状況にある。

(3) 選択可能な代替製品が消費者にとって最も望ましい特性を有する。

(4) 望ましい代替製品が多数存在する場合。

(5) 有用な代替製品が属性優位にある場合。

(6) 消費者が心理的要因を中心として意思決定する場合。

(7) 消費者の意思決定に何らの強制作用を伴わない。

　消費者は，代替製品を再評価したり，その選択を正当化しようと新たな情報を探索し，購買態度を変更して認知不協和の解消を図る。すなわち，消費者は，自己の選択した製品属性を誇張する一方で他の製品属性の重要性を軽視しようとする。換言すれば，自己の認知不協和を減少せしめるために代替製品の偏向性を見つけようとする。また，購買段階以上に代替製品の均衡を図ろうと再評価し，認知の重複化によって特定のイメージを確立しようとする。さらに，消

図表３－９ 消費者の購買評価プロセスと態度変化

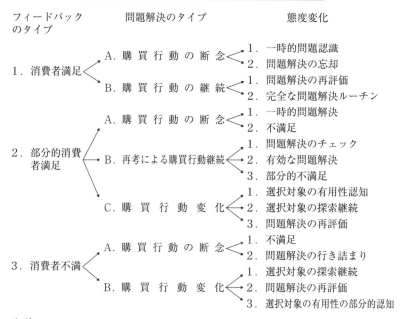

フィードバック　　　　　　問題解決のタイプ　　　　　　態度変化
のタイプ

1．消費者満足
　　A．購 買 行 動 の 断 念
　　　　1．一時的問題認識
　　　　2．問題解決の忘却
　　B．購 買 行 動 の 継 続
　　　　1．問題解決の再評価
　　　　2．完全な問題解決ルーチン

2．部分的消費
　　者満足
　　A．購 買 行 動 の 断 念
　　　　1．一時的問題解決
　　　　2．不満足
　　B．再考による購買行動継続
　　　　1．問題解決のチェック
　　　　2．有効な問題解決
　　　　3．部分的不満足
　　C．購 買 行 動 変 化
　　　　1．選択対象の有用性認知
　　　　2．選択対象の探索継続
　　　　3．問題解決の再評価

3．消費者不満
　　A．購 買 行 動 の 断 念
　　　　1．不満足
　　　　2．問題解決の行き詰まり
　　B．購 買 行 動 変 化
　　　　1．選択対象の探索継続
　　　　2．問題解決の再評価
　　　　3．選択対象の有用性の部分的認知

出所：C. G. Walters, *Consumer Behavior*, p.173.

費者は，購買意思決定に充分な情報を獲得しているか，または自己の製品・サービスの選択が不充分であると認識している場合には，認知不協和を増長するような情報については極力避けようとするし，自己の意思決定を支持する情報を求める。

【注】

1）C. G. Walters は，（1）購買製品の決定，（2）情報探索，（3）選好の設定，（4）購買意思決定，（5）購買後評価の５段階に分類している。
　　C. G. Walters, *Consumer Behavior*, Richard D. Irwin, Inc., 3th ed., 1978, p.85.
　　J. F. Engel, R. D. Blackwell, D. T. Kollat は，（1）問題認識，（2）情報探索，（3）代替製品評価，（4）選択，（5）支出の５段階に分類している。J. F. Engel, R. D. Blackwell, D. T. Kollat, *Consumer Behavior*, The Dryden Press, 3th ed., 1978, p.21.
　　D. L. Loudon, A. J. Dellabitta によれば，（1）問題認識，（2）情報探索と評価，（3）

購買プロセス，（4）購買後行動の4段階に分けている。

D. L. Loudon, A. J. Dellabitta, *Consumer Behavior: Concept and Application*, McGraw-Hill, Inc., 1979, p.38.

2) Joe Kerby, *Consumer Behavior: Conceptual Foundations*, N.Y.: Dun-Don-nelley 1975, pp.68-71.

3) Charles, M. Schinger, "Perceived Risk and Personality," *Journal of Consumer Research*, Vol.3, September 1976, pp.95-100.

4) David L. Loudon, Albert J. Dellabitta, *op. cit.*, p.462.

5) Chem L. Narayama, Rom J. Markin, "Consumer Behavior and Product Performance: An Alternative Conceptualization," *Journal of Marketing*, Vol.38, January 1971, p.2.

6) Ted Roselius, "Consumer Rankings of Risk Reduction Methods," *Journal of Marketing*, Vol.35, January 1971, pp.56-61.

7) Donald F. Cox, "The Sorting Rule Model of Consumer Product Evaluation Process," in D. Cox（ed.）*Risk Taking and Information Handling in Consumer Behavior*, Division of Research, Graduate School of Business, Harvard University, Boston, 1967, pp.324-369.

8) D. L. Loudon, Albert J. Dellabitta, *op. cit.*, p.471.

9) C. G. Walters, *op. cit.*, p.160.

10) *ibid.*, p.161.

11) James R. Bettman, *An Information Processing Theory of Consumer Choice*, Addison-Wesley Publishing Company., 1979, p.174.

12) Peter L. Wright, "Consumer Choice Strategies: Simplifying VS. Optimizing," *Journal of Marketing Research* 11, February 1975, pp.60-70.

13) J. R. Bettman, *op. cit.*, p.180.

第**4**章

コンシューマ・マーケティング
と消費者満足

1 —— 人間行動における満足の概念

　コンシューマ・マーケティングにおいては消費者満足実現が大きな課題とな
っていることは，既述したとおりである。ここでは，満足概念をめぐる問題に
ついて詳説してみよう。

　消費者は，社会的生活を営むための消費者活動という一定の領域のなかでと
らえられる人間行為の主体者である。この意味から消費者満足とは，一般的人
間行動によって得られる消費行動領域の特定の状態である。換言すれば，消費
行動は人間行動の一部であり，消費者満足は人間満足の一部分である。そこで，
われわれは，諸種の観点から人間行動における満足について言及することが大
切であろうと考える。

　第1に精神学的立場から満足概念について述べると，満足概念を説明する場
合に調整（adjustment）という用語を用い「充分に調整された人間は，満足状
態にある人間である」と規定している。調整という用語の精神学的意味は，「あ
る状況に対応した人間行動と個人の環境に対応した自己とを適切に関係づける
ことである」[1]。精神学の満足概念を援用すれば，消費者は，自己の環境適応

を図るために企業の提供する製品・サービスを購入し満足を実現するための何らかの調整を行う。この場合には、消費者とマーケターとの関係において調整機能が働くと考えることが妥当であると思われる。

　次に、心理学的立場から満足概念を説明しよう。心理学はいくつかの学派に分化しているが、学習理論の観点からすれば、「満足」の説明には、報酬概念を用いる。報酬とは、刺激によってもたらされる動因の減少であり、たとえるならば、食事をとることによって刺激が与えられ空腹の動因が減少すると考えられる。心理学的関心は、精神的慰安、ストレスの解消、緊張の緩和、不安の解消等にあり、心理学的立場での満足とは、人間が内的（心理的・精神的）慰安を求める何ものかである。換言すれば、消費者は、市場に対して内的満足を求めているといえよう。

　社会学の立場からみると、個人は、集団のなかでの人間の相互作用によって存在しており、満足状態とは、人々の相互関係が調和している状況をいう。

　社会学的考え方を援用すると、消費者満足は、購買者と販売者との調和的関係から派生する。これは、両者がそれぞれのニーズを理解するという意味から多分、真実味のあることであろう。

　さらに、生態学では、人間と環境との相互関係に関心を示す。エコロジストによれば、すべての環境要素に順応し、あるいは調整づけられた場合に人々は満足状態にあるとされ、環境への順応は短期的満足を実現し、調整は、長期的満足を生ぜしめるとされる。この考え方から、消費者満足の要素として時間的経過が重要となる。また満足は、人間の外的事象から生ずることが理解される。

2 —— 消費者満足概念

　消費者満足は、人間行動の一部すなわち消費生活行動の結果として位置づけがなされる。消費者行動は、製品・サービスを購入し、使用し一定の効用を得ることを目的としている。この意味から、消費者満足は、製品・サービスの購買を前提条件とする。また、既述のように満足とはきわめて主観的な心理状態

であり，満足が生じるプロセスとして消費者の獲得した一定の成果と行動目標あるいは期待との比較がなされる必要がある。

　さらに消費者満足概念を明確にするために，いくつかの消費者満足定義をあげて解説しつつ検討を加えてみよう。

　オルティナ（D. J. Ortinau）は「消費者満足とは，購買対象（製品・サービス）に対する消費者が知覚した態度レベルである」[2]としており，心理的レベルの形成について言及している。また，リキンズ（M. L. Richins）は，消費者満足のみならず消費者満足のマイナス状態である消費者不満についても，次のようにのべている。

　「消費者の不満は，消費者の知覚した製品パフォーマンスが期待よりも下回る場合に発生し，逆に，消費者満足は，知覚された製品パフォーマンスが期待と同等であるかそれ以上であれば生ずる」[3]と規定している。この見解は，期待とパフォーマンスとの比較という期待満足理論を根拠としている。また，この考え方は消費者満足理論におけるきわめて一般的かつ共通の定義であるといえよう。ここにおける製品パフォーマンスとは，消費者が製品を購買，使用した結果，獲得した物理的あるいは心理的利益ないし成果である。

　次に，ハンディ（C. R. Handy）の記述によれば，「消費者不満とは，ある製品またはサービスに関する理想的な属性の組み合わせと，実際に市場に導入された製品またはサービスの属性とのギャップあるいは隔たりである」[4]とされ，マイナスの消費者満足すなわち消費者不満を属性の観点からとらえている。このように属性レベルでの満足評価は，属性の範囲をどのように規定するかによって，その結果がかなり相違するであろう。属性は，物理的属性と心理的属性に区分される。物理的属性とは，物理的要素ないし物理的要素が複合化されたもの，すなわち材質，機能（物理的機能），形状といった有体物のもつ特徴である。これに対して心理的属性とは，消費者が製品から受ける印象が中心となる。すなわち製品イメージ，優越感，等である。現代のソフト化傾向にある消費者行動においては，物理的属性よりもむしろ心理的属性が重要になりつつある。またハンディのいう属性の組み合わせとは，消費者が主観的にとらえる製品属

性であり，心理的レベルが主になると考えられ，属性は，消費者それぞれによってその内容を異にしていると理解すべきであろう。

　マクニール（J. U. McNeal）の見解によれば，消費者満足とは，「購買行動によって自己の心理的な不安状態を均衡させ，消費者が望む生活事象に対応する準備状態をつくり出す程度」[5]である。この考え方はきわめて心理学的な把握を特徴としニーズと緊張の適合関係に基づいている。消費者は現実の状態に対して不満を感じ，製品ないしサービスの購買をきっかけとしてその状態からの離脱を図る。そして望ましい状態への帰属が可能となった場合に満足を感じる。逆に，現在の状態から脱却できない場合は不満状態のままである。しかしながら，この定義には限界が見うけられる。すなわち，いかなる時にどれほどの時間にわたって満足状態が生ずるのかという時間的考察がなされていない点が指摘されよう。加えて，市場というよりむしろ消費者個人の満足に焦点を当てている。

　通常，満足は，製品・サービスの購買行動のみならず，ショッピング行動あるいは広告に対する関心というような消費者の日常的行動によって生起すると考えられる。このように多くの要因あるいは状況によって欲求充足度が変化する状態のなかで満足水準を明確化あるいは測定することが困難となってくる。ここで満足プロセスの研究態度としては満足プロセスに作用する要因を取り上げこれを操作することによって満足度の影響を測定することが必要となる。

　以上，消費者満足ないし不満についての諸定義をあげ，検討を加えてきたが，論者それぞれの考え方の立場あるいはアプローチの方法によってかなりの相違がみられた。基本的な共通性をあげれば次のとおりである。

1　消費者満足ないし不満は，その対象となる製品，サービスの購買や使用経験を必要とする。
2　消費者満足ないし不満は，消費者が享受する製品・サービスの便益あるいは，パフォーマンスに対する期待と実際的な成果（リザルツ）との比較によって行われる主観的評価の程度である。

3　消費者満足ないし不満の起点となる評価は，製品属性のみならず製品サービスの購買行動と使用の多次元的な構造をもつ。

4　消費者満足ないし不満は，消費者の置かれている生活の場よりとらえられ，消費生活を構成する諸種の生活局面の多段階レベルの各々の段階において生じ，これらの各レベルをサブシステムとするトータル・システムと密接に関連している。

5　心理的な状態としての消費者満足ないし不満は，消費者のそれぞれの経験と外部からの情報的作用を受けるとともに，時間的経過によっても変化する。

6　消費者満足ないし不満は，消費者としての役割に参加する個人の心理的状態である。

　消費者満足についての明確な定義づけはかなり困難である。たとえば，民主主義のニュアンスは人々によってさまざまであいまいであり，主義主張あるいは政治的立場によってかなり相違するであろう。満足についても，個人の生活環境によって左右されるとともに，主観的状態であるため，状況の把握が非常に困難となる。

　以上の諸点を踏まえ，消費者満足ないし不満に関する一応の定義づけをしてみよう。

　消費者満足ないし不満とは，製品・サービスの購入と使用あるいは利用という経験に基づいており，消費者が消費生活の場において獲得する製品・サービスのパフォーマンスと期待水準との比較によって生じる主観的な心理状態である。また，パフォーマンスは時間的経過に伴い変化し，満足ないし不満状態も変化する。

　消費者満足ないし不満に関する研究は1965年ごろから実験研究あるいは，フィールド研究としてアメリカでさかんに行われ，今日に至っている。以下では代表的な研究を取り上げ，消費者満足・不満について論究しよう。

3── 製品期待と消費者満足の基本モデル

心理学の分野では個人の期待不一致について多くの論争がなされているが，マーケティング理論のなかではプロモーション・ミックスのデザイン問題としてほとんど等閑視されてきたきらいがある[6]。消費者の期待度が高いか否か，製品パフォーマンスが低すぎるのか，あるいはプロモーション・メッセージが不適切であるか否かによって QC，価格，プロモーションといったマーケティング要素についての政策立案の意図が変化するであろう。また企業のプロモーション・ミックスが消費者の製品購買・使用によって不満を生じることになるかもしれない。期待が一致しない場合，消費者の製品知覚と満足とにいかなる影響をもたらすか，この問題を解くためにいくつかの期待理論に基づいて考察をすすめる。

フェスティンガー（Leon Festinger）の認知不協和の理論[7]によれば，期待不一致は，不協和あるいは心理的不満の状態である。この理論からすれば個人は，過去の経験，信念，態度，環境についての知覚要素（知識）を有している。同様に消費者は，経験を通じて友人，広告，セールスマンから継続的に製品情報を入手し，次第に他の消費者との一致を求めようとする意識を形成する。なお，心理的不協和を感じると行動の変更によって心理的不満を解消させようとする。さらに不協和が強ければ強いほど意識要素を変更し，不協和の解消に努力する。製品期待と製品パフォーマンスとの間に差が存在する場合には，消費者は期待ラインに近づけようと製品知覚を変更し，心理的緊張を柔らげようとする。このため製品についてのプロモーション・ミックスは，消費者の評価をより高めるために製品パフォーマンスを越えた期待を導出することが必要となる。図表4−1によると，知覚された製品パフォーマンスは常に，対象製品パフォーマンスと期待の間に存在している。この理論に対する批判としては，知覚された購買の失敗を学習するのではなく，過去の購買後の不協和を自己の意思決定を正当化することによって減少せしめると仮定するところに限界が存在

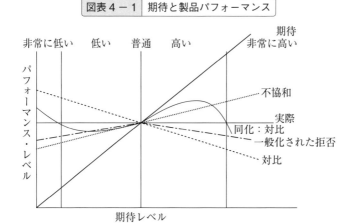

図表4－1　期待と製品パフォーマンス

出所：Rolph E. Andersen, "Consumer Dissatisfaction: The Effect of Disconfirmed Expectancy on Perceived Product Performance," *Journal of Marketing Research*, February 1973, p.39.

すると指摘されよう。

　コントラスト理論に基づけば，期待と現実の製品パフォーマンスが合致しない場合，消費者は，意外効果（surprise effect）あるいはコントラストによってこの相違を誇張したり拡大したりする。この立場から消費者の製品知覚は，図表4－1のように予測される。コントラスト理論によれば，広告による製品の質についての説明が行われない場合に，消費者は高い満足を獲得すると考える。むろん，あまりにも貧弱な説明であれば，他のブランドを選択することも考えられる。

　カードゾ（R. N. Cardozo）は，購買努力変数を意思決定プロセスに導入した研究を行っている[8]。彼は，製品パフォーマンスが期待以下の場合に消費者の製品評価あるいは満足は低いが，製品獲得に費やされた努力の増大に伴い，満足度も上昇すると結論づけている。しかしカードゾの成果は方法論的エラーによって信頼性があまり高いとはいい難い[9]。その理由としては，調査対象である製品（ボールペン）について製品カタログ上の価格が高い（平均1.95ドル）かあるいは安い（平均0.39ドル）かによって生じた期待を所与としていることが

あげられる。また，カタログ製品を比較するために 0 ～ 100 までのスケール評価を採用しているけれども，個々人の格付け基準がきわめて主観的であるため相対的評価が不可能である。たとえば，1.95 ドルのボールペンについて高い期待をもち格付けを 50 とした場合に，低い期待度 39 セントのボールペンに対し同様の格付けをするケースが生じている。

　第 3 として，一般化された拒否（generalized negativity）の理論に基づいた期待・不満研究がある。消費者が製品に対し，特定のパフォーマンスを期待していたが，これと相違したパフォーマンスが生じた場合には，何ら期待をもたなかった以上に不快なものとして判断するであろう。そして，ターゲットとする消費者の苦情は実際の製品パフォーマンスと期待との合致を求めるものであり，マーケティングの立場にとっては継続的市場機会としてとらえることができよう。この理論によれば，期待と製品パフォーマンスが一致した場合にのみ消費者は，対象パフォーマンスが望ましい状態であるとして製品評価を行う（図表 4 - 1 参照）。

　第 4 として，同化理論（認知不協和理論）とコントラスト理論とを結合した同化・コントラスト理論がある。消費者の期待と製品パフォーマンスが相違すると，期待に対して製品知覚を変更しようとする同化効果を生起せしめ，さらに期待と製品パフォーマンスとのギャップが大きくなれば，製品知覚を誇張するコントラスト効果が生じる。同化効果とコントラスト効果の作用は期待と製品パフォーマンスとの相対的な乖離の関数として考えることが可能である。この場合，プロモーショナル・メッセージは消費者の受容範囲での製品パフォーマンスとの相違が生じないとすれば，かなり高い消費者期待を創出する。なお，同化・コントラスト理論では図表 4 - 1 のように S 字によって消費者知覚を示す。

　以上の 4 つの期待理論に基づいてアンダーソン（Rolph E. Anderson）は，次のような仮説を立てている[10]。

　1　ゼロ仮定……製品知覚は期待レベルによって相違しない。

2　同　　　化……製品知覚は期待レベルに伴い変化する。

3　コントラスト……製品知覚は期待レベルとは反対に変化する。

4　一般化された拒否……期待とパフォーマンスとの乖離がある場合，製品
　　知覚は，常に否定され，その程度と乖離の度合と正の関係にある。

5　同化・コントラスト……製品知覚は実際的なパフォーマンス範囲を越え
　　て期待と直接的に関係する。しかしこの範囲よりも高いあるいは低い場合
　　には期待レベルとは逆に変化する。

　これらの仮説を実証するために，次のような調査研究が行われた。独立変数
としての期待度を操作するために，説得的製品情報を5つの段階に分け被験
者に対し，アットランダムに期待をいだかせる方法をとる。5つの段階とは，
C_1 – 製品特性について熟知している。C_2 – 製品特性について多少理解してい
る。C_3 – 製品の説明が明確になされている。C_4 – 製品特性について少し誇張し
てのべられている。C_5 – 製品特性について大いに誇張されている状態であり，
加えて，C_0 – まったく情報が与えられないが，経験上コミュニケーションがあ
るという状態によって調査がなされた。調査は，小売価格1ドル程度の無印の
ボールペンについて，学部のマーケティングコースの144人の学生を対象とし
ており，所持したボールペンが高くついたか安くついたか評価するように求め
ている。また対象者（S_S）は，一定期間製品テストすることができ図表4－2
のように40セントから64ドルまでの製品評価をして記録する。15のビジュ
アルな特性とパフォーマンスについて格付けをする。これらのウェイト付けの
ない評価は第1の従属変数となる。第2の従属変数は総体的特性であり，ウェ
イト付けされた相対的評価である。第3の従属変数はボールペンの価格評価が
主観的に記述される（図表4－2参照）。
　実験結果によれば，C_5に至るまでのプロットは同化理論との整合性が認め
られ，期待不満の同化・コントラスト理論については3つの従属変数について
製品評価が低くなっている。最もデータが適合するのが同化・コントラスト理
論（仮説5）であろう。この結果，消費者は，製品理解が容易な場合において

図表4-2	製品評価のスケール

$↓	外観	書き味	構造	ワンタッチボタン	カートリッジ	クリップ	インクの出方	フィーリング	プライオリティング・パフォーマンス	インクの質	耐久性	スタイル	品質管理	重量	型	総体的特性
.04																
.06																
.09																
.12																
.25																
.37																
.50																
.75																
1.00																
1.50																
2.00																
4.00																
6.00																
8.00																
12.00																
16.00																
24.00																
32.00																
48.00																
64.00																

このボールペンの正確な価値はいくらですか。　$ _____

出所：Rolph E. Anderson *op. cit.*, p.41.

期待が若干低いレベルで製品評価をより低く知覚する傾向にある。また，より判断が困難かつ複雑な製品については，消費者の情報依存度が高まり，違った結果をまねくであろう。さらに情報の量の視点から考察を加えれば，C_3における評価はC_0における評価よりも高くなっており，情報がまったくあるいは少量しか提供されない場合よりも，正確な製品説明が行われる場合のほうが望ましい製品評価が得られる（図表4-3参照）。これは，消費者の評価ベースに対し多くの知識がもたらされると，製品についての情報プロセシングが製品成

図表４－３	期待と製品評価の程度

操　作	C_1 非常に低い	C_2 低い	C_0 無	C_3 正確	C_4 高い	C_5 非常に高い
期待従属変数						
A	2.97	4.31	7.24	8.54	11.70	15.92
B	3.25	4.25	8.42	8.92	12.42	16.67
C	3.67	5.42	7.50	9.58	12.08	17.08
製　品　評　価						
A	6.43	7.22	7.39	8.56	9.21	9.00
B	6.58	7.83	8.00	9.00	9.75	9.25
C	7.00	7.92	8.17	9.58	10.00	9.83

出所：Rolph E. Anderson *op. cit.*, p.42.

果の一部に付加され，望ましい製品評価を導出させるためである[11]。より適切な情報を提供できるマーケターは，少量の説得的メッセージのみに依存しているマーケターよりも高い製品価値と消費者満足を実現することができる。もちろん，情報量の過多によって消費者の情報プロセシングを混乱させない範囲内で提供しなければならない。

　以上のように，消費者の期待は不満に対して明らかに影響している。いわば消費期待はプロモーション関数であり，不満・満足が期待の関数となっており，最終的に満足はプロモーションの関数であると考えられる。

　最後に，これまでの議論に基づいて，消費者満足モデルの理論的フレームワークを構成してみよう。消費者満足ないし不満は，消費者の購入した製品・サービスが生活の場において，使用あるいは利用された結果得られる成果またはベネフィットを所期の期待と比較評価した状態であり，生活体験によって生じた態度の程度である。消費者は，製品・サービスの成果（パフォーマンス）の水準を評価する場合に種々の期待の程度を評価基準として採用するが，ここでは次の３つに分けて考える[12]（図表４－４参照）。

　理想水準——消費者が自己の欲求を充足するための最も望ましい理想的な製品評価の水準。

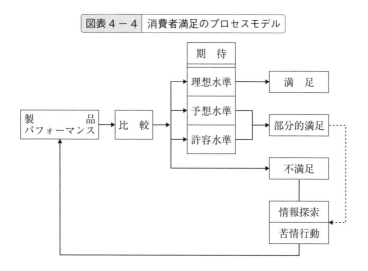

図表 4 − 4 消費者満足のプロセスモデル

　許容水準——消費者が許容できる最低限度の欲求充足への期待度であり，許容範囲は製品属性によって相違する。

　製品パフォーマンスが理想水準以上になると消費者は満足状態に置かれ，理想水準を下回るが，予想水準もしくは許容水準内にあれば部分的満足を覚える。しかし許容水準を下回ると不満を感じる。この場合，不満の解消をするために情報探索によって自己の選択の正当化を図ったり，積極的行動として苦情行動を起こす場合がある。この苦情行動が組織的に行われた場合には，コンシューマリズムといわれる。

4 —— コンシューマリズム

　マーケティングが今日の物質的生活の向上に寄与してきたという評価は正当なものである。ところが，一方で製品・サービスの社会へのアウトプットによって公害や身体的危険等の社会的デメリットをもたらしたことも事実である。伝統的マーケティングは，製品・サービスと顧客とに焦点を当てるアプローチに終始し，その計り知れないインパクトを考慮しなかった。その結果，社会的

影響を無視することとなり，コンシューマリズムの起因となったのである。ド
ラッカー（P. F. Drucker）は，「コンシューマリズムは，トータルマーケティン
グの恥辱である」[13]と指摘している。これは，マーケティングが適切な環境適
応機能を果たしていないし，真に消費者利益の実現を怠っていることを意味す
るものである。すなわち，消費者ニーズの充足が不十分で消費者不満を生起し，
消費者の苦情行動に対しても充分な対応がなされていない証拠である。

　消費者主権とか消費者志向を標榜してきたマーケティング活動がコンシュー
マリズムの台頭によってその本質的過失を露呈し，マーケティングの在り方
そのものが問われてきた。コンシューマリズムの目的は多岐にわたっており，
マーケティングないし消費者行動の立場からその対応策の方向性を探る必要が
ある。コンシューマリズムは歴史的必然であるが，マーケティングにとって悲
観的にとらえることは妥当ではない。むしろ，現在さらに将来のマーケティン
グの在り方を模索する意味において重要な機会であると認識さるべきである。

　コトラー（P. Kotler）は，コンシューマリズムを次のように定義している。
すなわち，「コンシューマリズムは，販売者との関係において購買者の権利と
力の強化を目的とする社会運動である」[14]。

　コンシューマリズムは，販売者と購買者の力関係の変化に伴い表面化してき
た。販売者の権利と購買者の権利を列挙すれば以下のようになる。

・販売者は，個人の健康や安全を脅かさない限りにおいて市場に供給したい
　と思うサイズ，スタイルの製品を導入する権利を有する。
・販売者は，不公平競争でない限りにおいて宣伝に費やす権利を有する。
・販売者は，製品情報を提供する権利を有する。
・販売者は，購買刺激計画を導入する権利を有する。
・購買者は，製品を購入しない権利を有する。
・購買者は，製品安全性を期待する権利を有する。
・購買者は，販売者によって商品流通が行われることを期待する権利をもつ。
・購買者は，製品に関する適切な情報を獲得する権利を有する。

・購買者は，問題のある製品やマーケティング活動から保護される権利を有する。

・購買者は，生活の質を向上させるため製品やマーケティング活動に影響を及ぼす権利を有する。

　販売者の権利と購買者の権利は，相反するものではなく，むしろ相互補完関係にある。しかしながら，購買者の力は，販売者のそれと比較するとかなり劣っている。今日のような高度な技術発達段階において，製品安全性確認は購買者の能力からすればまったく不可能である。この点から販売者は，購買者に対して安全な製品と，適切かつ正確な情報をもたらす義務の必要性を認識すべきである。コンシューマリズムは，これらの販売者の権利の行使と義務を遂行しなかったために生じた販売者と購買者間のコンフリクトである。

　コンシューマリズムは，企業の消費者対応の失敗，社会的批判，環境への影響といったような複雑な要因から生じたのであるが，これらを図示すれば図表4－5のようになる。

　第1に，消費者の所得水準，教育水準の向上に伴う生活意識の変化である。それは，物的生活満足から質的生活への欲求の増大という変化である。

　第2に，科学技術の進歩とマーケティング活動の複雑化は消費者の理解の範囲を超えてしまい，消費者がこれらの変化に対応することが不可能となっている。「技術は，比類のない豊かさと機会を消費にもたらした。またその結果，消費者は新たな危険と複雑さに直面し，製品の選択を困難にしている。消費者は，化学者でも技術者でもない。ましてや人間コンピュータでもない」[15]。消費者は専門家ではないので商品に関する知識は不完全である。これに対して販売者はほぼ完全な情報を有している。この販売者が不備な情報や誤った情報を提供した場合，消費者被害は甚大である。

　第3として環境破壊があげられる。人間の物質的な生活向上は，環境を犠牲にして成り立ってきた。たとえば，自動車のような便利な交通用具を手に入れる一方で，大気汚染のようなデメリットを生じ人間の生存に脅威をもたらしている。

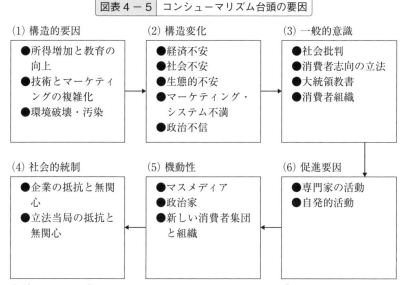

| 図表４−５ | コンシューマリズム台頭の要因 |

出所：P. Kotler "What Consumerism Means to Marketers," *H. B. R.*, May-June 1972, p.51.

　以上の３つの構造的要因は，図表４−５のような諸種の要因を形成し，複合しつつ触発してコンシューマリズムに派生したのである。

　また，コンシューマリズムには，消費者利益の確保を目的とするのみならず，消費者の社会的欲求という新たな局面がみられる。「消費者は，環境に対する新たな関心と，製品・サービスの消費が公害を生み出す要因であるという認識に立って，自己の消費パターンの調整を行う。また，消費者は，企業が責任を負っているという前提のもとで，製品・サービスを購入し社会目的を達成する」[16]。いわば，消費者の社会意識の向上と環境主義である。これらの新しい変化は，新コンシューマリズムといわれ，社会の発展が「個々人の消費者ニーズの充足と全体（社会）利益とのコンフリクトを発生するという問題を提起している」[17]。

　マーケティングがこのコンシューマリズムを代表とする消費者不満に対応することは大切なことである。ドラッカーとコトラーは，コンシューマリズムを

マーケティングの新たな機会としてとらえている。「コンシューマリズムは，マーケティング機会（opportunity of marketing）であるし，そうあるべきで，そう望むものである。これは，マーケティングにおいてわれわれが待ち望んでいたものでもある」。コンシューマリズムは，製品に関する健康・安全・社会価値の高揚を目的とする。長い間，消費者の製品・ブランドの選択基準は直接満足であった。1650年代，フォード社が自動車の安全性を製品特性として販売した時，消費者は反応を示さなかった。多くの企業が公衆に対して有益な製品特性を明示し，これに対する欲求を喚起できなかった。不幸にもその時がやってきたが，企業の反応は鈍い。消費者のニーズは，安全・健康・自己実現であるが企業は，これらのほとんどを無視してきた。現在，多くの人々が，食品の栄養，建築構造，自動車の安全性，合成洗剤の水質汚染に関心をもっているが，大部分の企業が消費者の心理的変化を見落としてきた。今日，消費者の短期的満足と長期的利益に適合した新製品の開発とマーケティングにおいて非常に多くの市場機会がみられる。

　コトラーは，コンシューマリズムを新たな製品機会としてとらえ，従来の消費者ニーズが長期的利益を阻害している例として次のものをあげている。

1　大型で高価な自動車はその所有者の満足となるが，大気汚染，交通渋滞，駐車場不足を生み長期満足を減少せしめる。

2　食品業界は，味の良い新製品の開発を目指しているが，栄養は副次的に考える傾向がある。多くの人達は，ポテトチップ，ホットドックなど長期的に健康を損なうが味さえ良ければよいと考える。

3　包装業界は，消費者に新たな便益をもたらしたが，同時に廃棄物公害が生じてきた。

4　タバコやアルコールは，消費者に満足を与える伝統的製品であるが吸いすぎると害をもたらす。

　さらに，コトラーは，図表4−6のように新製品開発（計画）の機会を4つ

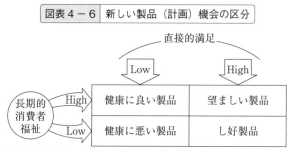

図表4－6 新しい製品（計画）機会の区分

		直接的満足 Low	High
長期的消費者福祉	High	健康に良い製品	望ましい製品
	Low	健康に悪い製品	し好製品

出所：P. Kotler, "What Consumerism Means to Marketers."

に類型化している。

　望ましい製品は高い直接的満足と長期的利益の獲得が可能で高い社会的有用性がみられる。たとえば，味の良い栄養のある食品がこれにあたる。し好製品については，高い直接的満足は得られるが，長期的利益を損なう。継続的喫煙による人体への悪影響といったタバコがこの代表例である。健康に良い製品は満足度は低いが実際には長期的利益を実現する。たとえば水質汚染のない粉セッケンがこれである。健康に悪い製品は，劣悪製品で満足も長期的利益も獲得不可能である。企業は，健康に良い製品よりもむしろ，し好製品を開発しようとする。健康に良い製品，望ましい製品には多額の研究開発費が必要であり，安全性のチェックも困難である。すでに明白であるが，長期的な消費者福祉はマーケティング（製品計画）にとって非常に重要な考え方となってきている。また，消費者のし好製品（有害製品）への需要の相対的低下と健康に良い製品・望ましい製品を希求する傾向のなかで，直接的かつ短期的な消費者利益志向は，もはやマーケティングの指針とはなりえない。法規制がますます強化され，健康を害する製品，公害を発生する製品はその機会を剥奪される。

　し好性と健康性を兼備した製品機会は，数多くの企業によって採用され試行されている。たとえば，アメリカン・オイル社とモービル・オイル社は，無鉛・低鉛ガソリンを開発し販売している。シアーズ社は，低リン洗剤を大量販売のブランド製品として導入している。また，タバコメーカーは，タバコの人体に与える影響を考慮して害のない原料としてサラダ菜の研究開発に着手している。

　悪影響をもたらす製品を再検討し健康性を付加することによって製品の魅力をアピールすることが可能となる。このような新製品機会は，市民の環境への関心の高まりによってますます重要になる。すでに，環境保護者たちが健康スタンプ製品を購入するような注目すべきセグメントもみられる。わが国では，最近やっと自然食品の基準づくりが検討され始めたばかりで，アメリカと比較してかなり遅れている。

　コンシューマリズムへの有為な対応策として消費者対策があげられる。コトラーは，これをコンシューマリスト志向と称している。この事例として，ウァールプール社は，無料苦情処理と製品保証の改善等の顧客情報サービス向上のため数多くの措置を実行した。同社副社長のアプトン（S. E. Apton）によれば，「売上高増加率が業界平均の倍となり消費者への関心がその因である」としている。

　このようなコンシューマリズムの対応は企業にとってその存続・発展のカギとなる。今日のような低経済成長下にあっては，市場の成長率が低下し，ますますマーケット・シェア競争が激しくなっている。消費者の支持を得てマーケット・シェアの維持・拡大を図るためには消費者不満を解消し信頼を得るための消費者対策が急務となっている。

　消費者苦情行動は，3つの局面に分けられる。第1に企業への苦情行動である。企業にとっては，消費者の不満解消によってより高い信頼を得ることができ，マーケット・シェア維持によって利益機会を創出することになる。企業の苦情処理組織としては，消費者相談の窓口を設けている。たとえば，花王株式会社の生活科学研究所，資生堂の広報室消費者課，ワコールの中央研究所消費者センター消費者課等があげられる[18]。

　第2に，消費者組織を通じての苦情行動である。個別的な被害では，企業の対応が充分ではなく，不満が解消されないため，組織的な苦情行動をとる。場合によっては，不買運動のような強力な運動を展開する。日本では消費者の組織力が弱く，充分な成果をあげるに至っていない。

　第3に，行政組織に苦情を申し出るケースがある。わが国では図表4－7に

図表4－7　行政的紛争処理

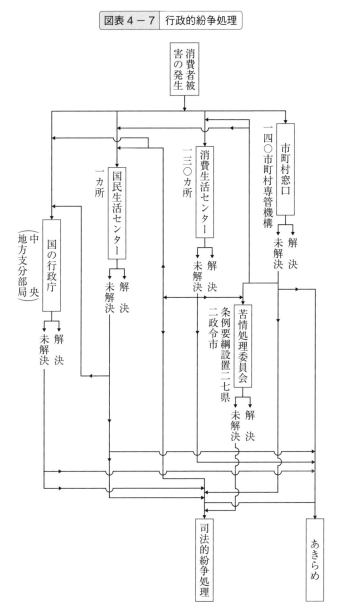

出所：木元錦哉『消費者保護と法律』日本経済新聞社，1979年，179頁に加筆。

みられるように，国民生活センターを中心として各地に 270 カ所の消費生活セ
ンター（うち都道府県立 130 カ所，市区町立 140 カ所：60 年 4 月 1 日現在）が設置され，
これら全国の消費生活センターが受け付けた苦情相談は，324,241 件（59 年度）
となっている。これらの苦情処理は，人的な問題や行政の強制力不足の問題を
かかえ，充分な消費者被害の救済策となっていないのが実状である。今後，消
費者の被害の救済と防止制度を早急に確立することが肝要である。

【注】

1) James U. McNeal, *Consumer Behavior an Integrative Approach*, Little, Brown and Company, 1982, p.213.

2) David J. Ortinau, "A Conceptual Model of Consumers Post Purchase Satisfaction/ Dissatisfaction Decision Process," In *New Dimensions on Consumer Satisfaction and Complaining Behavior*. eds., Ralf L. Day and H. Keith Hunt, pp.36-71. Bloomington: School of Business, Indiana University, 1979.

3) Marsha L. Richins, "Consumer Complaining Process: A Comprehensive Model," In *New Dimensions of Consumer Satisfaction and Complaining Behavior*, ed., Ralf L. Day and H. Keith Hunt, pp.30-34, Bloomington: School of Business, Indiana University, 1979.

4) Charles R. Handy, "Monitoring Consumer Satisfaction with Food Product," In *Conceptualization and Measurement of Consumer Satisfaction and Dissatisfaction*, ed., H. Keith Hunt, pp.215-239. Cambridge, Mass.: Marketing Science Institute, 1977.

5) James U. McNeal Stephen W. McDaniel, *Consumer Behavior, Classical and Contemporary Dimensions*, p.287.
James U. McNeal, "The Concept of Consumer Satisfaction," In *Management Bilbliographies and Reviews*, vol.3, ed., David Aston, pp.231-240. Bradfard, England: MCB Publications, 1977.

6) 期待理論を扱った消費者行動研究の文献としては，次のようなものがある。
Cardozo, Richard N., "An Experimental Study of Customer Effort, Expectation," *Journal of Marketing Research*, Z, August 1965, pp.219-244.
Olshavsky; Richard W. and John A. Miller, "Consumer Expectations, Product Performance, and Perceived Product Quality," *Journal of Marketing Research*, 9, February 1972, pp.19-21.

7) Festinger. Loon, *A Theory of Cognitive Dissonance*, New York, Harper & Row, 1957.

8) Cardozo, Richard N. *op, cit.*, pp.244-246. *Customer Satisfaction*: Laboratory Study

and Marketing association, 1964, pp.283-289.

9)　Rolph E. Anderson, "Consumer Dissatisfaction: The Effect of Disconfirmed Expectancy on Perceived Product Performance," *Journal of Marketing Research*, February 1973, p.39.

10)　*ibid.*, p.41.

11)　Cardozo. Richard N. *op. cit.*

12)　3 つの評価水準は次の見解による。田村正紀「消費者満足を追求せよ，マーケティング戦略形式への視角」『季刊・消費と流通』vol.3. No.4, 1979 年，62-76 頁。

13)　P. F. Drucker, *Management: Tasks. Responsibilities, Practices*, Harper & Row, 1973, pp.64-65.

14)　Philip. Kotler, "What Consumerism Mean for Marketers," *Harvard Business Review*, July-August. 1968, p.48.

15)　E. B. Weiss, "Marketers. Fiddle While Consumer Burn," *Harvard Business Review*, Vol.50, May-June 1972, pp.48-57.

16)　F. E. Webster, *Social Aspect of Marketing*, Prentice-Hall, 1974, p.4.

17)　*ibid.*, p.12.

18)　名古屋ワークショップ編『消費者被害の救済―その現状と課題―』晃洋書房，1987 年，219-228 頁。

第5章

コンシューマ・マーケティングにおける消費者利益と消費者行動

1 —— 消費者のポジションと消費者市場

（1）市場と消費者

　コンシューマ・マーケティングにおいては消費者の存在をコアとして位置づけている。また，消費者は市場を構成する要素である。一般的に需要と供給の接点の集合が市場として定義づけられてはいるものの，供給側は需要者すなわち購買側のニーズや欲求を満たすために製品・サービスを提供する。この点でも，ターゲットとしてのセグメント市場は消費者の総体であるととらえることができる。

　流通やマーケティング活動は生産と消費を結合する役割を担っている。とりわけ，生産者と消費者の人的懸隔を架橋する機能が主要な機能である。すなわち，取引活動を通じて商品の所有権を生産者から消費者に移転させることによって消費を実現している。この場合，消費とは最終消費を指している。生産されたすべての商品は消費へと収束されるのが一般的である。マーケティングの

立場からは，マーケティング・チャネルを通じて売買取引活動によって売り手から買い手に商品が移転され，最終消費されるわけである。

　近年，先進国において，経済社会は流通優位と言われている。流通においては，スケールメリットである購買力を背景に流通の主導権を握っているのは，大規模な小売流通企業である。イギリスでは大規模小売チェーンの市場占有率は7割を超えている。アメリカもウォルマートのような巨大小売業の支配力が強固であり，1社で8％弱のシェアをもっている。日本では上位企業8社で4割程度である。このように，消費財市場においては，大規模小売企業の強さが目立っており，市場における影響力とその役割は極めて大きくなっている。

　消費者あるいは購買者に類するものとしては，最終消費者がその代表である。最終消費者とは，自己の生活欲求を満たすために財やサービスを購入し，それを使用あるいは利用してその価値を減少あるいは消耗する行為である。

　また，企業や官公庁などの組織がその活動を継続したり使用価値を提供するために購買するケースもある。これは，産業購買者とか組織購買者といわれる。この場合も広義では消費者の範ちゅうに入れられる。産業購買者あるいは組織購買者は，その組織の目的すなわち営利やサービス提供のために財やサービスを購入するという単純な購買動機に基づいている。

　これに対して最終消費者は消費者それぞれの生活環境が相違するために購買動機はさまざまである。たとえば，食に関する欲求はとにかく低価格であるとか，おいしいもの，本格的で素材が良いもの，高級なもの，あるいは高い品質などさまざまであろう。また，地域によって味覚も違い，食文化の相違もある。

　このように，最終消費者の購買動機は千差万別である。よって，消費財の生産・販売活動にとっては，常に，変化する消費者のニーズに対応することが求められる。特に，生産者はマーケティングリサーチを行って情報を把握し，消費者あるいは顧客の変化を把握する必要がある。しかしながら，産業購買者あるいは組織購買者は購買動機が単一であったり，極めて明確であるために商品等の詳細な情報をあまり必要としない。また，購買相手も不特定多数ではなくルーティン化している。

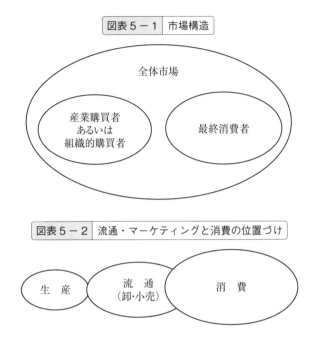

図表 5 − 1   市場構造

全体市場

産業購買者
あるいは
組織的購買者

最終消費者

図表 5 − 2   流通・マーケティングと消費の位置づけ

生　産

流　通
（卸・小売）

消　費

　このような産業購買者あるいは組織購買者を包括した消費市場において究極的にはすべての財とサービスは生産者からさまざまな経路を経て，最終消費者に提供され，生活欲求を満たすために費消されるのである。よって，全体市場は図表 5 − 1 のように示されよう。

（2）流通あるいはマーケティング取引における消費者の位置

　流通は生産と消費の中間に位置し，商品の流れの方向すなわち川下に向かっている。換言すれば，限りなく消費への志向をその活動根拠としている。とりわけ小売活動は消費者志向の考えに基づいて行われる。

　このように，流通は消費者との関係性に重心を置き，特に小売と消費の接点が大きくなっている（図表 5 − 2 参照）。すなわち，流通（小売流通）の役割は消費者への商品の移転を通じて消費者との関係性を密にし，消費者ニーズや欲求に日常的に適応することである。生産者と比較すると距離的かつ空間的に消費

者に近いところに位置し，日常的な対面販売活動を通じて買物動向や消費者意識を把握することができる。このように，流通は消費者との関係において需給の接点としての度合いが濃い位置にある。

2──消費者利益

（1）消費者利益の概念

　消費者利益の概念は幅広い。それは，消費者の置かれている環境によってさまざまな考え方が存在するからである。たとえば究極の状況を考えてみよう。飢餓状態にあれば，真っ先に食の欲求を満たすことが必要となる。この場合，食の確保が消費者利益を実現することとなる。とにかく，胃袋を満たすことが消費者にとって直接的な利益の実現となる。

　しかしながら現実的に考えるならば，経済先進国においては消費者のさまざまな欲求やニーズが満たされている場合に，消費者利益が実現されるのである。すなわち，消費者利益が実現される場合には経済的，政治的，法的等々さまざまな必須条件がある。

　すなわち，消費者利益が実現される状況とは，売買取引が活発に行われ，企業がマーケティング活動に関心をもち，消費者が自由に購買できること，商品選択の幅が広いこと，購買機会が保障されること，商品情報が豊富であること，消費者の主張が受け入れられること，商品の安全性が保たれ，安心な生活が実現されることなど枚挙にいとまがない。

（2）消費者の権利

　ケネディの大統領教書に示された4つの権利に付加して，国際消費者機構（Consumers international）が提唱した消費者の8つの権利がある。生活の基本的ニーズが保障される権利（The right to satisfaction of basic needs），安全である権利（The right to safety），知らされる権利（The right to be informed），選ぶ権利（The right to choose），意見が反映される権利（The right to be heard），補

償を受ける権利（The right to redress），消費者教育を受ける権利（The right to consumer education），健全な環境のなかで働き生活する権利（The right to a healthy environment）である。

　生活の基本的ニーズが保障される権利とは，人間生活の基本的かつ文化的生活に必要な財やサービスが供給されるシステムが整っており，衣食住等の基本的ニーズが十分充足される生活基盤が存在することである。消費者はこれらのニーズを求め，充足する権利を有している。

　安全であることの権利とは，財やサービスが身体的かつ精神的被害をもたらさないという前提のもとに，消費者がそれらを購入できるという条件が付与されるとともに提供者に対して安全・安心を求めることができる権利である。提供者である事業者は，財・サービスの安全性の確保に努めなければならない。

　知らされる権利とは，商品や取引，契約などの情報が消費者に伝達され，消費者が理解する状況が実現されることであり，消費者はそれらの情報開示を求める権利を保持している。事業者は消費者が購買・利用の際に戸惑ったり誤ったりしないように表示等の情報伝達を十分行う義務を負うことになる。生産者や販売者は商品に関する情報を100％もっている。これに対して，消費者は商品情報をほとんどもっていないし，専門的知識をもち合わせないため，情報の理解も不完全である。

　すなわち，消費者は情報弱者であり，時として不誠実あるいは誤解を与える情報に惑わされることがある。このような状態を解決するためには，生産者や販売業者などの事業者による積極的な情報伝達努力と情報開示が求められる。

　消費者の選ぶ権利とは，商品を比較・検討する状況が整えられ，消費者が自己のニーズに対応する商品の選択基準を設定することができるような豊富な選択肢が存在することを求めることである。いわば，十分な商品取り揃えのなかで，消費者の購買意思決定がスムースに行われる条件が整えられるよう事業者に求める権利である。このような権利に対応するためには，事業者は，常に消費者に商品を提供する際に選択しやすい状況を作り出すことが必要である。たとえば，消費者にとって満足しうる品質保証がなされ，かつ明確な価格の競争

のもとで多くの商品が提供される状況がある場合には，消費者の選ぶ権利が実現されているといえる。

　意見が反映される権利とは，政府の政策立案あるいは企業の商品開発の段階で消費者の意見が聞き入れられるように消費者の利益代表を受け入れることである。企画・開発段階で消費者の意見が反映されることによって，政策実施や商品の市場導入の後の問題発生を未然に防ぐことが可能となる。

　補償を受ける権利とは，消費者被害や消費者の苦情が発生した際に，事業者がきちんと対応することを求め，必要に応じて補償を請求することである。消費者の多くは社会的弱者であるために，自己の権利を行使する機会が失われる傾向がある。とりわけ，商品偽装や悪徳商法などがあとを絶たない。これらの被害の早期の救済が求められる。わが国において消費者の利益を保護・実現するために，消費者庁が設置された意義はここにある。

　消費者教育を受ける権利とは，基本的な消費者の権利を行使するとともに，消費者としての責任を遂行する義務について学び，いかに行動するかの認識を高める機会を得ることである。さらに，商品や取引についての情報が与えられ，自信をもって商品やサービスを選択する際に必要な知識の獲得と能力が習得できる環境を求めることである。消費者はその置かれている環境によって消費の意思決定能力に格差が生じる。その格差を是正するためには消費者教育は欠かせない。

　健全な環境のなかで働き生活する権利とは，現在および将来の世代にとって，これ以上の環境の悪化をもたらさないという条件のなかで，消費者が生活しつつ働くことである。近年，自然環境の悪化や公平な社会システムの衰退がみられる。特に，後世に引き継ぐべき人間環境が現在の消費活動によって破壊されつつある。このような状態を未然に防ぐ努力をするとともに改善策を講じることが現在に生きる消費者の役割である。これらの権利を行使するのみならず１人ひとりの消費者が人間環境や自然環境の維持・改善の責務を担っている。

　以上８つの消費者の権利について述べてきたが，これらの権利が付与される

ことによって消費者利益が実現される。しかし，消費者個人の利益は消費者の置かれている環境に左右される。たとえば，グルメ志向の人は自己の味覚に拘泥するが，そうでない人は味覚に関してはあまり関心をもたない。また，品質にうるさい人は品質を重視して金に糸目をつけないかもしれない。

（3）消費者利益の要素

　消費者利益とは，消費者が満足した状態と解すこともできる。しかし，消費者満足は極めて心理的な状態である。何らかの情報的刺激や時間の経過とともに満足度は上下する。このように，不安定な要素をもつ満足概念を消費者利益の本質と断定することには無理があろう。消費者利益を概念化することは困難であるが，消費者利益の構成要素を議論することは比較的受け入れやすい。

　消費者利益の構成要素は商品の属性に関連している要素と商品に付随した要素に分けられる。商品属性とは，商品の品質，価格，安全性である。品質は消費者にとって納得できるものでなくてはならない。納得できる品質水準は消費者の負担する貨幣的コストや心理的コストと均衡する程度かそれ以上でなければならない。加えて，価格は社会的な妥当性が求められる。安全性とは商品が身体的かつ精神的な被害や悪影響をもたらさないことである。

　他方，付随的な要素には市場性や情報などがかかわっている。すなわち，豊富な商品選択の幅と有用な商品情報，需要と供給の最適性である。消費者にとって，適切な情報が具備され多様な選択肢があれば購買意思決定が容易になり，さらに，商品供給が適切になされることによってニーズや欲求の充足が即時的に可能となる。これらの消費者利益の構成要素のミックスが最適であれば，消費者の満足度は最適化される。しかしながら，構成要素の1つでも欠ければ消費者利益の実現は不可能となろう。

3 ── 社会的利益とマーケティング利益

（1）社会的利益

　社会的利益とは社会の健全な発展に寄与する役割を果たすものであり，普遍的な存在でもある。また，この価値要素には人類共通の認識が不可欠であろう。

　社会的利益の具体的要素は，社会性あるいは公共的な要素である。商品価値が社会的共通性のもとに実現される状態にあることが望まれるという条件が課される。

　社会的利益は商品の使用価値が十分果たされて，なおかつ社会的な被害やマイナスの影響をもたらさない場合に発揮されるものである。たとえば，消費の段階で社会的損害や社会的コストが大幅に増大するなどの状況が生ずるなど，社会問題を惹起することなどが考えられる。近年，消費による環境問題や社会的問題が生起している。エネルギー消費の増大やCO_2の問題，廃棄処分によるコスト，商品の普及による公序良俗の低下などがあげられよう。

（2）マーケティング利益

　マーケティング利益とは，企業活動によって得られる利益である。しかしながら，プロフィットとしての利益ではなく，対外的活動すなわちマーケティングを中心とした活動によってもたらされる利益である。単に，貨幣的な利益のみならず，市場との関係性からもたらされる抽象的な部分も含まれる。すなわち当該企業や商品に対するブランドロイヤルティや信頼性，関係性といった感情的要素からも構成される。

　企業利益は収益の増加もしくはコストの削減によって拡大することが可能であるが，消費者や顧客の感情的要素は継続的かつ適切なマーケティング戦略と戦術によってもたらされるものである。消費者の立場を十分理解して長期的な消費者ニーズを充足することによってのみマーケティング利益が実現される。

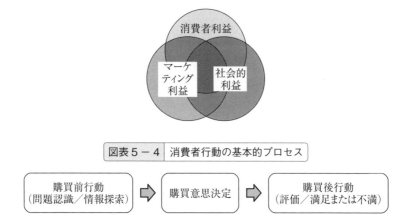

図表5-3 3つの利益のウェルバランス

消費者利益

マーケティング利益　社会的利益

図表5-4 消費者行動の基本的プロセス

購買前行動（問題認識／情報探索）➡ 購買意思決定 ➡ 購買後行動（評価／満足または不満）

（3）3つの利益のウェルバランス

　消費者利益，マーケティング利益，社会的利益の関係は図表5-3に示される。これらの3つの利益は相互に重複していることが望まれる。長期的視点に立てば，かなりの部分に共通性が見られるであろう。すなわち，消費者の長期的ニーズの充足によってもたらされる消費者利益は，社会的利益にかなうものである。マーケティング利益も長期的には消費者との関係性を維持し，社会的利益の実現に貢献することとなる。理想的には，消費者利益，マーケティング利益，社会的利益の三者が一致することが求められるが，現実的にはかなり困難であろう。

4── 消費者行動の基本的プロセス

　消費者行動は商品の購入行為と一般的に解されるが，理論的には3つの基本プロセスに区分される。図表5-4に示されるように，購買意思決定を中心として時間的経過に伴い購買前行動と購買後行動の3つのプロセスとなる。

（1）購買前行動

　購買前行動とは，購買意思決定の準備のプロセスである。一般的に消費者は，自己のニーズあるいは欲求を充足するために商品を買い求める。たとえば，空腹やのどの渇きなどの生理的欲求が生じたとき，水分や食料を求める。近くのコンビニエンス・ストアに立ち寄ってミネラルウォーターやお茶，お弁当などを購入する。この行動が購買行動であるが，行動を起こす要因が動機である。購買行動の動機はニーズあるいは欲求によって形成される。これが問題認識のプロセスである。問題認識のプロセスは消費者ニーズあるいは欲求を知覚し，より望ましい状況を創出するために現状の不満解消を求める意識状態である。

　また，問題認識プロセスは内的かつ心理的プロセスであり，CM等の広告や店頭陳列などの外部的な情報刺激に起因する。たとえば，おいしそうなケーキが視覚や嗅覚によってとらえられ，食べたいと感じたならば外部刺激に反応した結果として，欲求を生じる内的作用が起こったことになる。

　このような内的心理作用を経て，次の段階に移り，問題解決に有用な情報探索行動をとる。情報探索は購入対象となる製品，サービスあるいは購入予定の店舗などに関する情報の獲得行動であるが，日常生活のなかで意識的に情報を求めたり，あるいは無意識的に情報に接触することも含まれている。換言すれば，購買目的がある場合には，情報のカテゴリーが明確で，それに類する情報検索行動をとる。これを積極的情報探索という。たとえば，自動車の購入ケースを考えてみよう。購入予定者は数社の自動車ディーラーを訪れ，パンフレットを手に入れたり，商品説明を受けたり，試乗したりして何台かの自動車を比較するための情報を得ようとする。このように購買意図のもとに情報探索をする場合に積極的情報探索という。これに対して，日々の生活上，何らの目的意識をもたないで，何気なくテレビを見たり新聞を読んだりして広告情報に触れる行動を消極的情報探索という。この情報も究極的には記憶情報となって将来の購買行動の際に利用されることもある。

　消費者の情報源は3種類があげられる。1つはマーケティング情報である。マーケティング情報とは，企業が消費者に対して主に購買動機を喚起するため

に行うマーケティング活動によってもたらされる情報である。たとえば，プロモーションや広告によって伝達される商品情報がある。これらの情報は企業が何らかの意図をもって情報の組み合わせを行い，購買動機を刺激するために伝達される。そのため，消費者にとって必要かつ十分な情報内容が具備されるとは限らない。

　第2に，消費者相互間の情報があげられる。消費者は日常的に友人や顔見知りとコミュニケーションをとっている。すなわち，インフォーマルなパーソナルコミュニケーションによって共有する情報である。最近では，通信機器やメール，ブログによって自己の情報を提供したり交換している。このような情報は，既存情報を消費者が独自に解釈したり，自己の購買経験を情報として記述し伝達することによって不特定多数に拡散される。消費者相互の情報には，口コミ効果のような信頼性がある反面，風聞やデマの類も存在する。

　3つ目には，中立的情報があげられる。マスコミや政府などの公的機関によって報道されたり公表される情報である。新聞報道は信頼性が高く，人々の日常の情報獲得の手段となっている。また，政府などの統計や広報も極めて信頼性が高い。消費者は日常の生活情報や商品選択においてこれらの情報を利用する。

（2）購買意思決定

　購買意思決定とは，収集した情報を分析・検討し，意思決定基準を設定し，より良い商品を選択することである。消費者は自己のニーズや欲求を充足するであろうと期待しうる商品を選択する。消費者は製品を認知する際にブランド，価格，用途，サービス，取り扱い容易性，製品属性，購買時期などの情報刺激を受け，意思決定基準の相対的な重要度を形成する。日常的な食品や雑貨などの場合には，この意思決定基準の重要度はあまりない。しかし，高価格，高品質商品の場合には重要度は明確である。たとえば，高級家具を購買する場合にはブランド，デザイン，価格，サービス，品質など，どの項目を重要視するかが問題となる。

　また購買意思決定の際には，消費者はさまざまなリスクを検討する。当該商品を獲得する場合の追加コストのリスク，身体的被害のリスク，心理的リスク，社会的リスクなどがあげられる。追加コストのリスクとは，商品を使用することによって将来発生するリスク，すなわち故障に伴うリスクや過大なランニングコストのリスクである。心理的リスクとは，商品を保有することによって発生するであろう自己のイメージダウンなどである。社会的リスクは，当該商品を使用することによって，社会にとって望ましくない状況が発生したり，環境問題を引き起こすなどのリスクである。消費者は，これらのリスクを軽減したり発生させないように意思決定を行う。

（3）購買後行動

　購買後行動は，消費者が商品を購入，使用して自己の購買意思決定の妥当性を評価するプロセスである。当初，消費者は何らかの期待をもって商品を選択し購入する。その商品を使用した結果のパフォーマンスと当初の期待水準とを比較することによって満足あるいは不満をもつ。満足する場合には当該商品や店舗に信頼を寄せてリピーターとなり，ひいてはロイヤルティを生起することとなる。

　しかし，不満が生じた場合には，当該商品の再購買を避けたり苦情行動を起こす。企業がこの苦情行動に適切に対応しない場合には，消費者の購買ボイコットが起こる場合がある。とりわけ，流通企業のなかで小売企業は消費者との近接的かつ直接的なコミュニケーションを日常的に行っているために，消費者の不満の分析や苦情対応策に熱心であることが求められる。特に，デパートのように明確な顧客ターゲット化がみられたり，外商の売上に依存している場合には，顧客満足サービスの高度化や不満行動への即応が重要である。また，不満への対応を怠ったり無視すると，消費者の不満が口コミによって伝達され社会問題化する恐れがある。とりわけ，ITの普及に伴いメールやブログ等によって不満情報が短時間で広く流布され，企業評価の低下につながる恐れがあり，対応が遅れたり，処理を誤ると，企業にとって大きなダメージを引き起こ

すことになりかねない。実際，苦情対応が遅れたために企業の信用が失墜して売上が激減したり，倒産するケースも数多い。

　流通とりわけ小売企業にとって消費者の満足を実現するとともに，消費者の苦情に適切に対応し，不満の分析を重視することが大切である。満足した消費者はリピーターとなったり，店舗や商品へのロイヤリティが形成される。このような顧客の囲い込みの成功によって，マーケットシェアの維持管理が容易となり，顧客データベースの構築が行われ，これらのデータを販売促進活動に利用することが可能となる。最近，小売店舗で利用されるポイントサービスやクレジット会員制度などがプロモーションの一環としてよくみられる。

5── 消費者意識の変化と流通・マーケティングの対応策

（1）消費者意識の変化

　リーマンブラザーズ社の倒産に端を発したアメリカ金融危機は，瞬時に世界に波及し，世界大不況の様相を呈するに至った。各国の金融対策が功を奏し世界恐慌に至らなかったのは幸いであった。しかし，日本経済は回復の兆しがみられないどころか，デフレスパイラルの状況へと落ち込みつつある。

　消費者の購買意欲は減退し，低価格志向が強くなっている。そのため，流通全体の傾向として，仕入コストなどの削減による価格引き下げ競争になっている。この現象は，長期的には将来の日本経済全体にとって望ましいとは言い難い。すなわち，高機能・高品質が日本の製品の代名詞であったが，限りなく低価格志向が進むと，品質の維持や高機能化への製品開発やサービスの高度化の意欲がそがれてしまうからである。特に，安かろう悪かろうの商品が一般的になることによって流通の停滞と不活性化がすすみ，日本製品の優秀性が損なわれ，生産セクターを含めて，日本経済の凋落が現実的になる恐れがあろう。

　バブル消費を経験した消費者は，ブランド意識を確立し，価格と品質のバランス感覚を身に付け，適切な購買意思決定者として流通や市場のなかで行動する存在である。むろん，高価格・高品質の図式のみならず，一般的な商品に対

してもリーズナブルであり，まあまあの品質を求める傾向が強くなっている。この傾向は日本の消費において望ましい姿である。過去においてみられた受動的な意識ではなく能動的な消費者行動がみられ，もはや，消費者の意思決定能力は以前と比較して，格段と進歩している。

　今や，消費者は経済の傍観者ではなく主体者として行動する存在である。日本のGDP（Gross Domestic Product：国内総生産）の57％を占める最終消費支出のウェイトからすれば，消費の経済における重要性は否定すべくもない。消費者はすでに日本経済の屋台骨を支えているのである。しかしながら，2009年，先進国としては最も遅い消費者庁の導入・成立からみて，消費者の自立と保護が制度としてやっと整ったのである。この意味から，消費者政策が真に消費者の利益を確保する役割を担うことが期待される。

　日本政策金融公庫の消費者動向調査（平成21年5月）によると，「安全性に配慮」と答えた消費者が5月の時点で，41.3％と一番多かった。しかし，11月は10ポイント近く減り，31.7％になっている。逆に，「食費を節約したい」という回答が，5月よりも7ポイント以上アップして，34.6％となり，「安全性に配慮」に代わって一番となった。また，中国の食品問題への不安から「国産物にこだわりたい」と答えた消費者は19.7％と，5月と比較してあまり変化がみられなかった。これも，安全志向のあらわれであろう。

　直近の平成24年の調査結果では，消費者の健康志向は44.9％と，最も高い回答率となっている。今後の健康志向についても46.8％で高水準を続け，健康志向の根強さがうかがえる。また，食費を節約するという経済性志向が過去4回の調査で低下傾向であったが，今回調査で反転し，前回調査から5.3ポイント上昇し39.7％となった。加えて手作り志向も26.7％と前回調査から7.2ポイントあまりも上昇し，過去最大の上げ幅となり節約志向による経済性の追求姿勢がみられる。

　一方で，東日本大震災後の23年7月調査で28.5％にまで高まった安全志向は，今回調査では19.9％とほぼ震災前の水準に戻った。国産志向は23年7月調査の16.0％から徐々に低下し，今回12.4％となっている。

　このように消費者の低価格意識が高まる反面，ブランド性や本物志向，安心・安全，健康志向もみられる。ブランドは欧米の高級ブランドのみならず，一般的な普及品のブランドや地域ブランドなどへのこだわりもみられる。また，流通企業が独自に開発・企画し，市場に導入している PB 商品に対する関心も高まっている。さらに，物流コストや二酸化炭素の削減に貢献する商品や地産地消の食品への取り組みも目立っている。

　また，消費者のグリーン意識も高まりをみせている。グリーンコンシューマは，イギリスが発祥の地である。イギリスでは産業革命以来，自然破壊が進み，ナショナルトラストなどの自然保護運動が活発となった。近年，これを基盤として環境に配慮して買い物をするグリーンコンシューマーの活動が広がった。グリーンコンシューマは消費者行動に緑色革命をもたらしたとされ，市民の環境保護意識の高揚に大きな影響を与えている。すなわち，市民の3R（Recycle, Reuse, Reduce）に代表されるエコ活動の活発化に寄与している。このように消費者行動には地球環境保護の意識が強く影響している。

（2）流通の市場適応

　小売流通企業のなかで，売上を伸ばしているのはユニクロである。ユニクロは SPA（製造小売業：Specialty store retailer of Private label Apparel）の範ちゅうに分類される。同社は，繊維の共同開発から素材の調達，商品企画，製造，品質管理，プロモーション，小売店舗経営に至るまで綿密なマネジメントとマーケティング戦略を構築している。そして，消費者ニーズを創造するという考え方へと進化した独特のシステムと販売戦略とを駆使して，売上を伸ばし，活発な国際戦略を展開している。

　日本の消費者は，老舗の高級百貨店でも低価格のユニクロでも気軽に出かけて買い物をする。しかし，欧米では一般的な消費者は高級デパートではまったくショッピングをしない。すなわち欧米では階層社会がみられ，高級ショップや高級デパートに出かける人は高い階層の人であり，中間層や低層者は一般的な店舗や安売り店舗で買い物をする習性がある。日本の消費者は，銀座でも六

本木でも渋谷でも自分に気に入ったものがあればどのような店でも出かけて，品定めを行いショッピングを楽しむ。いわば，消費の平等意識が高い。このため，三越でスーツや高級セーターを購入する消費者が，普段着や下着を低価格のユニクロで買い求めるのは一般的である。このような，モザイク的な消費意識をもっている消費者に適応する流通戦略の構築が，流通企業にとって，今，課せられているといえる。

　「ヒト」「モノ」「カネ」「情報」のうち企業にとって最も重要な要素は，「ヒト」すなわち人財（人材）である。とりわけ，流通企業にとって消費者（買うヒト）に対応するには十分なコミュニケーション能力や創意工夫，適切な判断力，豊富な商品知識などが必要である。流通企業にとって，人財の開発・育成こそが流通および小売サービスの水準を高め，競争に打ち勝ち，危機的状況を乗り切る原動力となるにちがいない。

（参考文献）

Forbes, J. D., *The Consumer Interest Dimension and Policy Implication*, Cloom HELM, 1987.

Maynes, S. E. (ed), *The Frontier of Research in the Consumer Interest*, American Council on Consumer Interests, 1988.

Walter, D., *Retailing Management, Analysis, Planning, and, Control*, Macmillan Press, 1994（小西滋人他訳『小売流通経営』同文館，2003 年）.

岩永忠康・佐々木保幸『流通と消費者』慶応義塾大学出版会，2008 年。

日本政策金融公庫「消費者動向調査」平成 21 年，24 年。

松江宏『現代消費者行動論』創成社，2007 年。

松江宏・村松幸廣他『現代中国の消費と流通』愛知大学経営総合科学研究所，1999 年。

村松幸廣他『商品戦略と診断』同友館，1997 年。

※本章は文科省科学研究助成による研究成果である。

第6章
グリーン消費者行動と
コンシューマ・マーケティング

1 —— グリーンコンシューマ

　コンシューマ・マーケティングにおいては消費者を核として扱い，その意識
や行動を捉える必要があろう。昨今では，グリーン意識や行動もその一つであ
る。グリーンコンシューマの端緒はイギリスにある。イギリスの産業革命期の
近代化あるいは工業化は自然破壊による開発の連続であった。そのため，豊か
な森林は見る間に減少したといわれる。その後，破壊的な開発行為の反省から
緑の保護へと国民意識が高まった。グリーンの意味は緑の森にあり，転じて環
境保護の代名詞として用いられ，一般的になっている。

　ここでは，グリーンコンシューマの概念を明らかにし，環境保護に熱心なグ
リーン消費者行動の実態について，発展途上国である中国の現状を明らかにす
る。加えて，消費者の意識変化が小売企業行動にどのような影響をもたらし，
自然環境保護の行動展開へと結実し，社会全体に環境保護の輪が広がることに
よって，環境対策へと向かっていくのか，すなわち社会的インパクトになり得
るかについて考察を加えた。

　グリーンコンシューマについては，イギリスに赴き調査を実施した。イギリ

スでの調査はスコットランド，ウェールズ，イングランドの各地の市民等に聞き取りを行った。その結果，ほぼ100％がグリーンコンシューマである。地域的に見ると，スコットランドには本源的なグリーンコンシューマが多い。スコットランドは歴史的にイギリスに虐げられ，独立心が強く，日常生活において節約意識が極めて高く，イギリス人からケチな民族として揶揄されている。英語でスコティッシュとはケチの代名詞とされる。スコットランドのシェットランド諸島やグラスゴーなどのシビックセンターや公園，街角でインタビューに応じていただいたが，グリーン意識が極めて高く，環境負荷に気をつけて日々暮らしている。また日頃のショッピングにおいても必要なもの以外買わないし，サステナブルへの関心が高い。

　ウェールズでは，都市部と山間部の小さな街でインタビューを実施した。スコットランドほどの節約，倹約意識は見られないものの，グリーン意識が高い。温和な人が多く，コミュニティでの生活協力体制が確立しているとの印象を感じた。日常生活でもグリーン行動が根付いている。

　イングランドの調査はかなり広範囲となった。ロンドンや南西部のデヴォン州を中心に小都市をめぐりインタビューを行った。各地でグリーン行動意識の強さを感じることができたのであるが，スーパーなどでのショッピングスタイルを観察する機会を得た。イギリスのこの地方では生協が存在し，グリーン意識の醸成に一役かっている。

　既述のように，グリーンコンシューマの緒はイギリスにおいて開かれた。イギリスは，歴史的にも人類最初の産業革命によって資本主義経済が発展した国である。鉄は国家なりという言葉があるように，経済発展には鉄は欠かせない要素である。鉄を製造するには大きな熱量が必要になる。すなわち鉄鉱石を溶解するためには熱量の高い燃料を必要とするが，当初，イギリスでは木炭に依存していた。木炭を確保するには多くの木を伐採しなければならない。そのため森林がその対象となり，急激にその面積が減少していった。また，羊等の放牧や農地の確保のためにも森林が伐採され続けた。現在ではイギリスの森林は国土の12％になってしまった。この状況がグリーンへの愛着を志向させてい

る。ちなみに，日本においては開発は進んでいるものの国土の67％に維持され，先進国ではトップクラスとなっており誇るべき水準である。

　また，イギリスでは後年に木炭の代わりに石炭が大量に採掘され，鉄の製造に用いられた。イギリスの石炭は低品質のため煤煙を発生した。一般家庭でも暖房には石炭が用いられ，鉄の生産地帯や大都市では大気汚染を発生することとなった。「霧の町ロンドン」と言われるが，現在では霧はほとんどみられない。当時，イギリスの気候上，石炭の煤煙が水蒸気と反応して霧が発生しやすかった。1956年と1968年の「大気浄化法（Clean Air Act）」の施行により，石炭の使用が禁止・規制されて以降は霧が発生することは稀である。

　筆者が1992年に1年ほどロンドンに滞在した時でも，霧に遭遇したのはたったの一度だけである。この点では，現在の中国はかつてのイギリスの大気汚染問題と同じ状況にあると言えよう。そのため，石炭の使用をいかに削減できるかがカギとなる。

　本研究における「Green Consumer」の概念的統一は極めて重要である。なぜなら，発展途上国と先進国における消費の条件が相違するとともに所得水準に格差が存在するからである。したがって，先進国と中国を比較検討する分析の枠組みはかなり低く設定せざるを得ない。

　グリーンコンシューマの定義づけとして「環境保護に配慮して日頃のショッピングを行い，日常生活においてもエコ意識を持って行動する消費者」とした。むろん，自然保護活動に積極的なボランティアや極めて意識の高い消費活動をする市民も存在するが，中国においてはその層はあまり育っていない状況がみられる。

　この観点から，環境意識と環境行動に関する調査を実施した。グリーンコンシューマの概念が一般的になっているイギリスや最近グリーン意識の高まりがみられる米国も調査の対象に加え，先進国と中国の分析の基本的観点の充実をはかった。2013年と2014年に実施した4週間にのぼるイギリスでの資料収集活動や調査結果から，その発生の根拠についてナショナルトラスト運動の起源となっている自然破壊への反省と自然保護意識の醸成にあるという認識に至っ

た。

　グリーンコンシューマ概念は多岐にわたっているが，私見では，環境への関心と環境保護活動が不可欠の要素となっている。1988 年，イギリスのジョン・エルキントンとジュリア・ヘインズの共著が刊行され，グリーンコンシューマの概念がグローバルかつ一般的になった。イギリスでは産業革命によって経済が急速に発展したため自然破壊が進み，自然景観や生態系の維持が困難になりつつあった。そのため土地を公共の財産として保護する自然保護運動が起こった。ナショナルトラスト（National Trust for Places of Historic Interest or Natural Beauty）運動は，主に自然環境保護や歴史的建造物の保存を目的としてイギリス全土に広がった。このためにイギリス国民は環境保護の意識が根強く，その意識は広く日常生活のなかに息づいている。それが基盤となってグリーンコンシューマ運動が展開されたと解すべきである。

2 —— 中国の環境汚染

　世界的に環境問題が叫ばれているなか，先進国においては環境保護対策が進行しているものの，発展途上国においてはかなり深刻な状況にある。とりわけ，中国の大気汚染は隣国の韓国や我が国日本への影響が拡大し，人々への健康被害が懸念されている。また，インドやタイ，インドネシアなどのアジア地域全体でも汚染悪化が危惧されている。

　この分野の先行研究はまったく見当たらない極めて新たな研究分野であり，研究枠組みには困難さがあるものの，調査で得られたデータをもとに分析を試みた。そのためかなり主観的な論調となったことは否めない。筆者は，この十数年の間，毎年のように北京を訪れているのであるが，近年，中国ではとみに大気汚染が悪化している。ちなみに，2014 年 10 月に北京を訪れた時，飛行機が北京空港への着陸態勢に入った瞬間に，私を含め，日本人乗客の多くが咳き込んだ状況がみられた。明らかに大気汚染の影響である。石炭の燃える臭いを感じつつ，窓に目をやると大気汚染で薄汚れた光景が目に飛び込んできた。

　中国商務部の発表（新華社　2011 年 10 月）によると，「小売業界のエネルギー消費量は下降する傾向にあり，平均下げ幅は 15％，単位面積の電気消費量も下降する傾向にある。年間用水量も 3 年間連続で下降し続け，店舗の年間平均節水量は 2,500 立方メートルであった。現在，中国小売業の省エネルギー環境保護は試練に直面している。多数の企業は環境保護・省エネルギーの低コスト投入段階である。技術，資金，政策などの方面でさらに補強する必要がある。小売業界の省エネルギー・環境保護は長期間かつ有効的なメカニズムを必要としている。現在，中国は小売業の省エネルギー・環境保護に対して強制的な法律を制定していない。小売業界の省エネルギー・環境保護の発展には関連政策のサポートが不可欠であり，補助政策と奨励政策をさらに補強しなければならない。」このような論評があるものの，小売企業の実態を見ると遅々として進展がみられないのが現状である。

　かくも大気汚染の状況が進んでいて，2009 年，アメリカ大使館が北京の大気汚染にクレームをつけていた。しかしながら，中国共産党政府は言いがかりと論評し，アメリカを名指しで非難し，北京市民からの苦情は一切ないと黙殺していた。ところが，2013 年，在北京の大使が突然，本国に帰国し，辞意を表明したようである。その理由は明らかでないものの，北京の大気汚染に危険を感じたものと断じる論評が後を絶たない。アメリカ大使館の独自の測定値の高さが極めて信憑性があり，一方，中国政府の発表データがかなり加工されている状態が恒常的になっている。また，WHO の 2013 年の発表によると，北京は PM2.5 の大気汚染の危険レベルが 1 となっている。これは肺がんの危険性が極めて高いレベルである。2013 年の 11 月に開催された『第 6 回中国肺がん南北ハイエンドフォーラム』のデータによると，北京の過去 30 年間に肺がんが原因となっている死者の割合が 4.65 倍に増え，従来，肝臓がんがトップの座にあったが，それに代わって肺がんが要因となる死亡がトップになったという。加えて，2025 年には，PM2.5 が要因となる肺がん患者数は 100 万人以上になるという予測も公表され，人民にショッキングなデータとなっている。

　加えるに，少なくとも，日本のプロジェクトによる建物や工場，施設などは

亜硫酸除去の装置が配備されているはずであるが，これらの装置はスイッチが切ってあり，宝の持ち腐れとなっているケースが多数みられる。すぐにでもスイッチをオンにすれば脱硫効果が期待されるのであるが，実際には電気代や修理・維持コストが負担となるため，ほとんど機能していない状態が継続している。

　1996年に訪れた北京では自動車道路は2幹線道路しかなく，市内の至る所で民家が解体され，急ピッチな道路建設が行われていた。自動車も少なく渋滞もさほどではなかった。また，市内の道路では朝夕，自転車の往来が洪水のごとくの波の様相であった。現在では道路には自動車があふれ，渋滞は日常化し，徒歩で行った方が早く目的地に着くほどである。

　自動車は富の象徴から，日常の交通手段となっているものの，所得の中程度以下の人民にとっては地下鉄あるいはバスなどの公共交通が移動の手段となっている。そのため料金も1元と低く抑えられている。また，自動車の急激な普及はさまざまな問題を引き起こすとの考えから，大都市では登録制にして年間の普及率の抑制を行っている。たとえば，北京では，14年度は15万台とし抽選制を敷いている。競争率は100倍を超える。

　筆者は，北京に滞在していた時には常に石炭が燃焼する独特のにおいを嗅いできた。ある時，中国の学者に確認したことがある。「石炭を燃料にしているのですか？」と。すると，近代国家でそんなことはありませんときっぱり否定していた。滞在したホテルでは，春夏秋冬，常に石炭の臭いが気になっていたが，数日すぎると鼻も慣れてきて気にならなくなっていた。しかし，最近の情報によると，北京市内でも石炭を燃焼させ，その熱源で暖房や冷房を行っているとのことである。一般家庭でも石炭を原料としたものを使用しているとのことである。また，近郊の工場でも石炭を燃焼させエネルギーを確保している状況にある。とりわけ，中国産の石炭は燃焼効率が悪く，亜硫酸ガスなどの除去がほとんど行われていない。

　このように，石炭は継続的に有害物質を放出し，PM2.5の発生源として大気汚染の元凶となっている。しかも，一次エネルギーの石炭の占める消費比率は

世界平均の30％を大きく上回り，中国においては，約70％の依存度となっている。その量は世界全体の半分となっている（「エネルギー統計レポート2013年版（"Statistical Review of World Energy 2013"）」）。

加えて，自動車の燃料は質の悪いガソリンを使用し，これもまた大気汚染の元凶にもなっている。経済や産業の急速な発展によって世界の生産拠点としての位置づけの高まりにつれて，近年，化石燃料の消費は大幅に拡大し続けている。数年前から中国政府は，石炭依存から天然ガスや石油に燃料を切り替える努力をしているが，遅々として進まない状態がみられる。

政策あれば対策ありで，末端組織では利益至上主義や生活維持のためにコストがかかることは避ける傾向にある。そのため今のままでは，大気汚染の一掃は夢のまた夢となってしまう懸念を覚える。筆者のデータによれば，学生や知識階層の環境意識はかなり高い。問題は一般の人民の意識である。政府がいくら音頭を取っても，自己の生活に汲々としている大多数の人民は環境保護には微塵の関心も持てない。彼らが質の悪い石炭を原料とした蜂窩煤や塊煤といわれる練炭を日常的に使用しているために，PM2.5のこれらの元凶を除去することは不可能と言ってよい。早期の代替的な安価なエネルギー供給政策が必須とされる。

中国国務院常務会議は，石油製品の品質を向上させることを決定し，そのタイムスケジュールを固めた。コスト補償，優良品に対する価格優遇などの原則に照らし合わせて石油製品価格を決定する方針も示した。2014年1月以降，中国では広範囲にわたって有害濃霧が発生し，石油製品の品質向上が社会的に注目されている。このなかで，品質向上に伴うコストを誰に負担させるかということが世論の争点となっていた。有害濃霧の再来襲を受け，その汚染源の1つである自動車排ガスを発生させるガソリンやディーゼル油を精製する中国の石油会社が再び非難を集めている。中国石油化工集団（シノペックグループ）は，石油会社が有害濃霧の元凶であるとの一部で上がっている非難を否定し，国の石油製品の基準に原因の矛先を向けた。シノペックの傅玉成董事長は，「石油精製会社は有害濃霧を引き起こした直接的な原因の1つだが，これは石油製品

が基準に未到達であるからではなく，中国の基準が低いことが原因だ。現在，石油製品に対し硫黄含有量 10ppm 以下の排ガス基準であるユーロ 5 を適用しているのは北京のみで，ほかの地域では同 150ppm のユーロ 3 基準が適用されている」と指摘した（新華社　2014 年 1 月 20 日）。

　近年，中国共産党政府は天然ガスや石油確保のため，ベトナム，フィリピン，日本の海洋国境付近で領土問題を起こしている。環境汚染の主要因となっている石炭の消費量を削減し，燃焼効率の高いガスや石油をできるだけ早期に確保したいという中国当局の思惑が見え隠れしている。14 億の人民経済を維持し，より豊かさを享受するためには，エネルギーの確保は国策として極めて重要である。中国は 100 年先を見据えて資源・エネルギー政策を打っている。とりわけ，石炭からの資源切り替え対策を長期的に実施しようとする意図が見える。日本でも熱源を石炭からガスや石油に変換することによって公害の防止に成功したというのは自明の理である。

　しかしながら，根拠のない国境の勝手な線引きは断じて許されないし，国家としては国際紛争を起こすことによるデメリットが大きいと認識すべきある。よくよく考えれば，国際協調と国際協力によって合理的に天然ガスや石油を確保する方が得策で，早期に大気汚染を解決する道になるであろう。

　環境対策を教育的見地からすれば，中国は共産党下において環境教育や環境保護キャンペーンに取り組み始めている。1980 年代において断片的に環境教育がみられた。さらに，1995 年に中国環境科学出版社の編集による「環境教育」が発刊され，本格的な環境教育が行われるようになった。これまでに，小学校，中等・高等学校などの教育機関ではモデル的に環境教育が導入され，大学など高等教育機関においても環境教育が盛んになりつつある。しかしながら，市民間においては意識の高揚はあまりみられない。また，環境保護に関する中国人民の意識が政策に反映されるには相当の時間がかかり，その成果が現れるには早くて 15 年はかかると思われる。

　鍵を握るのは，かつて日本で住民や市民の圧力や公害撲滅運動によって公害問題が解決されたように，中国人民のグリーン意識の高揚が肝要であり，それ

らによる政治的な圧力の強さが政府による環境対策を推進するとともに，個別企業の環境保護活動に大きなドライブ要因となろう。中国においてはそれを待つしか方策がないようである。

このように，中国の大気汚染問題は非常に深刻な事態をもたらし，健康への影響のみならず，政治的問題，経済的問題，社会問題などさまざまな領域に負の影響としての問題惹起となっている。すでに全人口の6割にあたる8億人が健康に何らかの影響があると感じているとの報告もある。たとえば，大気汚染が深刻化するにつれて，老人や子供たちへの健康への影響が大きくなっている。北京では気管支炎や肺がん患者が急激に増加しており，この30年間に肺がんによる死亡率は4倍となっている。また過去10年間での発症率は56%も増加している（北京市衛生局発表　2013年1月）。

日本でも45年ほど前の高度成長期において，四日市喘息や光化学スモッグなどが社会問題視され，多くの公害訴訟が起こされた。原告勝訴が広がると，政府が重い腰をあげて，工場の煤煙や化学物質の規制強化，車の排ガス規制による公害対策が功を奏して10年ほどで青空を取り戻すことが可能となった。しかし，それもつかの間，日本列島が中国大陸からやってくるPM2.5に苛まれることになった。皮肉なものである。

3 ── 中国における環境意識と環境行動

中国では，一般市民の大人数の調査は困難であったため，北京の大学生を中心としてアンケート調査を実施した。また，若干の市民への聞き取りも行った。

図表6−1，図表6−2はアンケート調査結果である。調査時期は2014年3月であり，調査対象は北京の大学生230名，回収率は100%である。有効回答率は98%である。大学の授業時にアンケートを配布，記入後，ただちに回収していただいた。

調査の目的は，中国の若者の環境意識と環境保護行動の実態把握である。かねてから，既存調査データからするとかなり環境への関心度が高いという評価

| 図表6－1 | 中国における環境意識と行動に関する調査結果（2014年3月）|

（単位：%）

	知っている		興味がある		行動している		行動したいと思っている	
	YES	NO	YES	NO	YES	NO	YES	NO
グリーン発電 太陽光発電，風力発電	95.5	4.5	88.6	11.4	8.4	91.6	75.6	24.4
COP10	8.5	91.5	50.0	50.0	6.0	94.0	38.6	61.4
リサイクル	96.8	3.2	93.0	7.0	69.0	31.0	85.7	14.3
リユース	91.3	8.7	91.0	9.0	67.5	32.5	84.5	15.5
CSR	62.7	37.3	72.2	27.8	17.3	82.7	58.6	41.4
カーボンオフセット	34.1	65.9	68.8	31.2	11.4	88.6	56.7	43.3
環境報告書	62.1	37.9	61.5	38.5	12.2	87.8	50.0	50.0
CO_2排出権	61.7	38.3	67.0	33.0	17.1	82.9	59.0	41.0
バイオエネルギー	91.0	9.0	82.0	18.0	17.5	82.5	73.8	26.2
ハイブリッドカー	68.9	31.1	76.2	23.8	21.3	79.7	66.5	33.5
ゴミの分別	92.7	7.3	77.4	13.6	67.0	33.0	83.9	16.1
エコポイント	61.4	38.6	68.5	31.5	18.8	71.2	61.0	39.0
京都議定書	66.7	33.3	67.5	32.5	20.1	79.9	56.0	44.0
ロハス	96.8	3.2	89.1	10.9	43.1	56.9	82.4	17.6
ゼロエミッション	82.1	17.9	77.0	23.0	24.9	75.1	68.8	31.2
生分解性プラスティック	92.0	8.0	75.4	24.6	24.5	75.5	72.8	27.2
スローライフ	64.7	35.3	73.1	26.9	20.3	79.7	74.3	25.7
ヒートアイランド	63.6	36.4	63.7	36.3	11.6	88.4	59.4	40.6
クールビズ	24.6	75.4	66.9	33.1	7.5	92.5	63.3	36.7
地産地消	42.7	57.3	65.5	34.5	13.5	86.5	56.4	43.6
カーシェアリング	48.2	51.8	66.8	32.2	14.2	85.6	64.1	36.9

を持っていたものの，意識の高さがどれほど環境行動へとつながっているかとの疑問があった。また具体的な行動パターンを明確化する意図もあった。結論として，環境意識の高さが行動へと駆り立てているとの当初の仮説を裏付ける結果となった。

　環境関連用語の認知度や興味，環境行動について分析を試みよう。まず「グリーン発電　太陽光発電，風力発電」の認知度や興味度は 95.5 ポイントと 88.6 ポイントと極めて高いが，行動には結びついてはいない。これは中国の発電方式が水力発電への依存度が高い現状から，自然エネルギー利用が生活のなかで一般的でないということを示している。「COP10」については 8.5 と認知度が非常に低い。グローバルな環境問題への関心度の低さを物語っている。そして，「リサイクル」については 96.8 ポイントと認知度が高く，興味や実行度も高い。「リユース」についても同様な傾向がみられる。「CSR」は 62.7 と中程度であり，興味は高いものの行動意識が低い。これは学生として企業の在り方への意識があまり持てないということであろう。「環境報告書」62.1，「CO_2 排出権」61.7 と認知度と興味度はほどほどであるが，行動へと結びついてはいない。「バイオエネルギー」の認知度 91.0，興味度 82 と高いが，このエネルギーの消費実態がないところから行動に連関していない。「ハイブリッドカー」についての関心度も低い。将来的にはエコカーの購買者となる可能性はあるものの，現状では認知度は中程度である。「ゴミの分別」は 92.7 と高い。興味度も行動についてもかなり日常的に取り組んでいる様子がみられる。「ロハス」の認知度 96.8，興味度 89.1 で極めて高い。競争社会である中国においてゆったりした生活への憧れがあると思われる。「ゼロエミッション」の認知度 82.1，興味度 77 と高い。「生分解性プラスティック」については認知度 92，興味度 75.4 と高いものの，実社会での普及度が低い。「ヒートアイランド」は日本では周知されているが，中国でも認知度はそれなりにある。「クールビズ」は日本独自であるために 2 割程度の認知度である。「地産地消」「カーシェアリング」はそれぞれ 4 割，5 割程度の認知度である。全体としては環境用語の認知度や興味度は，一般的になっている用語については極めて高く，中国の社会的な制約や生活慣習などを考慮しても，現在の環境行動や将来に向けての環境行動への広がりの可能性は高い。このことから，これらの若者が社会の中堅を担うようになると，中国での人民の環境行動もかなり積極化していく可能性が見て取れる。

　次に，図表6-2を分析すると，いずれの環境行動項目においても実行度が高くなっている。日常生活のなかで環境への関心が高く，日々の生活行動には節約や倹約意識がみられるとともに，結果的に環境への配慮行動につながっているという生活構造となっているようである。学生へのインタビューでも，北京出身者が多いものの寮生活者が大半で，学生の生活コストのカット意識がこ

図表6-2 中国における環境保護生活行動調査結果（2014年3月）

（単位：%）

	いつも実行	時々実行	無し
地球環境保護に取り組んでいる	42.4	55.5	2.1
水を無駄にしないようにしている	71.3	28.7	0.0
物が故障したら修理して使う	62.2	35.8	2.0
ゴミはきちんと分別する	30.4	60.2	9.4
家電品は省エネタイプを選択する	52.1	42.4	5.5
ビン・缶・ペットボトルなどリサイクルに回す	33.7	42.7	23.6
できるだけ生活ゴミを出さないようにしている	40.7	49.2	10.1
エコマーク商品を買う	22.3	54.0	23.7
外出時できるだけ徒歩・自転車・公共交通機関を利用する	56.9	34.6	8.5
自分の地域の農産物などを買う	28.0	53.4	18.6
環境保護に貢献している企業の商品を買うようにしている	17.0	55.9	27.1
環境保護の情報を収集する	14.7	57.1	28.2
環境保護に配慮している小売店や飲食店を利用する	12.0	48.7	33.3
環境保護の寄付や募金をする	8.0	40.6	51.4
太陽光や風力などクリーンな電気を利用する	12.6	44.2	43.2
環境保護活動に参加する	26.6	52.3	21.1
不用品をリサイクル，リユースに回す	38.3	56.9	4.8
環境保護の商品表示に気をつけている	18.3	48.9	32.8
マイはしを持ち歩き使う	15.6	26.3	58.1
照明など電気のスイッチをこまめに消す	49.7	42.3	8.0
買い物の時エコバッグを持参しレジ袋・包装など断る	36.3	56.4	7.3
日常生活行動で二酸化炭素の排出量を計算する	4.4	14.7	80.9

のような環境・生活行動の結果を生んでいる。これらの傾向が90年代生まれの一人っ子世代の特徴ともなっている。「水を無駄にしないようにしている」という行動について，いつも実行が71.3ポイント，時々実行が28.7ポイントと極めて高い。日常的に水への節約意識が作用している根拠としては，北京が常に水不足の危機にあるという認識が高いためであろう。「物が故障したら修理して使う」項目ではいつも実行62.2，時々実行35.8で合わせて98となっている。コスト意識とともに環境負荷への配慮が垣間見られる。「外出時できるだけ徒歩・自転車・公共交通機関を利用する」では，いつも実行が56.9と半数を超え，時々実行34.6と合わせて9割を超えている。この行動は省エネ行動とコスト意識が結びついているものとみることができる。「家電品は省エネタイプを選択する」については，いつも実行52.1，時々実行42.4で合わせて94.5となっている。省エネ意識がかなり強くなっていると判断される。いつも実行と時々実行のポイントの合計が9割を超えている項目をあげると「地球環境保護に取り組んでいる」「ゴミはきちんと分別する」「不用品をリサイクル，リユースに回す」「照明など電気のスイッチをこまめに消す」「買い物の時エコバッグを持参しレジ袋・包装など断る」の5項目である。これらの項目が極めて高い状況にあることから，グリーン意識の高い先進国並みの環境保護行動水準にあると言える。これらが中国の環境意識と行動の実態であり，国際的にも非常に高い水準を示している。

　現在，中国では脱炭素政策が活発に推進されている。トランプのパリ協定離脱に伴い，大国としての面子を保持し，世界的な影響力を行使しようと，エネルギー転換の速度を速めようとしている。世界第二位の二酸化炭素排出国である中国のこのような動きは国内外に大きな影響をもたらすと期待されている。

4 ── 小売企業のグリーン対応

　加えて，これらの消費者のグリーン意識変化が環境保護対策への社会的インパクトになり得るかについて考察してみる。既述したイギリスでの高いグリー

ン意識によって，行政や社会全体が環境保護体制をとっている。とりわけ，小売企業ではグリーン活動，グリーンマーケティング，グリーンマネジメントが企業理念や戦略の眼目となっている。筆者が調査したマークス＆スペンサー（Marks & Spencer）について記述しよう。

　マークス＆スペンサーは，イギリスにおいて3つのカーボン・トラスト基準を設定し，二酸化炭素の削減と水の節約利用，ごみ処理について埋め立てをしないという厳しい規制を導入しているイギリスで最初の企業である。具体的には，2013年現在のCO_2排出量は566,000トンであるが，2020年までに533,000トンを目標とする。そして，エネルギー効率を2006年と2007年ベースで2020年に34％向上させる。さらに，水の使用量を27％減少させ，食糧配達のガソリン使用量を32％減じる。加えて，フルタイム社員の飛行機利用の出張を20％控える。そのため，テレビ会議の頻度を高めたり，鉄道などによる出張を奨励する，などの具体的なグリーン戦略を打っている。

　また，2014年4月に，ヨーク（Vangarde York Monks Cross in April）にサステナブル・ストアーを実験店として開店する。これは，太陽光パネルを設置し，LED照明，店舗の建築に幅広いリサイクルやリユースを実現するものであり，この店舗による経験や学習は当社の今後の展開に極めて重要な意味があると表明している。また，パッケージのサステナブル・イノベーションとして，行政と協定し包装資材146,000トンをリユースすることとし，13種類の食品包装材料として使用する。さらに，Oxfamとの提携による顧客の寄付による古着の回収と再利用で，昨年度実績230万ポンドをあげている。そして，水を必要としない花卉のパッケージ配達により，100万リットルの水を節約するという環境戦略を矢継ぎ早に打ち出している。これらの具体的な小売グリーン活動は，イギリスにおいてグリーンコンシューマの普遍化がもたらした小売企業へのインパクトの結果である。

　中国においては，グリーンコンシューマの影響はあまりみられない。むしろ共産党政府の政策の転換を待つしかないであろう。が，習近平の英断によってパリ協定の参加と温暖化対策に本腰を入れることになったのは朗報である。し

かしながら，グリーン意識の醸成がなければ，本来的な小売の環境保護活動を
プルすることはできない。

　イギリスなどの先進国においては，消費者の自律的グリーン意識の強さが小
売企業へ大きなインパクトを与えている。消費者との直接的な接点を持つ状況
下では，小売企業が経営理念の転換と環境戦略の高度化を果たさざるを得ない
のである。小売は常に消費者のニーズや欲求に対応することが求められ，企業
間競争を勝ち抜かなければならない運命にあり，グリーンコンシューマ社会に
あってはとりわけグリーン戦略的な姿勢を持って即応しなければならない。

　中国では，小売企業の環境活動は断片的である。筆者がインタビュー調査し
たところによると，リターナブルボトルやペットボトルの回収や省エネ，グ
リーンカード発行といった活動が散見される程度である。中国ではとりわけ都
市部での小売企業間競争が極めて激烈になっていることから，環境対策やグ
リーン対応が重要な戦略となる可能性が大である。近い将来，若者のグリーン
意識と環境行動は社会的なムーブメントとなると予測される。パリ協定傘下に
よって，小売企業がこのような動きを先取りすることを期待したい。

　中国におけるグリーンコンシューマの現状を把握し，それに対応する小売企
業の環境保護活動については，環境対策への意識やファンダメンタルが十分で
はないという現状から分析の限界がある。また，日本などの先進国と中国の状
況が極めて異質となっているため，比較の困難さがみられた。しかしながら，
グリーン意識については，先進国や日中両国との差はあまりみられなかった。

　一方，小売における環境保護活動については歴然とした差がみられ，中国で
は環境保護的な活動は，省エネやリサイクル活動にみられる程度である。しか
し，この差を埋め，日本等の先進国のグリーン消費と小売活動の政策的な運用
という観点から，ソフトやハードの中国移転の可能性についても将来性がある
との結論にいたった。

(参考文献)

Elkington, J. and J. Hailed, *The Green Consumer Guide: from shampoo to champagne- high street shopping for better environment*, Gollancz London, 1988.

Kane, Gareth, *The Green Executive: corporative leadership in a low carbon economy*, Earthcan, 2011.

Siebers, Lisa Qixun, *Retail Internationalization in China: Expansion of Fooreign Retailers*, Palgrave Macmillam, 2011.

Wagner, Sigmund A., *Understanding Green Consumer Behaviour: A Qualitative Approach*, Psychology Press, 2003.

大橋照枝『環境（グリーン）マーケティング戦略——エコロジーとエコノミーの調和』東洋経済新報社，1994 年。

ガレス・ケーン著，小澤勉監訳，井出宗通・烏田紀一・黒岩克彦・須藤麻理子・前田眞理子訳『グリーン戦略 3 つのカギ——持続可能な低炭素社会の実現』バベルプレス，2012 年。

胡鞍鋼著，石垣優子・佐鳥玲子訳『中国のグリーン・ニューディール——「持続可能な発展」を超える「緑色発展」戦略とは』日本僑報社，2014 年。

齋藤實男『グリーンマーケティング』同文舘，1997 年。

齋藤實男『グリーンマーケティングとグリーン流通』同文舘，2008 年。

齋藤實男『グリーン←→ゴールデンマーケティング』晃洋書房，2011 年。

村松幸廣「環境意識と環境対策」北京首都経済貿易大学編『低炭素社会の研究』世界銀行研究委託，北京市報告書，2011 年。

※本研究は，文科省 2011 年度から 2013 年度の 3 か年度の基盤研究（C）・科学研究費助成による成果報告である。

第**7**章

コンシューマ・マーケティング と広告コミュニケーション

1 —— 広告とは

　消費者に対する情報伝達活動は企業にとって極めて重要である。そこには，両者の有機的なコミュニケーション活動が存在する。とりわけ，インターネットの普及によってone to one の関係性の構築が容易となり，消費者ないし顧客のニーズに最適な情報の提供が可能となり，即応かつ円滑なコミュニケーションが行われつつある。

　メディアの一世代前には，広告コミュニケーションは既存の印刷や電波などのオールドメディアが主流となっており，一対不特定多数のコミュニケーションが大方の傾向となっていた。現在でも，これらのオールドメディアが主要な役割を果たしているものの，これらの媒体の広告効果は著しく低下していると断定せざるを得ない。このようなメディアの大転換期においても，広告の役割はますます重要になっている。

　広告の定義づけには諸説ある。アメリカマーケティング協会（AMA）によれば，「広告とは，明確なスポンサーによって行われるアイデア，製品，サービスに関する非人的な提案あるいは販売促進の有料形態である。（Any paid form of non personal presentation and promotion of ideas, goods or services by an identified sponsor.)」

　すなわち，明確なスポンサーとは，広告主のことであり，営利企業や非営利企業，個人などである。

2── 広告の機能

　広告の機能には消費者が必要とする商品などの情報を提供するという情報伝達機能がある。消費者にとっては新規の市場を形成するような新たな商品については全くと言っていいほど無知である，そこで，商品の特徴や良さを知ってもらうことが重要であり，商品の特徴や機能に関する情報を広告によって媒体を通じて，一般消費者に流すのである。その情報を受け取った消費者は，商品について関心を持ち，便宜性を理解する。さらに，購買説得や欲求喚起の機能も広告の持つ機能の一つである。マーケティングは競争市場において，自社の商品に消費者を引き付けるために説得的情報を提供する。すなわち，他社との商品属性の違い。例えば，機能性や高品質，デザイン性の良さなどを訴求する。消費者は各社の商品情報を検討して，商品選択を行うのである。代替商品の中から一つを選択することによって，消費需要を形成することとなり，社会的需要を生み出すといっても過言はないであろう。

　また，社会文化的な機能も広告が負うべき機能である。人々は生活上のニーズや欲求を持っており，それを充足することによって，生活を営んでいる。むろん，生きるためではあるが，生を受けてより充実した人生を送りたいと考えている。また生活環境によって欲求の度合いや内容が異なるものの，豊かな人生を生きたいという願望は人類共通であろう。

　広告は相違するニーズや欲求を満たそうとする消費者に商品の存在や良さを知らしめるのであるが，個々人の欲求のみならず，社会の欲求を満たしているのである。そこに，広告の社会的意義が存在する。すなわち，価値観の共通化と社会意識の形成に寄与しているのである。

　広告は文化的存在でもある。広告は単なる言葉の羅列や音声の組み合わせではなく，デザイン性や芸術表現でもある。ロートレックの広告ポスターは芸術として誰しもが認めている。また，CM においても芸術的表現が重要視されている。広告が一般的になることによって，庶民の広告に対する芸術としての期待感が高まっている。日本の四季を映像化した映像広告や芸術的写真を使った新聞や雑誌のプリント広告などが一世を風靡した。しかし，最近では芸術性よりも面白さや不真面目さが強調されている傾向が見られる。このように世相を反映するのも広告の特徴でもある。人々のライフスタイルや価値観の変化に対応したり，広告によって価値観が変化する状況も見られる。

　ここでは，印刷，電波などのオールドメディアやインターネットメディアに至るまでのメディア別の広告について概観してみよう。

（1）新聞広告

　新聞には全国紙と地方紙がある。全国規模の購読者を抱える新聞としては 4 大新聞がある。新聞広告は新聞が一般的になるにしたがって掲載されている。諸説あるが，江戸時代の瓦版や横浜で新聞が公刊されたケースが考えられる。明治時代の初期に新聞の刊行が相次ぎ，人々が新聞を購読するようになったため新聞広告が一般的になった。全国紙としては朝日，読売，毎日，日経新聞がある。ブロック紙では東京新聞や中日新聞，地方紙の例をあげると都道府県単位の購読者を対象とするものとしては，岐阜新聞や静岡新聞，信濃毎日新聞などがある。

　広告掲載料金は広告スペースによって異なるが，比較的高い。全国紙の全面広告は数千万円にのぼる。モノクロよりもカラーは格段に高く，広告出稿場所やスペースによってもコストがまちまちであり，一面広告は相当コストが高い。

　新聞広告は，言語表現や色彩，画像など多様な表現が可能であり，言語表現による説得性も高く，デザイン性によりブランド認知力をも高めることが可能で，広告効果も期待できる。また，購読率の高い，中高年へのターゲット性も

高く広告出稿頻度によって一定の効果が期待できる。新聞に対する社会的な信頼度も高く，全国紙や定評のある新聞広告は信頼性も高い。また，印刷物であるため一定の期間保存性もあり，読み返し効果もある。比較的タイムリーに情報提供が可能であり，幅広く確実に情報伝達することが可能である。さらに，全国や都道府県，市町村単位で地域ターゲッティングが可能であり，業界新聞のように購読者の属性別のターゲティング設定も行うことができる。これらの組み合わせで，より効果的な広告ターゲティング効果を得ることもできよう。

　新聞広告の種類は，ビジネス広告，意見広告，記事広告，公告などがある。ビジネス広告が一番多く，営利目的で商品や企業・組織に関する情報提供をすることによって売上増加やイメージ上昇などを目的として行われる。

（2）雑誌広告

　現在の日本での雑誌の発行は 877 誌に上っている（日本雑誌協会 2019 年 9 月現在）。さまざまなカテゴリーの雑誌が発行されており購読者も多様なニーズを満たしている。大きく分ければ，男女別，年齢別，音楽やスポーツ，エンターテイメントなどの趣味別といったさまざまなカテゴリーやジャンルにおいて多様な雑誌が刊行されている。

　雑誌は印刷媒体であり，紙にインクでプリントされたものが基本となっている。近年では，インクや紙の品質が高度化し，多くのデザインに対応しており，印刷表現も多様化してきている。モノクロのみならずカラーグラビアなど鮮明な色彩表現も可能となっている。

　雑誌広告の特徴としては，言語の記述・表現に加えて色彩デザイン性の高さによって，多くの読者を引き付け，商品の購買動機を喚起するところにある。ターゲティングも年齢層別，職業別，男女別，趣味別など細分化が可能である。例えば 20 代の女性に向けては，ファッション系雑誌や美容・コスメ系雑誌に広告を掲載し，彼女たちの関心を引き，商品やサービスの購買・利用に結び付ける。

　また，広告情報としての保存性にも優れている。週刊誌や月刊誌などは購読

後，数日，数週間手元に置かれ繰り返し閲覧されるケースもみられる。加えて，印刷技術の進展により，多様かつ優れたデザインによって，広告説得効果も高く，商品やブランドのイメージアップが可能である。そして，特定の雑誌に掲載することによって，ターゲティング効果を高めることもできよう。

（3）テレビ広告

　テレビは映像や音声，記述表現など多様な表現が可能なメディアであり，社会の発展に伴い，人々の生活や娯楽に影響力の高いメディアとして存在してきた。テレビが一般に普及したのは70年代である。今日の普及率は99％となっている。テレビ業界はテレビコマーシャルを放映している民放をみると，東京を中心として日本TV，フジTV，TBS，テレビ朝日，テレビ東京のキー局5社とそれぞれの系列ローカルテレビ局によって構成されている。最近ではBSや専門チャンネル，サテライト系など多岐にわたっている。

　テレビ広告はCMそのものであり，メディアとしてコストはかかるものの効果は高い。テレビCMは「タイムCM」と「スポットCM」に分けられる。「タイムCM」は番組内で流されるCMであり，「スポットCM」は番組と番組の間で放映される。タイムCMは基本的に30秒である。また「スポットCM」は15秒となっており，時間帯によって放送料金が異なり，ゴールデンタイムは相当のコスト高となる。「タイムCM」は番組提供の場合には番組内容に対応して，ターゲット設定が容易となり，ブランドイメージを高めることが容易となる。「スポットCM」では，繰り返しCMが可能となり，多くのオーディエンスに訴求することができ，幅広いターゲティングとなる。

　テレビCMは放映の繰り返しによって多くの人々に商品やサービスなどの広告内容を告知することができる。映像効果によって記憶に残りやすく，音楽やグラフィックなどを利用した表現によって人々の感性に訴えることができる。

　また，オーディエンスや消費者のブランドイメージの向上にも寄与する。最近の若者はテレビを視聴しないいわゆる「テレビ離れ」の傾向にあり，若者層をターゲットとしたテレビ広告の効果が低下している。

（4）ラジオ広告

　ラジオ放送局は AM，FM，短波がある。東京には文化放送，TBS，日本放送があり，各地域に民放ラジオ局が存在している。最近ではインターネット経由のラジオ放送も登場している。

　そして，ラジオの視聴者はシルバー世代やドライバー，ながら勉強の生徒・学生，通勤時や仕事中にラジオに耳を傾けるドライバーなどのリスナーなどがあげられる。世代もまちまちで，ターゲット化する場合には視聴時間や番組の作り方に一工夫が求められる。

　また，テレビや新聞と同様に信頼に足るメディアでありラジオ広告はリスナーにストレートに届きやすく，それなりに効果が期待される。製作コストはテレビ CM の 10 分の 1 程度であり低額に抑えることができる。地方放送局の CM を利用すれば地域限定型の広告効果を得ることができよう。

　ラジオ広告は音声のみの訴求となり，ながらリスナーなど広告内容の理解が十分であるとは言えず，効果が半減する場合もある。しかしながら，リスナーに人気のあるパーソナリティを起用することによって，ラジオの前で直接語り掛けることにより，広告効果も期待できるであろう。

（5）交通広告

　交通広告とは交通機関に関連した広告のことである。駅構内や乗り物の内外でのポスターや液晶表示，ラッピング広告などが一例である。ターミナル駅の利用者はかなりの人数規模である。2018 年の JR データによると，名古屋駅の乗降客数は 41 万人余であり，新宿駅は 347 万人である。このように駅や鉄道などの公共交通機関の利用客はかなりに上っている。駅や電車，バスの利用者の広告の接触率は非常に高い。電車内では中吊り広告（ハングアド）が一般的であり，座っても，立っても，満員の場合でも，ついつい眺めてしまう習性がある。通勤や通学，買物などの移動時にはよくある景色でもある。このように，何気ない接触機会であるが，公共交通機関ということも相まって信頼性が高い広告として評価されよう。

（6）屋外広告

　ビルの屋上に設置されている構造物に広告が設置されていたり，壁面にペインティングされたり設置されているチャネル文字，ネオンサイン，電柱広告，地上に設置される広告構造物，スクリーンなどの電光掲示板，吊り看板など屋外に設置されている広告全般が屋外広告である。時には，街の景観から大きさ，色，デザイン，形状などが問題となる。そのため「屋外広告物法」によって規制される。その第2条において，「屋外広告物とは，常時又は一定の期間継続して屋外で公衆に表示されるものであつて，看板，立看板，はり紙及びはり札並びに広告塔，広告板，建物その他の工作物等に掲出され，又は表示されたものの並びにこれらに類するものをいう。」と定義されている。

　さらに，地域によっては県や市町村によって，景観上の観点から厳しく規制される場合もある。京都では赤色の使用について厳しく，チェーン店では，それぞれの工夫があり，例えばマクドナルドやユニクロの看板が茶色となっている。

（7）DM広告

　ダイレクトメール（direct mail）のことである。ダイレクトメールは手紙やはがきで顧客にカタログやパンフレットなどの商品情報や優待・招待状を直接郵送する方法で，購買意欲を喚起する。

　インターネット時代になって，メールやSNSが一般的になっても，直筆のはがきや手紙を受け取った顧客は担当者との特別な関係性を感じ，より深い信頼感を感じることができる。すなわち，One to Oneの関係を構築することができる。言い換えれば，ターゲティングが特定化され，そこにコストをかけることによって収益の拡大策を講じることができよう。

　メリットとしてはデザインや画像に加え商品の説明文の記述など視覚によって直接顧客に訴求できる点があげられる。また封書によれば情報のボリュームも多くなり顧客が必要とする情報水準が確保できる。試供品などを梱包するなど，アイデアを凝らすことによって訴求力を高めることができる。

デメリットとしては開封されないで捨てられる恐れがあり，郵送料などの高コストが無駄になり，DM 製作や郵送に時間がかかり，即応的なプロモーションが困難であることなどがあげられる。

（8）POP 広告

　POP とは Point of purchase の略で，購買時点広告のことである。主に，小売店の店頭において顧客に対して商品情報や店舗サービスなどの説明を手書きなどにより提供する手法であり広告物である。

　例えば，季節商品や素材などの調理方法や利用法など生活に密着した情報をイラストなどによってわかりやすく説明した簡単なポスターやボード，レシピなどを目につきやすいところに設置し，顧客に知らせて便宜性を提供する。顧客にとっては利用しやすい情報を簡単に入手でき，当該商品やサービスに手を伸ばすことになる。最近では，POP 情報を QR コードなどで提供するケースもある。

　このように，POP 広告は購買に直接つながる情報提供活動であり，顧客への視覚による情報提供の配慮をすることによって，顧客にとって居心地の良い店舗の雰囲気を作り出すツールともなっており，店舗内での販売担当者の省力化にも役立っている。

（9）インターネット広告（internet advertisement, online advertisement）

　パソコンやスマートフォンの普及によって，我々の社会はネット社会へと変貌している。今や，インターネット広告は一般的になり身近なものとなっている。

　広告業界の売上をみると広告メディア全体の構成比率50％を超えている。その一方で，オールドメディアのテレビやラジオの電波媒体や新聞・雑誌の印刷媒体は凋落の一途をたどっており，インターネット広告は年々増加しており隆盛を極めている。ネット広告はインターネットを媒介として，商品情報やサービス情報を提供し，消費者はこれを峻別して閲覧するのである。

　インターネットは 1960 年代にアメリカのペンタゴンで軍事用の通信システムとして開発され，ビジネスや一般向けの汎用として発展してきた。もはや，ネットなくしては生活に不便ささえ覚えるほどである。スマートフォンの普及によっていつでもどこでもネット情報が手に入ったり，常に情報を発信することができるようになって，ネット情報は生活情報の重要な部分を占めるに至っている。

　ネット広告にはさまざまな形態が存在する。企業や組織のホームページが原初的な形態である。ホームページでは企業の利害関係者すなわちテークホルダーに情報を提供し，企業を理解してもらったりその存在を認知してもらう目的で掲載されている。さらに，広告機能を充実したバナー広告が派生した。バナー広告はウェブに張り付けられたものであり画像の場合もある。クリックすると広告主のサイトに飛び，必要な商品情報などを得ることができる。クリック数や販売実績などによって広告料が決定される。バナー（banner）とは旗や横断幕を意味している。

　そのほか，リスティング広告，アフィリエイト広告，動画広告，アプリ広告，SNS 広告などがある。順次，簡潔に記述してみよう。

　リスティング広告とは google や Yahoo などの検索エンジンで，キーワードを入れると広告画面が現われ，それをクリックすると詳細な広告に至る。クリックによって広告料金が発生し，クリック数によって広告コストが増加する。最適なターゲティングが可能であり，制作費用が掛かるものの，クリック数が多ければ広告効果も高くなる。

　アフィリエイト広告は成果による報酬を受け取る広告のことであり，自己のホームページやブログなどに企業などの広告を掲載する契約を結び，そこに訪問した人たちが広告を見てクリックし，商品を購買した場合に，手数料が手に入る仕組みとなっている。人気のあるブログなどは何万人も訪問するので，ブロガーはかなりの収入を得ることができる。

　動画広告は映像表現なので注目度も高く，企業はこぞってホームページなどに掲載している。YouTube なども駆使され，利用範囲も拡大している。企業

にとってみれば，消費者に分かりやすく商品説明ができ，注目度を高めることによって話題性も拡散され，広告効果もかなり高い。また，既存のCMなどを使うことが可能となり，動画制作には費用が掛かるものの，直接的な販売効果が期待できる。

　アプリ広告とはインストールされたアプリ内に広告が出稿され，それを利用者が閲覧する仕組みである。とりわけ，無料アプリの場合にはアプリを起動すると頻繁にリスティングやバナーなどさまざまなタイプの広告が現われる。スマホの普及によってこれらの広告利用者は拡大の一途をたどっている。どのようなアプリを利用するかは個々人の価値観に左右されているので，最適かつ効果的なターゲティング戦略を導入することが可能となる。

　SNS広告はソーシャル・ネットワーキング・サービス（Social Networking Services）のシステムを利用した広告のことである。すなわち，Facebook，Twitter，Instagram，Lineなどによって広告を出稿し，消費者を引き付ける。それぞれのSNSの形態によって多少の違いはあるものの，極めて高いターゲティング効果が期待される。消費者属性のみならずライフスタイルなどの個々人の特徴に応じたクラスターに対してターゲティング戦略が可能となり，広告へのクリックへの導入が容易である。

　言い換えれば，SNSはプラットホームによって違いがあるものの同類の人たちが共通の話題や趣味，価値観で個別のネットワークを張っており，それを通じて情報の拡散がスピーディに行われている。的確かつ急速な広告効果を実現できる。最近ではインフルエンサー効果も期待されている。

参考および引用文献

　松江宏編著『現代流通の新展開』同文館，2002年。
　松江宏編著『現代流通論』同文館，2004年。
　松江宏編著『現代マーケティング論』増補版，創成社，2013年。
　松江宏・村松幸廣編著『現代消費者行動』増補版，創成社，2013年。
　村松幸廣・井上崇通・村松潤一編著『流通論』同文館，2012年。

第8章

エリアブランド戦略

1 —— 地域とブランド

　社会的にブランドの重要性が認識される時代となっているが，ブランドの扱いやブランド構築の仕方についてさまざまな議論がある。本論では地域創生戦略の促進のためのエリアブランド戦略の在り方を明らかにする。

　自明の理であるが，ブランドとは他者との差別化を計るために自己アイデンティティを何らかの文字やデザイン，音声等の記号を使って，受け手や対象に対してその存在性を明示することであり，ブランドの意義は企業等の組織競争を勝ち抜くための戦略のツールとして位置付けられる。さらに，ブランドには自己を特徴づける何らかの訴求価値が存在し，それを中心にブランドコンセプト化される。さらに，ブランドには自己を特徴づける何らかの外部訴求価値が存在し，それを中心にブランドコンセプト化される。また，インターナルな側面では，組織メンバーや関係者がその価値を十分認識し，場合によっては消費者や他者にアピール可能な理解度を共有していなければならない。すなわち，内と外とのブランドコンセプトの一致が戦略をすすめるにあたって極めて重要となる。また，ブランドは機能性，差別性，パーソナリティ・イメージ，源泉の4つのディメンション構造から成る。このようなブランドの理論について論じ，ヒト，モノ，コトから派生したエリアブランドの特徴や階層性について言及する。

地方創生事業が各自治体において活発に行われている。本研究では，中部地域を中心としたブランド展開動向について，エリアブランド・マーケティングの視点から分析を試みる。すなわち地域ブランの確立プロセスについて理論的フレームワークの試論的形成を行いつつ，実態分析を試みようとする。

　一般的に見て，ブランド化には多くの軸があり，地域の産物，歴史，文化，伝統的なライフスタイルや地域の慣習なども一例である。掛川における生涯学習都市宣言がエリアブランドの先鞭と言えようが，その後のブランド展開についても言及したい。先進的な事例をベースとしてその在り方を志向し，エリアブランド・マーケティング戦略立案のベーシックなアプローチ手法を確立したいと考える。エリアブランド戦略においては，いくつかの成功事例が報告され，国や第三セクターなどによってモデル指定されている。ここでは，中部地方のエリアブランド戦略を分析・検討する。

2 ── ブランドの重要性と戦略意義

　何故ブランドが重要なのであろう。消費者の立場からひも解いてみよう。消費者にとってブランドはさまざまな役割を果たす。製造元や提供者が識別でき，責任の所在を確認することができる。とりわけ，消費者は製品やサービスの購買経験や過去の情報探索などを通じて自己の意思決定やニーズの充足に関して最適解を求める。

　その際に，意思決定を簡素化するにはブランド選択が最も有効である。経済的な考え方からすれば，最小のインプットから最大のアウトプットを引き出すために探索コストを削減できるのである。すなわち，最小の貨幣的かつ心理コストによって，知っているブランドから条件に見合う最適な選択を行うことによって，合理的な結果を生み出すことができる。加えて，消費者はブランドが一定の条件で機能し，その製品パフォーマンスが首尾一貫し，自己にとって適切な価格で，常に適切な情報がもたらされ，自分にとって大きな効用をもたらしてくれるとの暗黙の理解の中で信頼とロイヤルティを当該ブランドに寄せる

のである。

　マーケティングの立場から捉えると，ブランド戦略とは競争相手との製品や
サービスの相違を強調するだけでなく，消費者へ製品・サービスに対する満足
を提供して，継続的な信頼関係を構築するとともに，企業のアイデンティティ
を明確にし，企業間競争を勝ち抜くという役割を担っている。そこに顧客との
ロイヤリティを核とした関係性が築かれることとなる。

　ブランドについてはさまざまな見解がある。例えば，「記号の集合について
の認知度」「製品に対する消費者のイメージの水準」「製品の質や内容が網羅さ
れた存在」などである。特に，AMA（アメリカマーケティング協会）の定義によ
れば，「単独の売り手あるいは売り手の集団の製品及びサービスを識別し，競
合相手の製品及びサービスと差別化することを意図した名称，言葉，サイン，
シンボル，デザイン，あるいはその組み合わせ」と定義される。

　このように，ブランド概念が規定されてはいるが，マーケティングにおける
ブランドの位置づけは戦略的意義にあるといわれる。マーケティングはビジネ
スが高度に発展したアメリカにおいて実務的な市場対応策として開発され，近
年，精緻化されつつある理論的かつ実践的な学問領域であり，市場競争を前提
として成り立っている。

　換言すれば，厳しい競争に晒されている企業が自己の市場優位性を発揮し，
利益を実現するプロセスである。すなわち，市場において競争企業のブランド
に対して自らのブランドのプライオリティを確立し，シェアを拡大し自社の優
位な立場を形成するよう戦略を計画・実施するのである。これがブランド戦略
の本質である。

3 ── エリアブランドのフレームワーク

　エリアブランドのポジショニングはさまざまな要素があり，一概には断定で
きないが，人的な関係性が最も重要であろう。地域は住民の生活の場でありブ
ランド確立に成功しても従来の地域生活が破壊されては何もならない。すなわ

ち，地理的，空間的な領域に人間性が介在しており，経済合理性では割り切り
できないのである。これがエリアブランドの困難性でもあり，ビジネスにおけ
るブランド戦略とは異とするのである。

　図表8－1のようにエリアブランドとの関連要素が明示される。人々が住ま
う地域のブランドとは物理的な属性によって構成されているのではなく，人々
の温かい心理的要素によって大部分が占められている。いわば，無から有を生
み出すことさえもありうる。ブランドコンセプトを立案するにあたって，地域
環境についてきちんと吟味されるべきである。自然環境，文化，歴史・伝統，
風俗，産業，人口などの特性について分析がなされる必要がある。

　自然環境は河川，湖沼，海，山などの有無と特徴，気温，風の流れなどの気
象条件，風土や風景があげられるが，そこに住まう人々の観点を忘れてはなら
ない。とかく，開発行為が中心となると，残念ながら，生き生きとした地域性
が損なわれる場合が多々ある。地域環境は人々が織りなす生活を基盤として人
的要素が中核となり，そこに自然などの物的要素が加味されなければならな
い。

　とりわけ，地域住民の参加意識が基盤となり，エリアブランドへの共通意識
が形成される必要がある。高邁なブランドコンセプトでありながら，地域住民
の意識を無視するような在り方ではブランドは長続きしないし，地域住民が住

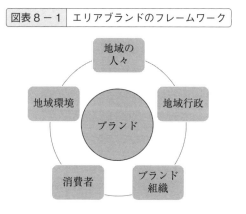

図表8－1　エリアブランドのフレームワーク

まう場所へのプライドがなければブランド価値は半減してしまう。地域の人々が積極的にブランド形成に役割を果たすような素地づくりが求められる。ブランドの何を売りとするにかかわらず，直接的かつ間接的な地域の人々との関わり合いを醸成する努力が不可欠であろう。

　そのためには地域行政の在り方が問題となる。上から目線でやってやるという態度では人々はついてこない。地域住民と行政は一体であり，地域全体の動きに目を配る必要があろう。そこに，後述する最近の生涯教育展開とまちづくりの住民参加による密接な関係性を見出す意義が存在するであろう。

　特にエリアブランドは，図表8－2に見られるように，ヒト，モノ，コトから構成され，3つの要素が基盤となって相乗効果を発揮し，より魅力的なエリアブランドに昇華する。ヒトは人的資源であり，ブランド関係者や地域住民，地域の組織などの人的つながりやコミュニティなどである。モノとは産物や場所，自然，構築物などであり物的資源である。コトは出来事や歴史，文化，風俗などであり，この三者が重複し影響しながらより良いエリアブランドを形成することになる。

図表8－2 エリアブランド

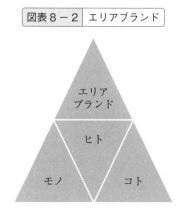

4── ブランド属性

　ブランドはヒト，モノ，コト，地名から派生したものが多い。トヨタ，スズキ，ホンダ，ヤマハは人名から企業ブランドとなっている。松阪牛，近江牛，夕張メロンは地名からとった農産物のブランドである。三菱自動車のパジェロは英国では「ショーグン」と呼称されている。「三社祭」や「風の盆」は神への感謝や豊年感謝のまつりごとであったり，亡き人をしのぶ盆まつり等のコトである。

　世界的なブランドには枚挙にいとまがない。キヤノン，コカ・コーラ，ソニー，日本では宇治茶，赤福，魚沼産コシヒカリ，京野菜などなど。世界遺産の富士山や和食などがブランドとなっている。これらのブランドは一般的に馴染みが深く，日常的な会話の話題となるケースが多い。

　ブランド属性は，図表8-3に見られるように，ビジュアル，知覚，ポジショニング，付加価値，イメージ，パーソナリティの6つである[1]。

　ビジュアルとは見た目であり，形状，デザイン，色など五感により判断できる特性である。エリアブランドにおいては海，山，湖沼，川，谷，森，平原などの自然の景観や土地の醸し出す色合いや産物の形状，特徴などがあげられる。

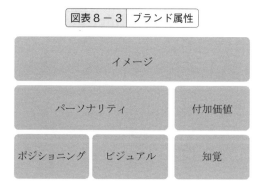

図表8-3　ブランド属性

イメージ

パーソナリティ　　付加価値

ポジショニング　ビジュアル　知覚

　知覚とは人間のある特定物に対する反応である。すなわち，知覚とは，動物の感覚器官への一定の刺激によってもたらされる情報（記号の組み合わせ）をもとに，外界の対象物の属性，形態，関係性および身体内部の状態を把握するはたらきのことである。エリアブランドについていえば，松阪牛は肉に「さし」が入っており，牛肉の香さえ感じ，高級牛肉という感覚が頭に浮かぶ。

　ポジショニングとは市場における消費者によるポジションである。高級であるとか，品質が高い，高機能，デザインの優秀さ，素材等々のスケールから市場地位が決定される。エリアブランドでは京都が世界都市ランキング１位（2014，2015年）と世界的なブランドになっており，2014年には180万人が訪問しトータルで5,000万人の外国人観光客が押し寄せたことになる。伝統的な構築物や寺社，和食が有名である。

　４つ目の付加価値は重要な要素である。ブランドにはそのものの持っている本来的な価値に付加的な拡張ファクターが加わっている。東京は国際都市であるが，世界の観光客にとっては付加価値が高い都市である。また，北海道も海外からの観光客にとって自然や都市的イメージがミックスされた魅力的な付加価値の高い地域である。

　イメージとはブランドから派生した消費者の感覚的結果である。日本のイメージは富士，芸者ガールであったが，日本的な建築，文化，食べ物，工芸などに触れて日本での再発見を体験しようと海外からのリピーターが増えている。それはイメージの転換である。

　パーソナリティとは個性であり，ブランドそのものの主張である。エリアブランドにとって個性はとても重要であり，他の場所と違う伝統や人間的なコミュニティーによって醸し出すことができる。換言すれば，アイデンティティであり，他のものと峻別する存在感そのものである。

　既述の６つの特徴が具備しブランドの個性によってその存在が消費者に認知されるのである。とりわけ，有名ブランドにおいては個性が輝いている。ホンダは創始者である本田宗一郎の個性によってブランドが形成され，その伝統性をキープし，世界のいたるところで評価されている。松阪牛や飛騨牛も生産地

域のパーソナリティが確立され一般的に名前が知れ渡っている。これも個性といえる。

5—— エリアブランドのディメンジョン

　エリアブランドにはディメンジョン構造が存在する。すなわち，機能性，差別性，パーソナリティ・イメージ，源泉の４つの構造から成る（図表８－４参照）。
　機能性とはブランドの有用性やブランドの欲求充足度である。消費者は自己の生活上の欲求やニーズを充足すべく商品を選択・購買し使用・利用する。その結果，パフォーマンスが当初の期待以上であれば満足し，欲求・ニーズが満たされるにつれて，生活の充実感が生まれより良い生活環境を享受することができる。エリアブランドにおいては産物や自然景観によってもたらされるパフォーマンスである。素材をおいしいと感じたり景観に感動したり満足感を得ることである。
　パーソナリティとは既述のごとく消費者のブランドに対する好感やそれを保持することによる優越性である。また，一般的に共通のブランドのイメージであるとともに消費者個人の特定ブランドに対する信頼感や親近感である。グリーンツーリズムなどによって農村の生活を体験することによって得られる感動などはエリアブランドの個性と訪問者の価値観がオーバーラップした例であろう。

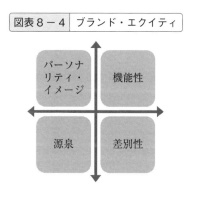

| 図表８－４ | ブランド・エクイティ |

パーソナリティ・イメージ　機能性

源泉　差別性

　差別性とはターゲット設定により商品やサービスに関して差異性を強調する戦略を通じて消費者のブランド認知を高めることによってもたらされる選択優位性である。エリアブランドのマーケティングにおいてはマーケティング・ミックス戦略やコミュニケーション戦略に工夫を凝らさなければならない。

　源泉とはそのエリアが保持している経営資源のソースであり，内部資源の別称である。換言すれば，ヒト，モノ，コト，カネ，情報などの経営資源である。とりわけ重要なのが人的資源である。エリアブランドを確立するためには，その土地への訪問者に対して歓迎とおもてなしの気持ちをもって対応する必要がある。来訪者のイメージに合った雰囲気が醸し出されれば安心感をもってもらえるし，感動をもたらすことができよう。そのエリアの住民や関係者，行政などがブランドイメージやブランドコンセプトについて十分な理解と共通認識を持つことが，ブランドイメージ維持に必須条件となる。

6 —— ブランド・エクイティ

　ブランド・エクイティとはアーカー（David Aker）によれば「ブランドの名称やシンボルと結合した資産の集合で」ある。さらに，「製品やサービスの提供によって企業やその顧客に提供される価値が増大する存在である」[2]。最近ではブランド資産の評価結果が資産としてB/Sに計上されることとなる。アーカーによれば，ブランド・エクイティはブランド・ロイヤリティ，ブランド認知，ブランド知覚品質，ブランド連想の4つの要素からなる。

　「ブランド・ロイヤルティはブランドを売買する場合に価値を付与する重要な要素となり，他当該ブランドに高いロイヤルティを持つ顧客は予測可能な売上と利益に貢献する。」さらに，「ロイヤルティの低いブランドは攻撃にさらされ」市場から敗退する[3]。

　ブランド性が強ければロイヤリティが形成され，選択購買の傾向が高まり，リピーターを現出させ企業の売上を安定させ，更なる上積みを図ることができる。とりわけ，人口が減少しつつある日本においては現在の顧客を囲い込み固

定化することが必要となる。ブランド・ロイヤリティの基盤を確立できれば，次なる展開や拡張戦略も大いに可能となろう。

　ブランド・ロイヤリティとはブランドに対する忠誠心であり，顧客のブランドへの信頼性の証である。製品・サービスのロイヤリティが確立されると，消費者は躊躇なく次の購買機会に同じ商品・ブランド，店舗を選択するリピーターとして企業や組織にとっての得意先となり，この比率が高ければ収益が安定し，マーケティング戦略を進めるにあたって，極めて効率の良い顧客戦略を計画立案し実行することができるだけでなく，シェア競争を勝ち抜くことが容易に可能となるであろう。

　「認知は消費者の心の中におけるブランド存在の強さであり，認知は消費者がブランドを記憶する様々な方法によって測定される。それは再認や再生によって決定される。」[4]

　ブランド認知とはブランド存在感を意識することである。認知は人間にとって外部環境に存在するものを5感でもって捉える処理行為である。色，形状，価格，ブランドネーム，素材，知覚品質，デザイン，パッケージ，環境配慮性といった物理的な特性や心理的特性の総称であり，消費者の学習効果や過去の経験によって形成され，購買選択が左右されるプロセスであるとも考えられる。むろん，消費者は一般的には2，3のブランド特徴に収斂させて，シンプルに比較評価を行い，いくつかのブランドのうち一つを購買意思決定する。その際にはブランド・イメージが重要となる。

　「知覚品質は，通常顧客が購入にあたって最も重視するものである。その意味でそれはブランド・アイデンティティーに影響を及ぼす基本的な尺度である。しかし，もっと興味深く見ると優劣判断の尺度となっている。機能的便益についての評価にも知覚品質がかなり影響している。知覚品質が改善されるとブランドに関する顧客の知覚の他の要素も一般的に改善される。」[5]

　知覚品質とは消費者のブランド認知の前に行われ，商品の品質の良し悪しを判断する行為によるパフォーマンス結果であり，知覚されたブランドの物的かつ心的品質を指す。消費者は常にあらゆるものに対して反応しているが，とり

わけ現代社会にあってはブランドに対する興味が強くなっており，さまざまなブランドを評価しようとする。強力なブランドはそれが持っているイメージや雰囲気などが消費者を引き付けている。すなわち知覚品質が良好である。このようなブランド力を形成するためには日常的なプロモーションによって消費者を刺激し続けることが大切である。

　ブランド連想とは，強いブランドアイデンティティによってもたらされる消費者の印象である。確立されたイメージは残像として消費者の頭の中に刻まれ，かなりの長期間にわたって深層記憶として宿ることとなる。

　ブランド選好における状況について，消費者行動のケースを概観してみよう。消費者行動の基本的プロセスによれば，購買前行動と購買意思決定，購買後行動のプロセスに分けられ，購買前行動ではニーズや欲求により製品・サービスへの購買動機が生起され，問題解決のための情報探索行動をとる。次に，意思決定のための最適な情報を獲得すると意思決定基準を策定しそれを基に製品・サービスの比較・選択プロセスに移行し，最適な購買意思決定を導出する。そして，製品・サービスないしブランドに対して対価を支払い所有権や利用権を得る。さらに，それらを生活において使用したり，利用して欲求などを充足する。得られた成果が期待以上であれば満足し，期待水準を大きく下回れば不満を誘発して苦情行動を起こす場合もある。

　一般的に，馴染みのあるブランドに対しては期待度も大きく満足水準が高い。満足度が高ければ既述のようにブランド・ロイヤリティが形成される[6]。

7 —— エリアブランド戦略における インターナル・マーケティングの役割

　最近ではインターナル・マーケティング（internal marketing）への注目度が上がっている。すなわち，外部志向のみの一般的なマーケティングであるエクスターナル・マーケティング（external marketing）ではブランド性を維持できず，ブランド管理に限界が生じている。とりわけ，消費者が持っているブラン

ドイメージを毀損するのは企業の構成メンバーやその関係者の行動である。か
れらが不祥事を起こせばブランドへの信頼性が失われブランドそのものが消滅
してしまう恐れがある。

　雪印の大腸菌食中毒や社長の不適切な対応が失敗の代表格であり，東芝の粉
飾決算，電通の過労死事件，神戸製鋼の品質問題や日産の無資格品質検査など
枚挙にいとまがない。企業や行政，都道府県市町村の全ての構成メンバーがブ
ランドに関して熟知し，住民を巻き込んで，その価値の重要性を認識してブラ
ンドの信頼性を守り消費者志向への心がけを持たないと，ブランドの消長はお
ぼつかないものとなろう。

　さらに，ブランドには自己を特徴づける何らかの外部訴求価値が存在し，そ
れを中心にブランドコンセプト化される。また，インターナルな側面では，組
織メンバーや関係者がその価値を十分認識し，場合によっては消費者や他者に
アピール可能な理解度を共有していなければならない。すなわち，内と外との
ブランドコンセプトの一致が戦略をすすめるにあたって極めて重要となる。

　これらのインターナルマーケティングが貫徹したうえで，ブランド戦略にお
いて重要なことは，市場すなわち消費者の立場に立ってブランドポジションを
考慮することである。消費者の支持を得られないブランドは一時的に話題にな
ったとしても市場から忘れられてしまう。ブランドが消費者に受け容れられ，
企業や関係機関，組織が継続してそれを育てる努力を怠ると，すぐにブランド
価値が減少し，ブランドが消滅する憂き目を見ることとなる[7]。

　換言するならば，企業や組織等ブランドを提供する側と消費者・顧客の相互
作用が成功裡となればブランドパワーが強力となり世界的なブランドとして成
長する可能性が高くなる。前述したブランドはその例である。

8 ── エリアブランドの事例

（1）掛　川

　掛川市は江戸時代に宿場町や城下町として栄えた。現在では工業と農業のバ

ランスがうまく保たれた都市として発展している。産物として，掛川茶や葛布等でも有名である。また報徳思想を実践する大日本報徳社の本部が置かれている土地でもある。

　報徳思想は二宮尊徳によって提唱された経済実践であり，その経済実践は，人々の経済活動を活性化し，生活向上を図る改革である。すなわち，二宮尊徳は「積小為大」「至誠」「勤労」「分度」「推譲」の考え方を根幹に600程の農村経済の救済と生活向上を実現し，諸藩の財政改革を成功させた経済思想家であり社会貢献の実践家であった。とりわけ，人のためには無私を貫く，「たらいの水」理論が有名であり，人々にとって受け入れやすいものである。彼は，齢70まで生きたものの，人生のほとんどを人のために尽くし，私財を何ら持たなかった高潔な人物であった。

　このような報徳思想は掛川の行政や教育に大きな影響をもたらし，元掛川市長の榛村純一氏が提唱した現代の報徳運動ともいえるような，昭和54年の全国で最初の生涯学習都市提唱へと繋がっていった。榛村市長は翌年には全国生涯学習シンポジウムを掛川で開催し，他の市町村との連携を図り，オレゴンとの国際協力関係を軸に国際交流活動も行い，矢継ぎ早に生涯学習の大切さを主張しつつ，その活動を強化していった。当時の生涯学習市町村協議会は，その規模を拡大し70を超える市町村が参加し，今日に至るまで各地で生涯学習の大会やイベント，フェスティバルなどを開催し，相互の交流を行っている。

　掛川市は榛村市長の下で，さらに生涯学習まちづくり土地条例を制定し，土地利用に生涯学習の観点を導入し，新幹線駅の新設や高速道路インター設置，掛川城天守閣の木造復元などを行った。生涯学習システムのソフト強化の一環として「とはなにか学舎」を立ち上げて，生涯学習都市建設の人材育成にも力を注ぎ，多くの地域まちづくり能力開発を行い，現在，これらの人材がまちづくりプランニングにおいて大いに役立つリーダーへと育っている。

　このように，生涯学習は地域に根差し，日々学ぶことを通じて，多様化・個性化の時代に適応する人間性を磨き自己実現を可能にする。また，学校教育や社会教育の深化を企図し，教養豊かな人間性ある多元社会を実現し，高度技術

と情報化社会において立派に生き抜く人間力や品性を磨くことや高齢化社会対応を図るなどがその眼目となっている。

　松本三郎新市長のもとでは生涯学習まちづくり課が設置され，さらに生涯学習運動がまちづくりに生かされている。生涯学習の拠点として市内の25地区に地域生涯学習センターを設置し，それぞれがネットワークで結合され，コアとして掛川市生涯学習センターが置かれ，オーケストラビットを備えた1,069人収容のホール，大小の会議室や料理室，工作室，和室，ギャラリー，イベント広場などが併設され，さまざまなコンサートや催し物や催事が開かれ活況を呈している。施設利用状況が7割を超えている月もある。

（2）浜松市

　浜松市は広域合併により人口79万人都市として静岡県で第一の都市となっている。歴史的には浜松城を擁する宿場町として栄え，織物工業で栄え，戦後にはオートバイ，楽器の街として興隆した。工業生産高は国内第8位，27,533億円（輸送用機器具50.6%，一般機器具7.2%，電気機械器具5.8%）となっている。いわば，工業都市としての特徴が強い。

　しかし，浜名湖や天竜川を擁し風光明媚で，農村や山村の様相も呈している。農業産出額は540億円で全国第4位の都市となっている。また，遠州灘に面し，浜名湖もあり，漁業による水揚げは年間6,500トンである。漁獲ではシラスやアサリの他，フグや海苔などがあげられる。このように，自然もあり工業も発展し，変化に富んだ魅力的な都市でもある。戦後は養鰻業の「浜名湖うなぎ」で名をはせたが，現在では廃業が相次いで沈滞気味である。代わって，鼈の出荷高は全国の70%を占拠している。

　浜名湖の北側の三ヶ日町，細江町，引佐町，都田町ではミカン栽培が盛んで，「三ヶ日青島ミカン」は全国的にも，つとに有名で東京や関東では高価格で取引される高級ブランドとなっている。

　特に，三ヶ日町ではミカンのブランド化に町を挙げて取り組み，東京の高級デパートや有名な果物店では超高級ブランドとして評価されている。三ヶ日農

協は無名の産地である三ヶ日ミカンのブランド化に組合員とともに取り組んだ。名古屋のデパートで三ヶ日ミカンの試食会を行ったり，名古屋駅等で三ヶ日ミカンのデモンストレーションを実施し，そのブランド名を浸透させていった。ところが，全国でのミカン栽培の急増によって，需給バランスが崩れ，暴落期に入ってしまった。1972 年には手取り 1 キロ 30 円台と悲惨な結果となりミカン農家の落胆は大きかった。

　しかしながら，この状況を転換すべく，三ヶ日農協は組合員の総意をまとめあげ，高品質ミカン「青島ミカン」への栽培へと大きく舵を切ったのである。この英断が「三ヶ日青島ミカン」のブランドへと大きく飛躍するきっかけとなった。年末の贈答用のミカンとして東京市場に出荷し「青島ミカン」の甘さをアピールすると，市場の反応も良く他産地の 1.5 倍の高値さえつき，市場では引っ張りだこ状態が続いた。このように生産者組合として組織を挙げて「より良いものを消費者へ」というマーケティングの神髄を体現したわけである。

　その後も，品質管理を徹底し「より美味い」ミカンを目指す努力を欠かさなかった。たとえば，独壇場であった中京地区に愛媛や和歌山蜜柑が殴り込みをかけてきた。そこで，完熟早生蜜柑の「ミカエース」を投入し三ヶ日ブランドを強固にしてきた。出荷の際に，「糖度 12 度以上，加えて酸度 0.1 以下」という厳しい品質基準であったが，生産者の協力もありブランド革新が進んだ。常に，前を見て将来を展望する姿は従来の日本農業には見られないものであるが，その方向性は頑として譲らない精神が三ヶ日地区の柑橘組合には底流として存在していた。

　三ヶ日農協は農協以外の出荷者も「三ヶ日ミカン」と銘打って市場に出していた。中には品質の悪いものもあり，「三ヶ日ミカン」ブランドが評価を下げてしまう恐れが出てきた。その防止策としてミカンの段ボールに「ミカちゃん」というキャラクターを印刷し，一目で三ヶ日農協共同出荷の正真正銘の三ヶ日産のミカンであることをアピールした。今ではこのマークを目印にして消費者が買い求めている。

　しかし，この「ミカエース」も試練の時を迎えた。1988 年は異常気象で例

年のように甘味の乗った早生ミカンではなく，水っぽいだけの完熟蜜柑であった。愛媛や和歌山は比較的天気に恵まれ，そのため早めに出荷され好評を得ていた。三ヶ日農協は「消費者を裏切れない！　味の乗らないミカンは出荷すべきではない」という大英断をもってこの年の「ミカエース」の出荷を断念した。この行動によって三ヶ日ミカンの品質とブランドを維持することができたのである。

　個々の農家にとって一年間の栽培努力を無にすることはつらい選択であり，何とか現金に換えて生活の糧にしたいと思うのが常であろう。しかし，出荷停止，これがかえって卸売市場関係者や小売業者の賞賛を得て三ヶ日「ブランド」はさらなる高みへ，ゆるぎなきブランドへとステップ・アップしていった。すなわち，ブランドは消費者の評価の結果，形成されるものである。逆に，消費者からの評判が低下すれば，取り返しのつかないほどにブランドが地に落ちるという例を見てきた。忘れもしない「雪印」ブランドの悲劇がそれである。

　JA三ヶ日は農協の広域組織統合の問題をも乗り越えた。すなわち，平成の農協合併の話が三ヶ日農協にも伝えられ，当初はその合併に前向きであったが，三ヶ日ミカンのブランドを守るために今までの単協の道を選んだ。財務的な問題も将来のシュミレーションを行った結果クリアーできるということで，組合員の総意のもとで，独立の道を歩むことを意思決定した。

　合併すれば「規模の経済」効果によって安泰であったであろうに，敢えて苦難の道を選んだのである。それは，地域全体で育んできた「三ヶ日ブランド」の誇りと栄光を選択することであり，今後の農協経営を全体で支えていこうとする農家の意気込みでもある。

　最近ではミカンの機能性食品表示も導入している。すなわち，段ボールの側面に「本品にはβ-クリプトキンサンチンが含まれています。β-クリプトキンサンチンは骨代謝の働きを助けることにより骨の健康に役立つことが報告されています」と表示され，「三ヶ日ミカン」ブランドが健康づくりに貢献するという新しい姿を消費者にアピールする戦略にも踏み出している。2015年の実績では機能性表示を導入した小売店舗は47％であり（静岡新聞2016.4.3），機能

性をアピールすることによって直接的な販売効果があるとは言えないまでも，健康志向の現代において存在感を示したことは事実である。

　このようにエリアブランドは一朝一夕で構築できるわけではなく，陰では血のにじむような人々の協力をベースにした努力によって魅力的なブランド形成が成し遂げられるのである。

　浜松市北区の細江町や井伊谷地区は NHK の大河ドラマの撮影地となり全国から注目を集めた。「女城主直虎」のドラマ化が決定すると，浜松市は北区の住民を中心として直虎ブームの仕掛けに着手し観光の目玉化を行った。NHKの撮影には地元民もエキストラなどで協力体制を敷いた。また，浜松市のWEB上に井伊直虎サイトを設置し情報発信を行った。直虎ちゃんマスコットを作成し大々的に宣伝活動を行い，須坂市との直虎商標騒動もあって，かえって注目を集めた。その甲斐もあり細江町の大河ドラマ館の入場者は 70 万人を超えブームを作った。

　浜松市は餃子でも話題作りを行った。宇都宮市との餃子バトルでは全国的な話題作りを行い，浜松は楽器やウナギだけではないとの印象を残すことに成功した。浜松餃子学会という任意団体が結成され，情報発信やイベント開催の役割を担っている。このようにエリアブランド構築には地域住民の日常的な活動が不可欠である。

（3）中部エリア

　中部地方の県単位でも生涯学習に力を入れている。東海 4 県の内，静岡県は掛川市に県の出先機関である静岡県総合教育センター 生涯学習推進班を設置して生涯学習情報発信システムを稼働させている。

　岐阜県は生涯学習センターを岐阜市内に設置し，生涯教育コーディネータの育成や地域づくりモデル事業などの実践事業，交流事業，情報発信や学習相談などを実施して県民の要望に応えている。

　三重県の取り組みは，総合文化センター内に生涯学習センターを設置し，県民に様々な地域において生涯学習の機会や場を設定している。とりわけ，生涯

学習事業について数値目標を設定し，生涯学習振興の重点プロジェクトや各施策の実績評価をしている。結果として，顧客満足志向の生涯学習事業が展開されている。

　愛知県では生涯学習推進センターを設置し，学習情報の提供，家族の絆づくり，生涯学習・ボランティアなどの事業を展開している。また生涯学習県民フォーラムなども開催したり，3カ月ごとに県民向けの生涯学習情報誌「まなびぃあいち」を刊行している。

　このように，掛川市の生涯教育運動に刺激を受け燎原の火のごとく各地に生涯教育ブームが起こり，文科省の政策に連動するように地方の各行政機関が生涯教育に力を入れることとなった。また，各地で，生涯教育を基盤としたまちづくりや魅力度の高揚に力を入れている状況が見て取れる。

　次に，エリアブランドについて県単位での取り組みについて捕捉してみたい。愛知県では愛知ブランドを展開しその知名度を上げようと努力している。愛知はトヨタのおひざ元で，工業生産高が37兆円を超え日本一を誇るモノづくりエリアである。平成15年からモノづくり企業を「あいちブランド企業」として認定している。その基準は「顧客視点に立脚し，企業としてイノベーションと独自の強みを持ち，ブランド価値を実現して顧客価値を提供できる製造企業」とされる。平成15年以降13年間で350社が認定され，各地域に万遍なく立地点在している。

　静岡県では，ふじの国ブランドを展開し，ふじの国魅力発信サイトから有用な情報を提供している。サイトでは動画を中心に情報を発信し，内容としては「観光情報」「グルメ・食材」「静岡に暮らす」「富士山情報」「富士山静岡空港」「地域密着情報」「静岡をもっと知る」の7つのカテゴリーに類型化し県民や県民外の人々に対しても魅力的な情報を提供している。

　三重県は三重ブランド認定制度をつくり，豊かな自然を生かし，伝統等地域性を生かしている生産物から優れた産品や生産者をブランドとして認定し，三重県の知名度を高めたり地域経済の活性化に資することを目的としている。具体的には，自然を生かす力（人と自然の力）をコア概念に，「コンセプト」「独

自性・主体性」「信頼性」「市場性」「将来性」の5つの観点から審査し，ブランド認定を付与している。2018年1月現在，7品目と38事業者が認定されている。

　岐阜県のブランド展開は清流の国づくりキャンペーンの一環としてぎふブランド振興課を立ち上げるとともに，観光と特産品のブランド強化を図っている。「世界に誇る」と銘打って，特産品については清流の国ギフトショップをインターネット上のWEBで立ち上げ，インターネットでの拡販を試みている。リアルな店舗としては各務原市に川島店を立地させている。加えて，世界遺産の白川や高山，文化遺産の美濃和紙が海外からの観光旅行者への強みとなっている。

　長野県は官民挙げて信州ブランドの構築に努力している。信州ブランド戦略を策定し，2013年から今後10年間の行動計画を策定し，20年のスパンで信州ブランドの国内あるいは世界への発信力を強化しようとしている。その内容においては，コンセプトと行動計画が綿密になされており，詳細かつ具体的であり，信州ブランドの構築に期待が持てる。2013年に県に「信州ブランド推進室」を立ち上げ，さまざまな施策を行っている。まず，産業界，マスコミ，学術，行政の各レベルの単位の構成によって「信州ブランド研究会」を設置した。その研究会の活動目的として，対外的アピール可能なブランド戦略の構築のために，統一感のある価値や魅力を実現し，効果的なコミュニケート可能で理解されやすいブランドコンセプトを立案すること，多くの県民や関係団体が参加，活動してブランド力を高めつつブランド情報を発信することができる組織づくりなどを研究することとされた。実際，ブランドコンセプトは明確で分かりやすい表現となっており，既存のブランドやアピールすべきブランドの個々の特性を生かし，信州の自然や風土と県民性によって統一感のある信州ブランドを押し出し，消費者の共感や共鳴を醸し出し，価値共有を図るというコンセプトとなっている。すなわち，産品や地域，企業や組織などの個別ブランドの束による相乗効果とともに，自然や伝統を基盤として，県民参加による県民性を生かし「信州ブランド」を育てていくとともに息の長い戦略を行っていくという姿勢が見える。

　長野県のブランド力は地域戦略サーベイの結果17位（平成22年）地域ブランド調査では魅力度7位（平成22年）と低迷している。幸福度ランキングや移住したい都道府県では1位を占めているにもかかわらず，ブランド性があまり評価されていない。そこで，信州ブランド戦略の行動指針として明確な数値目標を掲げた。すなわち，信州ブランドの県民認知度を80％に上昇させ，ブランドランキングでは地域戦略サーベイ10位を目指そうとしている。エリアブランド戦略においては県民認知度を上げることは極めて重要である。

　また，ブランドマネジメントについても言及し，ブランドイメージのみならず品質管理も徹底的に行い，キャッチフレーズの統一，ロゴマークの使用方法の明確化，「しあわせ信州」の表現などのパッケージ政策，県民を巻き込んだ運動スローガンや情報発信など徹底化している。

　今日，ブランドの重要性は誰もが知るところとなっている。さまざまなシーンでブランド化がなされているが，ブランドについて正確な認知がされていないのが現状である。とりわけ，日本の人口は減少傾向にあり，そのため将来，日本経済はシュリンクしていくといわれる。このことから，今のうちにブランド強化によってシェアを維持することは多くの地域とりわけ地方にとって極めて大切である。ブランド・ロイヤリティがあれば購買リピーターを囲い込むことが可能となり，地域や組織の経営も安定する。

　ブランドは生産者や流通業者の視点で論ずるのではなく，消費者の視点で把握，考慮されるべきである。むろん，ニーズを的確に捉え，適切なターゲティングを行ってブランド設定をするのではあるが，消費者の視点に立脚し，いくつかの軸でポジショニングすることによってブランド化に必要な要素や方策が見えてくるはずである。

　そして，マーケティング・ミックスやコミュニケーション・ミックスを適切に実施することが大切である。本稿ではエリアブランドの在り方やエリアブランド構成要素，ブランド・エクイティ，エリアブランドのディメンションについて概観し，エリアブランド構築とマーケティング戦略の実態を紹介しつつ吟

味してみた。

　エリアの活性化に携わる関係者の協力体制と英知をもってすれば，住民の参加意識を高揚し，それぞれの組織や地域が，それぞれ独自のマーケティング戦略を行うことができるであろう。地域で育まれた歴史や文化，自然という物的かつ人的資源が存在する。これらのことから，可能性という点では無限であろう。ここで取り上げた事例はそのまま模倣することはできないまでも大いに参考となろう。

【注】
1）　Randall, 1977, pp.5-6.
2）　アーカー，1994，9頁。
3）　アーカー，1997，26-27頁。
4）　アーカー，1997，12頁。
5）　アーカー，1994，24頁。
6）　松江・村松，2016，209-213頁。
7）　Stuart, 1994, pp.66-69.

参考文献

Randall, Geffery, *Branding Planning ,Organization and Strategy*, Kogan Page Limited 1977.
Stuart, Paul, *Brand Power*, MACMILLAN PRESS LTD 1994.
青木幸弘編『価値共創時代のブランド戦略―脱コモディティ化への挑戦』ミネルヴァ書房，2011年。
アル・ライズ，ローラ・ライズ，片平秀貴監訳『ブランディング22の法則』東急エージェンシー出版部，2004年。
アル・ライズ，ローラ・ライズ，共同PRKK監訳『ブランドは広告でつくれない』翔泳社，2013年。
稲本志良・大西絹・斉藤修・安村碩之編『農と食とフードシステム』農林統計協会，2003年。
江上哲『ブランド戦略から学ぶマーケティング―消費者の視点から企業戦略を知る』ミネルヴァ書房，2013年。
大分大学経済学部編『地域ブランド戦略と雇用創出』白桃書房，2010年。
梶原勝美『ブランド発展史』専修大学出版，2016年。
清丸恵三郎『ブランド力』PHP，2004年。

ケビン・レーン・ケラー，恩蔵直人監訳『戦略的ブランド・マネジメント』第3版，東急エイジェンシー，2010年。

斉藤修・松岡公明『JAのフードシステム戦略　販売事業の革新とチェーン構築』農山漁村文化協会，2013年。

J. N. カフフェレ，博報堂ブランドコンサルティング監訳『ブランドマーケティングの再創造』東洋経済新報社，2004年。

関満博・遠山浩編著『「食」の地域ブランド』新評論，2007年。

DIAMOND ハーバードビジネスレビュー編集部監訳『ブランディングは組織力である』ダイヤモンド社，2015年。

田中洋『ブランド戦略全書』有斐閣，2014年。

地域デザイン学会，原田保編著『地域デザイン戦略総論　コンテンツデザインからコンテクストデザインへ』芙蓉書房出版，2013年。

デビット・A・アーカー，陶山計介他訳『ブランド・エクイティ戦略』ダイヤモンド社，1994年。

デビット・A・アーカー，陶山計介他訳『ブランド優位の戦略』ダイヤモンド社，1997年。

デビット・A・アーカー，阿久津聡訳『ブランド論　無形の差別化をつくる20の基本原則』ダイヤモンド社，2014年。

橋爪紳也監修，加藤正明『成功する「地域ブランド」戦略　九条ねぎが高くても売れる理由』PHP，2010年。

初谷勇『地域ブランド政策論　地域冠政策方式による都市の魅力創造』日本評論社，2017年。

フィリップ・コトラー，ワルデマール・ファルチ共著，杉光一成訳『コトラーのイノベーション・ブランド戦略』白桃書房，2014年。

藤澤健司『この手があった　農産物マーケティング』家の光協会，2006年。

二木季男『成功するファーマーズマーケット』家の光協会，2000年。

二木季男『地産地消マーケティング』家の光協会，2004年。

松江宏・村松幸広編著『現代消費者行動論』第4版，創成社，2016年。

松尾順『ブランディング戦略』誠文堂新光社，2010年。

マーチン・リンストローム，ルディー和子訳『五感刺激のブランド戦略―消費者の理性判断を超えた感情的な絆の力』ダイヤモンド社，2005年。

安田龍平・板垣利明編著『地域ブランドへの取組み　26のケース』同友館，2017年。

ロシター・ジョン，パシー・ラリー，青木幸弘・岸志津江・亀井昭宏監訳『ブランドコミュニケーションの理論と実際』東急エイジェンシー出版部，2000年。

第**9**章

コンシューマ・マーケティング
と経営資源の活用による
地域ブランド戦略

1 —— コンシューマ・マーケティングと地域

　コンシューマ・マーケティングの概念は消費者主体かつ消費者利益をコアと
して企業理念を構築するというものである。地域の活性化においても同様の思
考が働かなければならない。ここにおける消費者とは地域消費者に限定される
ものではなく，他所から地域を訪れる人あるいは当該地域との関係性を持つ
人々などが包摂される。むろん，地域には限定される場合と比較的広域な地理
的範囲を指す場合もある。よって，消費者主体のコンシューマ・マーケティン
グは経営資源活用において消費者や地域住民の参加が不可欠である。この場
合，ウェブや SNS などを駆使して，情報発信したり拡散し，インターラクテ
ィブな通信手段を多用することによって多くの人々が直接的かつ間接的に参加
することが可能となる。

　以下，地域の活性化あるいは地域創生に欠かせないコンシューマ・マーケテ
ィングの見地から，経営資源の在り方と地域創生・活性化の在り方について，

ケースをあげながら，具体的に論述する。

　企業は「公器」であると言われ，その社会的役割は大きい。とりわけ，地域社会においてはその消長に大きな影響をもたらす。通常，雇用の創出，経済効果などの貢献が論じられているものの，企業が保持する経営資源という観点からはあまり取り上げられなかった。本章では，企業の経営資源の「ヒト」「モノ」「カネ」「情報」の4つの側面を取り上げ，それぞれの定義づけや特徴的内容について詳述し，それぞれの経営資源が地域の発展に寄与すべき存在であるとの認識のもとに，「ヒト」「モノ」「カネ」「情報」がもたらす地域創生や地域活性化の有用性について論じる。とりわけ「ヒト」すなわち，人材や人的能力の地域的役割と「情報」におけるブランドについてはケースを取り上げて，解決されるべき課題やあるべき姿を提示した。今般，地域の活性化や地域創生が叫ばれているものの，それぞれの地域においての成功と言われるほどの事例は数多いとは言えない。それは，ノウハウの欠如が原因と言われる。本章では，地域の活性化に寄与すべき企業等の組織の姿勢と役割について，コンシューマ・マーケティングとの絡みの中で経営資源の観点から論じてみたい。

　とりわけ，企業の地域との関連性の観点から企業の使命や役割を明らかにし，現状について概観し問題点を洗い出し，地域における問題解決の在り方を検討しつつ，地域の消費者や住民に加えて消費者インサイトないしコンシューマ・マーケティングと企業の地域貢献のあるべき姿にも言及したい。

2 ── 企業の経営資源「ヒト」

　企業には「ヒト」「モノ」「カネ」「情報」が経営資源あるいは経営要素として保持されている。まず，「ヒト」について考えてみよう。「ヒト」とは人的資源すなわち人材である。むろん，経営者の能力水準もこれに含まれる。企業のメンバーの協力体制である組織力も個々の「ヒト」が源泉となっている。企業によってその在り方には相違があろう。業種や業態，事業内容によっても差異が見られる。

　メーカーの場合には，開発力や生産能力も「ヒト」に関わっている。開発は人間による技術やアイデアなどの知的能力によるところが大きい。また，知識の集積や発想力も必要である。むろんそこでは個人の発想力のみならず集団による開発努力が伴う。また，技術力も人的能力によるところが大きい。近年，基礎研究の空洞化が叫ばれているのであるが，日本のモノづくりには日々の基礎研究と技術発展が不可欠である。かつて，日本の開発および生産効率の驚異的な発展には目を見張るものがあった。特に，自動車業界におけるトヨタに代表される看板システムや日産などの改善システムは極めて効率的な生産方式を編み出し，アメリカの企業にも導入されさまざまな業界でその効果を発揮している。

　卸や小売においてはマーケティング（営業・販売）力はまさしく人的資源である「ヒト」に依存している。小売業界ではネット販売が興隆を極めつつあるものの，店舗販売や FACE TO FACE の対応も重要な活動である。顧客サービスの根幹はパーソナル・コミュニケーションを主体としており，人的販売活動は重要である。すなわち，ネットの普及に伴って，人々の人的関係性が希薄になるに連れて，温かみのある会話による直接的なコミュニケーションへの志向ウェイトが高まると思われる。この顧客サービスは人的なコミュニケーション能力に依存しており，現実の中で，システマティックに展開されている。また，接客ノウハウも高度化され，顧客満足度も極めて高い。

　サービス業界においては，人的資源は非常に重要である。銀行を例にとると，窓口や外交営業は企業の顔としての位置づけである。金融商品知識のみならず接客技術はそれぞれの金融機関に入行・就社してから，用意周到な教育システムを通じて，従業員教育のもと厳しく躾けられ，身につく。FACE TO FACE のコミュニケーションにおいては，笑顔が求められ，日本では言わば JAL の「にっこりスマイル」が定番とされ，笑顔が徹底化されたコミュニケーションが遂行されている。また，ていねいなお辞儀の習慣によっても，海外と比して，日本のサービス水準の高さが認識されよう。人を思いやる言葉として「おかげさまで・・・」という表現がある。「皆さま方にお世話になって生きていけます」という，感謝が込められている日本語の表現である。英語では fortunately；

luckily；by God's grace；under the gods' shadow（Weblio 和英）などと言われるが，適切な英語表現が見当たらない，非常に抽象的で奥深い日本語のあいさつである。人々の間にはこのようなサービス精神が息づいている。また，サービスは無料であると一般的には考えられ，「サービス」という言葉に対して，とても魅力を覚えるのは私だけではなく，日本の国民全体が大好きな外来語である。

　例えば，ガソリンスタンドでセルフサービスが導入されたときに，「セルフなのでガソリン価格が相当安くなるだろう」という期待があったが，あにはからんや，ほとんど変わらなかった。給油サービスは人件費がかかるのであるが，無料サービスとの認識が根強い。日本では欧米のように，チップの習慣もないし，ホテルでの支払いの場合でもサービス料は付加されているが，支払額に明示されないケースがほとんどであるので，一般の人は気が付かないのであろう。よって，日本では今でも，「サービス」とは無料を意味すると解するのである。

　さらに，日本の百貨店においては朝の開店時に，入口の扉が開くや否やお客がなだれ込むと同時に，店長以下役職者や主なスタッフが満面の笑顔を見せながら口々に，「おはようございます！　いらっしゃいませ！」と叫ぶのである。お客は，それぞれ目的の売り場に移動する。各売り場においても大きな声で元気よく「おはようございます！　いらっしゃいませ！」とスタッフ全員でニコニコしながらお客を迎えるのである。このためだけに百貨店を訪問する人もいるとのことである。

　しかしながら，名古屋においては粗品だけを目的に百貨店を訪れ，粗品を受け取るとそのまま直ぐに帰宅してしまうお客も多い。名古屋人はただの物が大好きであり，開店祝いの花を持ち帰ることも可能な風習もある。百貨店にとっては数カ月に一度でも買物してくれれば儲けものであるとの顧客への期待であろうかとも思える。特に，日本の百貨店のサービスは非常に洗練され，百貨店は常にお客目線の営業姿勢である。このような朝の開店時のおなじみのサービスは世界でも類を見ないもので，日本独特のものである。

　中国の北京の有名デパートの会長はじめ重役たちが名古屋に視察に来た際，私が入国手続きを行い，受け入れのセッティングも担当して，空港にて一行を出迎えた。翌日，M百貨店で店舗調査を行った。彼らは熱心に店長に数多くの質問をし，店長以下，売り場担当の役員にも，店頭管理等の質問に答えていただいた。北京の百貨店の売り場作りを担当している張副社長は熱心に売り場を見学しながらデジカメで写真を撮りまくっていた。売り場作りの参考にするためであった。

　翌日の開店時に合わせて，私と北京の百貨店の一行は，店舗の入り口で待機し，くだんの朝のセレモニーを見学した。北京の百貨店の一行は大いに感動して，中国に帰ると，早速，自分たちのデパートでもこの日本式のオープニング・セレモニーを取り入れ，さらにエントランスの前の広場において中国の国旗の五星紅旗掲揚も行った。役員及び主要な人たちはみな共産党の幹部であり，国旗掲揚は中国共産党への忠誠を表すものである。

　私が北京の百貨店を訪問した際に，早朝に，直接会長に案内され，これらのセレモニーを目の前で見学することができた。会長以下誇らしげに私にニコニコしながら説明をしてくれた。中国人としての同志である人民への奉仕の精神と顧客サービスの重要性を強調できる朝のオープン・セレモニーに加えて，国家への忠誠心とを大切にする国旗掲揚などの国家への忠誠を合わせて評価するならば，日本的サービスと中国の国家観が同居しているように思える。私の見方ではあるが，中国の百貨店が純粋な日本的顧客志向の経営方針を取り入れた瞬間でもあったかもしれない。この朝の開店時のセレモニーの類は会長も出演した中国全国ネットの国営のCCTVテレビで放映され，大いに注目されたようである。このセレモニーが日本の伝統であるとの紹介があったかどうかは今でも不明である。

　ここでは，この日本の百貨店の毎朝の伝統的セレモニーの可否を問うものではないが，私が調査したイギリスやフランス，ドイツ，米国の百貨店の開店時には「いらっしゃいませ」は一切ないし「good morning」の挨拶さえもない。デパートに入り，売り場に赴くと「Can I help you?」（何かお探しですか？）の

一言だけである。「Just looking」（見てるだけ！）と答えると，その後は一切声をかけてこない。買いたいものがあった時にスタッフの姿が見えなくて，困ったこともあった。

　このように，欧米の百貨店では購買意思のある訪問者あるいはお得意さんが顧客であり，それ以外は顧客ではないという認識が徹底している。欧米では顧客のみにリップサービスを含めて通常のサービスを遂行するのである。日本の百貨店では，来店してくれる消費者は「すべて有難いお客様」という認識であり，すべての人に徹底したサービスを提供している。これとは対照的に，欧米の百貨店のサービスは一般客と顧客を差別化し，上得意の顧客を限定して程度の高いサービスを提供している。購買頻度が高く購買額が多い場合には，特別の部屋で顧客担当スタッフによってプレミアムなサービスが提供される。徹底した顧客管理が行われ，日本の百貨店のように顧客に対する平等サービス意識など微塵もない。一部のお得意様に対してだけサービスコストを集中し，売上をあげようとするのである。まさしく，パレートの法則（20％が全体の8割を制する）が貫徹している。

　考えてみれば，欧米の百貨店は売上に貢献する場合においてビジネス精神に富んでいるのであり，当然と言えば，当然である。日本でも外商という制度はあるものの，これほど徹底しているわけではない。外商制度はロンドンのハロッズ百貨店が原型となっており，三越百貨店がハロッズのシステムを模倣して日本では初めて取り入れた制度であるが，一般客と比してお得意様・顧客の扱いが若干相違する程度である。今でも外商は多くの日本の百貨店で取り入れられ，全体の売上の3割を占めている百貨店も見られる。しかし，昨今では，百貨店によっては経費節減の影響で外商サービスがかなり貧弱になっている模様である。中には外商顧客カードの維持・管理の名目で外商客から年会費を徴収する百貨店も多くなっている。

　日本の大手百貨店やGMSなどでは，学卒すなわち大学の学部卒の人材が大半である。彼らは採用されると短期的な研修の後，売り場に配属され顧客への対応や，商品仕入れや管理などの実務を遂行する。売り場でかなり長期間，販

売スタッフとして労働に従事する日本的 OJT 訓練を日常的に自己遂行し，四苦八苦して問題解決に翻弄されている。こうして，いくつかの販売部署を経験して，能力のある者などが管理的職務に就く。言わば現場の労働者としてジョブローテーションを経験して管理的立場となるのである。よって，現場での処理には強いが，市場状況や経済環境の把握・分析や競争企業ないし国際的な変化についてはどうしても疎いことになってしまう傾向が強い。むろん，メーカーにおいてもしかりである。これに対して，欧米や日本以外のアジアの大手企業では，幹部候補として学卒者を採用し，経営戦略やマーケティング戦略，財務管理，会計などの専門職として雇われる。そして，教育訓練が行われ，十分な人材育成システムが機能化している。このように日本と欧米などの各国の雇用システムが相違しているために，日本企業では幹部養成においてどうしても慢性的に劣後してしまうという問題がある。加えて，海外で採用した有為な人材を優遇しないために数年で欧米系の企業に転職してしまい，優秀な人材が育たないというのが実情である。このようなことから，日本企業は海外戦略上，人材という人的資源の点で常に欧米系に劣ってしまい，競争力が弱いという現状は否めない状態である。最近では，グローバル戦略に長けている日本企業では，高優遇で外国人役職者を採用したり，登用するケースが増えている。この動きは当然の帰結であろう。

3 ── 企業の経営資源「モノ」

　企業のもう一つの経営資源「モノ」とは，物理的存在物で有体物である。商品（製品・部品・原材料etc）などの動産類，さらに，機械など生産設備，土地，建物，社屋ビル等の不動産，コンピュータなどのオフィス機器，車両等々枚挙にいとまがない。

　日本の場合には「モノ」作りが叫ばれてきた。とりわけ，製造システムや製造技術の改善が高度化されて，高品質でリーズナブルな製品の製造技術力には非常に高いものがある。手作りの技術もJAXAの小惑星探査機「ハヤブサ2」

で代表されるように世界的にも非常に高く評価されている。町工場の中小企業の優秀な技術の粋を集めて大きな成功を収めた。すなわち，単なる「モノ」ではなくシステマティックなプロセスを背景とした「モノ」としての製品である。

　日本の工業製品である自動車，家電品，精密機械は高品質で世界的に知られている。かつては繊維製品や造船技術も世界的に認知されていた。今でもこれらの工業製品の生産技術は多方面で活かされている。また，生産設備はオートメーション化が進み，鉄鋼，化学製品，工作機械の分野では世界に比類ないほどである。農畜産物も高品質で海外の評価が高く，輸出数量も増加している。これは品種改良や農業技術の高度化によるものである。また，近年では果物の糖度の選別オートメーション化の技術も高度に発展してきている。このように，農業分野での品質向上栽培技術や高生産性技術が急激に進展してきている。

　高度経済成長に伴って人件費高騰と人手不足が相まって，日本の大手企業の工場で産業ロボットが導入されたのは1980年代のことである。当時は自動車，機械産業などで積極的に取り入れられ，産業ロボットの開発も進み，参入企業も増えて，日本はロボット先進国となった。一方，中国では人口が13億を超え，労働力も豊富であったため産業ロボットの導入は近年になってからである。また，ヨーロッパでは労働者組合の抵抗にあって産業ロボットの工場への導入が停滞した。日本では，産業ロボット導入によって生産効率が上昇しGDPを押し上げることとなった。

　しかし，1990年代に入るとバブル崩壊によって不況期が一気にやって来て，輸出も停滞し，設備投資が抑制されて産業ロボットの導入が停滞した。この間にヨーロッパの産業ロボットメーカーが技術開発を進め始めた。

　2000年代になると，パソコンや携帯電話などの情報機器が普及すると，産業ロボットは製造業になくてはならない存在となって，産業高度化とともに性能も進んで導入率も急速に拡大していく。また，アジアでの経済成長とともに専業用ロボットの需要が拡大し，協働型のロボットへと移行していく。今や，産業ロボット分野は日本の独壇場ではなくなり，特に，労働力不足が深刻な福祉国家であるデンマークのユニバーサルロボット社の進境が著しく，かなり高

度な作業の機能を有し，日本にも輸入されている。また，ドイツや台湾などの協働タイプの汎用性の高い産業ロボットも普及しつつある。単純作業や危険な作業をロボットに置き換え，労働から人間を解放する時代が早晩やってくるかもしれない。日本ではホンダのASIMOのように歩くロボットやSONYのAIBOの犬型のおしゃべりロボットが開発されている。加えて，家庭用ロボットの普及も期待される。

AI技術の進展は工場の自動化率を格段に進歩させる。アッセンブル工場や食品・化学工場などでは無人化率も高まっており，完全自動化工場も現出しつつある。

また，OA（オフィス・オートメーション）も急速に普及・拡大し，情報機器も高度化，事務作業も効率化，ペーパーレス時代到来と言われている。ネットの進展とともにテレワークやテレビ会議も可能となり，パソコンの処理能力の向上は，単なる机上の事務作業をクリエイティブな内容に変えている。

特に，クラウドの利用によって膨大なデータを統合したり，必要なデータを瞬時に引き出すことが可能となり，データ処理も簡潔かつ正確にできるようになった。加えて，AIの導入により，複雑な意思決定の自動化がなされ，情報伝達能力も極めて正確かつ機能的になってきている。これらの高度なOAとFA（ファクトリー・オートメーション）が統合化されれば飛躍的に生産性も伸び，社会的な効率も向上することとなろう。

さらに，マーケティングおよび物流についても一部がオートメーション化され，完全なオートメーション革命が到来すると予想される。マーケティング活動には製品計画，プロモーション，マーケティング・リサーチ，マーケティングチャネルなどの活動があるが，ECの普及によって，受発注がほぼ自動化され，物流システムの一部の配送システムは自動化が実現している。残りは宅配システムの自動化であるが，アマゾンなどでは個別配送もドローンを使用して行う実験を経て実用化に向かっているし，中国では小型の電気自動台車での一般道を使った配送が実用化しているとのことである。

さらに，マーケティング・コミュニケーションもクラウドやAIを利用して，

ターゲットとなる消費者に確実に情報伝達が行われることとなる。マーケティング・リサーチは専門企業が登場し，調査の計画，実施，データ分析が自動化されつつある。製品計画も個別の顧客データの自動解析によって AI を駆使すれば可能な段階に到達するであろう。これによって，マーケティングリサーチ，製品計画，マーケティング・コミュニケーション，マーケティング・チャネルなどが自動化で統合され，MA（マーケティング・オートメーション）が近い将来，実現することとなる。

　すなわち，消費者の意向が直接的に製品開発に完全に反映され，生産も自動的に行われ，消費者に対してネット等でスマホを通じて製品情報が消費者に伝えられ，ネットを通じて消費者に製品が届くのである。むろん，自動のドローンなどを利用した自動個別宅配システムによって注文主に届けられる。発注から納品までがすべて自動化されたシステムによって，生産から消費に至るまで完全に統合化されるのである。

4 ── 企業の経営資源「カネ」

　企業の経営資源として資金が必要である。ビジネスを生起せしめるには元手としての「カネ」がなければ，何も始まらない。何らかの製品製造のためには生産設備や原材料が必要である。手元資金で足らなければ，資金調達しなければならない。土地・工場も入手しなければならない。一人で企業を運営できればいいが，そうでなければ人手も必要となり，人件費も用立てなければならない。銀行に融資を申し入れ，OK が出れば，当面，必要な資金は確保できる。

　このように，設備資金と運転資金は必要不可欠である。生産活動と販売活動など目まぐるしい経営状態が継続し，一定の規模で安定化するまで資金調達には目が離せない。規模が拡大すると株式を発行したり，社債を発行して資金拡大を行う。また，利益が出れば内部留保を行い，より安定的な経営状態を維持することとなる。市場機会には果敢にチャレンジして製品開発や生産技術の向上に努力し，マーケティング戦略を駆使し競争企業との戦いを制して，より成

長を高める。これがビジネス成長の一つのパターンである。

　「カネ」の問題は資金調達や資金運用に限らず，社会や地域貢献にも関連する。端的に言えば，法人税や事業税などの公租公課によって地域や社会に一定の役割を果たしている。また，利益の一部を地域や社会に寄付する行為もその範疇に入る。とりもなおさず，企業が進出すれば，地域社会の雇用を創出し，その他の経済効果も現出し，地域経済に貢献する。さらに，地域の文化や生活にも影響をもたらす。

　貨幣的尺度としての「カネ」で企業価値を評価すると，発行株式の時価総額となる。最近では M&A の議論で話題になるが，これに有利子負債を加味する場合もある。すなわち，「負債も財産の内」という認識である。借金できるということは金融取引上で信頼されているとの評価となる。企業価値には「カネ」だけでは推し量れない価値も存在する。すなわち無形的な価値である。財務的な観点から考えると。計数的に把握できない範疇である。この無形的価値も企業の重要な経営要素でもある。

5 ── 企業の経営資源「情報」

　企業における情報は極めて広い概念である。狭義の情報で考えるならば，企業活動によって獲得された記録やデータであり，具体的には売上データ，製造データ，財務・会計データ，人事データや顧客データなどである。これらは通常の経営活動によって，企業の内部に蓄積されるので内部情報と言われる。一方，外部情報は，企業の外部に存在するデータ類であり，企業が外部から調達し，所蔵しているデータでもある

　データや情報がすでに所蔵されたり保持されていれば，既存情報となる。また，新規に必要な情報を求める場合には新規情報という。問題解決のために企業が新たに調査・探索を行い獲得する情報である。マーケティング・リサーチなどによって入手されるデータなどがこれに当たる。

　経営における情報をこのように単なる情報の塊として把握だけでなく，情報

をさらに大きな枠組みでとらえる必要がある。ここでは，情報機器などのハードは「モノ」であるので除外する。経営資源としての情報とは，上記の内部情報や外部情報，既存情報，新規情報だけでなく，具体的には，ソフトとしての情報，知識（ナリッジ），インテリジェンス，さまざまなノウハウ，知的財産権，ブランドなどがあげられるが，ネット時代においては情報の収集力や分析力，情報発信力も重要な情報の要素である。これらは，知的財産として総称される。

　情報ソフトとはパッケージ・ソフトや情報処理システム・ソフトの類である。むろん，内部データや外部データなどは全てシステムに格納されているし，クラウドなどにも保存されて，必要な場合にはデータを引き出して，高速処理して利用することができる。

　知識やインテリジェンス，ノウハウはその存在を有体的には知覚できないが，企業の中に息づいている。経営者や従業員など企業組織の中で共有化されている。もしくはメンバーのスキルや考え方として定着しており，問題解決に生かされている。むろん，目に見える形としてマニュアル化されているものもあるかもしれないが，共通の意識として相互関係的に存在しているのである。また，企業文化として意識される場合もあろう。

　法的に知的財産権の範疇で取り上げると，商標権，特許権，意匠権，実用新案権，著作権などである。これらは，企業が行ってきた研究・開発などの様々な活動によってもたらされた果実を法的に登録することによって，企業に独占使用権を一定の期間保護することである。それによって競争企業に対して市場参入を阻み，当該企業が投下資本を回収し継続して利益を得ることができる。

　最近，ブランド価値についての議論や評価がなされている。会計学的には暖簾（goodwill）と言われる。ここでは貨幣的尺度に基づくブランド価値ではなく，ブランドの市場的価値について述べてみたい。すなわちマーケティングの視角からのブランドについて論じる。ブランドとはすなわち，"Brand is name, term, design, symbol, or any other feature that identifies one seller's goods or service as distinct from those of other sellers."（AMA：アメリカマーケティング協会）「ブランドとは特定の売手の財またはサービスを他の売手の財・サー

ビスと区別を明確化する名称，言葉，デザイン，シンボル，その他の特徴である」とされる。

　私見によれば，「ブランドとは自己の製品・サービスに特徴的な呼称を付けたり，語句，デザイン，記号，シンボルあるいはこれらの組み合わせによって表現されたものである。その目的は競合企業や組織などとの製品・サービスの区別を明確化するためである」

　また，ブランドの語源は「burned」（焼き印を押す）であり，家畜などの所有者を明確にするために行われる。すなわち，他者のものと区別するために自分の焼き印をつけたのである。ケルト語や北欧ノルド語から派生しているともいわれる。現代では，商標や銘柄を指す。

　ブランドは市場価値を具備してこそ評価されるのであり，一朝一夕で成立するわけではない。

　ブランド確立には長い時間とコスト，エネルギーが必要である。ヨーロッパのフランスやイタリアの高級ブランドは歴史的な経過と優れたデザイン力や技術力によって確立し，今日の評価や信頼性につながっている。それは一部の社会階層だけでなく，社会的かつ一般的な評価の定着によるものである。今日での日用品や一般的な商品のブランドであるユニクロや GU なども一般的評価の結果，それなりの品質と信頼によりブランドとして消費者から評価され成立しているものである。

　ブランド性とは何であろうか。それにはブランドが構成される要素や特徴について論じる必要がある。ブランドはヒト，モノ，コト，地名から派生したものが多い。トヨタ，スズキ，ホンダ，ヤマハは人名から企業ブランドとなっている。松阪牛，近江牛，夕張メロンは地名からとった農産物のブランドである。三菱自動車のパジェロは英国では「ショーグン」と呼称されている。「三社祭」や「風の盆」は神への感謝や豊年感謝のまつりごとであったり，亡き人をしのぶ盆まつり等のコトである。

　世界的なブランドには枚挙にいとまがない。キヤノン，コカ・コーラ，ソニー，日本では宇治茶，赤福，魚沼産コシヒカリ，京野菜などなど。世界遺産

の富士山や和食などがブランドとなっている。これらのブランドは一般的に馴染みが深く，日常的な会話の話題となるケースが多い。

ブランド属性は，ビジュアル，知覚，ポジショニング，付加価値，イメージ，パーソナリティの6つである[1]。

ビジュアルとは見た目であり，形状，デザイン，色など五感により判断できる特性である。エリアブランドにおいては海，山，湖沼，川，谷，森，平原などの自然の景観や土地の醸し出す色合いや産物の形状，特徴などがあげられる。

知覚とは人間のある特定物に対する反応である。すなわち，知覚とは，動物の感覚器官への一定の刺激によってもたらされる情報（記号の組み合わせ）をもとに，外界の対象物の属性，形態，関係性および身体内部の状態を把握するはたらきのことである。エリアブランドについていえば，松阪牛は肉に「さし」が入っており，一瞥しただけで牛肉の香さえ感じ，高級牛肉という感覚が頭に浮かぶ。

ポジショニングとは市場における消費者の当該ブランドの評価による市場ポジションである。基本的には二次元の評価尺度によるものであるが，複数の基準からポジショニングされる場合には多次元のポジショニングとなろう。高級であるとか，品質が高い，高機能，デザインの優秀さ，素材等々から市場における価値ポジションが決定される。例えば，過去のエリアブランドでは京都が世界都市ランキング1位（2014，2015年）と世界的なブランドになっており，2014年には180万人が訪問しトータルで5,000万人の外国人観光客が押し寄せたことになり，伝統的な構築物や寺社，祭りや京料理が有名である。日本の工業製品である自動車は多様な評価尺度で世界的に高いポジショニングとなっている。

4つ目の付加価値はかなり重要な要素である。ブランドにはそのものの持っている本来的な価値に付加的な拡張ファクターが加わっている。東京は国際都市であるが，世界の観光客にとっては付加価値が高い都市である。また，北海道も海外からの観光客にとって自然や都市的イメージがミックスされた魅力的な付加価値の高い地域である。家電品のデジカメは日本の独壇場であり，高付

加価値のソニーやキヤノン，パナソニック，ニコンがつとに有名なブランドとなっている。

　イメージとはブランドから派生した消費者の感覚的評価の結果である。日本のイメージは富士，芸者ガールであったが，日本的な建築，文化，食べ物，工芸などに触れて日本での再発見を体験しようと海外からのリピーターが増えている。それはイメージの転換である。

　パーソナリティとは個性であり，ブランドそのものの主張である。エリアブランドにとって個性はとても重要であり，他の場所と違う伝統や人間的なコミュニティーによって醸し出すことができる。換言すれば，アイデンティティであり，他のものと峻別する存在感そのものである。

　既述の６つの特徴が当該ブランドにきちんと具備され，なおかつブランドの持っている個性によってその存在が消費者に認知されるのである。とりわけ，有名ブランドにおいては個性が輝いている。

　ホンダは創始者である本田宗一郎の個性によってブランドが形成され，その伝統性をキープし，世界のいたるところで評価されている。本田宗一郎はモーターバイクの性能と評価を高めるために，あえて，イギリスのマン島レースに参加し，やがてホンダのモーターバイクがレースのたびに常勝することによって，ヨーロッパやアメリカで評価が高められた。そして，四輪のマーケットに進出し，F1レースに参戦し優勝する。このような本田宗一郎のチャレンジ精神はホンダイズムとして具現化され，本田ブランドは世界的に評価されることになる。このように，ホンダには本田宗一郎のパーソナリティが染みついており，それがホンダブランドの魅力でもある。また，松阪牛や飛騨牛も生産地域のパーソナリティが確立され一般的に名前が知れ渡っている。これもあえて評価すれば地域の個性といえる。

　以上，商標や実用新案などで代表されるブランドについて論究したのであるが，その存在は今日においては知的所有権や知的財産の域を超えて，企業の欠くべからざる無形の資産的な存在である。それはブランド・エクイティと称される。

　ブランド・エクイティ（brand equity）の概念は D. A. アーカーによって提唱された。彼の説によれば，ブランド認知（brand awareness），知覚品質（perceived quality），ブランド連想（brand association），ブランド・ロイヤリティ（brand loyalty），の４つの要素とその他の要素からブランドが構成されていると述べている[2]。

　ブランド認知とは当該ブランドを知っているかであり，ブランド選択の際に想起セットに組み込まれるか否かである。知覚品質とは当該ブランドの品質についての信頼性の程度である，換言すれば，当該ブランドから得られる機能やパフォーマンス，耐久性などの期待度である。ブランド連想とは，何らかの情報的刺激が与えられた場合に当該ブランドを思い浮かべたり，強く惹かれたりすることであり，強いブランド・イメージが成立した状態である。ブランド・ロイヤリティとは，企業と顧客の間に強い信頼関係が醸成され，当該ブランドが反復購買の対象となることである。

　何にしても，ブランド戦略を構築するには常に消費者ないし顧客の立場からブランド構成要素を捉えることが極めて重要である。

6── 企業の地域における役割

　内閣官房・内閣府総合サイトによると「地方創生は東京圏への人口の過度の集中を是正し，それぞれの地域で住みよい環境を確保して，将来にわたって活力ある日本社会を維持することを目的としています。」と，地方創生ないし地域活性化の趣旨をうたっている。とりわけ昨今の SDGs や CSR の影響下において，企業の地域活性化や地域創生における役割についての期待が高まっている。既述した企業の経営資源は地域において，大いに関連性や影響力がある。

　まず，「ヒト」について考えてみよう。地域創生において「ヒト」とは人材のことである。何らかの事業を展開する場合には人材は欠くべからざるものである。地域活性化のモデルは成功事例，失敗事例などさまざまである。ここではいくつかの事例を取り上げてみたい。

　私がロンドン大学において在外研究中に，地域活性化・地域開発の実態を調査したところ，地方公共団体にオフィスを設置し，第3セクターで事業担当をしているケースが多かった。インタビューをした中ではディレクターが一般企業から出向している例が見られた。また，タウンマネージメントのシステムが非常に機能していた。ロンドンからさほど遠くないところにレディング（Reading）という街がある。テムズ川とケネット川の合流地点であり，人口15万人程度であるが，週末には近隣から多くの買い物客がやって来て，1キロ足らずのショッピング街がとても混雑する。スーパーやデパートも立地し，さまざまな店舗やレストランが軒を連ねており，便利な場所である。そこに，地域活性化を企図して，新たなショッピング・モールを建設しようという話が持ち上がり準備が始まった。

　私は，シビックセンターに出かけて担当者にインタビューをした。彼はマークと名乗って私と名刺交換をした。ロンドンに本社があるプルデンシャル（Prudential）社から派遣されて，ショッピング・モール事業のディレクターを務め，かつ実務責任者として働いているとのことであった。プルデンシャルからは彼一人であり，一般企業から2人，その他の組織からも出向者が2人いるとのことであった。

　彼のようなケースはイギリスではよくあるらしく，ほとんどの場合，地域開発には一般企業から派遣され，事業のプランニングから完成・運営まで人材が投入されるとのことである。よくありがちな市役所の職員との意見の違いや葛藤もなく，スムースに事を運ぶことができて自分の力量を十分発揮できるとのことであった。ショッピング・モールの運営管理を担うタウン・マネジメントについても彼が中心となりスタートし，ある程度軌道に乗ったら，別の適任者に委譲し，本社に戻るとのことであった。出向期間は4，5年程度であるとのことであった。

　日本の場合，この種の組織運営はあまり聞いたことがない。商店街再開発や活性化事業ではコンサルが入って，企画運営まで行う例はあるものの，第3セクターでは，ほとんど役所が中心的な役割を果たしている。またその際には，

管理能力のある人材が投入されるが，長続きしないケースが多いようである。

　ただ例外もある。中部国際空港の建設から運営管理に関してはトヨタ自動車から人材が投入されている。社長は5代連続でトヨタ自動車出身者である。また，トヨタからの中堅社員が出向しており，トヨタイズムが中部国際空港経営には貫徹している。今や，トヨタの現場管理システムが完全に根付いている。当初，中部国際空港の建設費が予算よりもはるかに多くなり，トヨタに下駄を預ける形で人材投入がなされ，設計段階から再スタートした。その結果，20％の建設費カットが実現され，「むだ」の排除が徹底的に行われた。なおかつ，スマートで機能的な国際空港が実現した。店舗構成をはじめとして入浴施設も設置するなどアイデア満載で単なるエアーポートではなく遊びに訪れる施設としての魅力を醸成し，見学者も後を絶たなかった。最近では地域空港としての世界的評価も高く，経常黒字が続いている。

　社長も役員室に陣取っているのではなく，毎日のように施設を巡回しているようである。クラブラウンジに向かう際に偶然にも，社長自らが通路の案内板の位置を直す姿を拝見し，声をかけさせていただいたことがある。「社長さん，ご苦労様です。こんなことまでされるのですか？」すると，社長応えて曰く「お客様が迷うといけないので，案内板はお客様に分かりやすいように設置することが大切です。空港では快適に過ごしていただきたいですので・・・」とのことで，現場第一主義とともに，お客様目線の経営を実践していると感心したことがあった。まさに，トヨタ経営ならではの面目躍如である。この他，トヨタは地域の行政やさまざまな組織に人材を派遣している。

　私が委員長を担当している行政関係の委員会にもトヨタの部長級の方が参加されて，度々，経営や組織作り，財務などに関して的確な助言を頂き，とても助かっている。トヨタの人材のすばらしさに感心した。このように，地域の活性化に大いに貢献している。企業の地域的役割はかくありたいものである。

　多くの場面や機会において，企業が何らかの人材供給の機能を果たせば，地域創生や地域活性化に寄与することになる。単に一時的な投入ではなく，継続かつ後継養成もシステマティックに行われる必要がある。地域において日頃か

らの継続的な人材育成が極めて重要である。

　「モノ」の局面については，物理的資産として捉えがちであるが，基盤となるのは技術である。日本においては伝統的にモノ作り技術に長けている。岐阜県や静岡県での実態調査の状況報告の意味から「モノ」について考えてみた。岐阜県の関市は刃物の街であり，美濃は和紙で有名である。両者ともにモノ作りの伝統が色濃く残っている。関市の刃物は鎌倉時代からの刀剣作りから端を発して，刃物の生産高では全国一位を占めている。ナイフや包丁類はドイツのゾーリンゲンを凌ぐほどであり，その品質の優秀さは世界的に評価されている。私がロンドン大学で在外研究中にヘアーカットに通った美容院のイギリス人のヘアーデザイナーも関の鋏を持っており，切れ味が優れて使いやすい。「High quality ‼ Very expensive ‼」2,000ポンド（30万円）もすると自慢げに私の頭髪のヘアーカットで使っている関の刻印マークが入っている鋏を，私に見せて話をしてくれた。ロンドンで関の鋏が身近で活躍しているとは思わなかったが，私にとって大いなる喜びの機会であった。

　また美濃和紙も世界的に注目されている。奈良時代から美濃和紙は作られていたが，和紙は書のための紙あるいは記録紙として珍重され，障子紙としての需要も大きかった。インタビューによると，現在では照明や文具，扇子，うちわ，衣装，ソックス等，多用的に使われている。無形文化世界遺産に指定され，ヨーロッパやアメリカなどの外国人の観光客も多くなっているとのことである。高山や白川郷は飛騨の一大観光地となっている。日本人よりも外国からの観光客で混雑している。そこには伝統文化やモノづくりの伝統工芸が根付いている。

　静岡県浜松市はヤマハ日本楽器の本社があり，楽器の街として有名である。最近では，世界的な音楽コンクールも開かれ，文化面でも開かれた街となっており，日楽やカワイ，ローランドといった楽器メーカーの存在や功績も大きい。食文化では餃子，ウナギ，すっぽんなどの関連企業が存在し，市民の情報発信にも一役買っており，地域活性化にかなり貢献している。

　「カネ」の側面では，企業が地方に進出したり，地域で成長した企業が雇用

などの経済効果をもたらしている。加えて，地域社会・コミュニティへの寄付や資金提供などによって貢献をしている。トヨタは教育機関や組織に多大な貢献をしている。私が在外研究したロンドン大学のロンドン・ビジネススクール（経営大学院）に数千万円を寄付，MBAコースに寄付講座が開設され，日本を含め海外から大学教授が招聘され，講義やゼミを担当し，私もこの講義を受講した。さらに，トヨタがアメリカに単独で工場を進出させる際に，ケンタッキー州の当該地域の学校や大学などの教育機関などに数億円という多額の寄付を要請され，これに応じたとのこと。「思わぬコスト負担であった」と，当時のケンタッキー工場建設の担当者役員は述べていた。

とりわけ，キリスト教を生活のバックボーンとしている欧米ではチャリティやボランティアは当然であり，市民は日常的に寄付行為をしている。よって，企業が寄付をするのは当たり前のことである。日本では地域のお祭りや行事などに寄付する経験が大部分であるために，日本の企業関係者にとって見ればアメリカでの寄付要求は驚愕のことと映ったのであろう。

アメリカでのこのような状況を察してか，最近，支配力を増している共産党政権下の社会主義国の中国でも，中国政府の教育予算削減傾向にあるためか，地域の教育機関などの日本企業への寄付要請が後を絶たないようである。日本企業はこのような要請に苦虫をかみつぶしたような様子を見せたようであるが，断れば，「日本鬼子，傲慢‼」と批判され，反日となることが予想されるので，寄付に応じざるを得ないとのことである。欧米企業が寄付をしているかについては定かではないが，調べてみてもそのような事例は見出せなかった。

SDGsにも具体的な企業の役割として教育推進目標が明記されている関係からも，教育への協力は企業にとって大きな使命となっている。企業は必ず人材を必要としており，教育の果実すなわち人材の採用で恩恵を被っているのであるから，当然と言えば当然のことである。日本の企業は以前よりも教育に対して理解を持って積極的に助成するようになったものの，まだまだ十分とは言えない。欧米並みの教育助成水準の向上を企図して，さらに多くの企業が教育への更なる多大な援助，貢献することをおおいに期待したいものである。

　次に「情報」局面におけるブランド確立の事例について述べよう。農産物の
ブランド化は工業製品と比べると困難性が伴う。なぜなら，気候に左右され品
質を一定に保持することが難しいからである。農産物のブランド構築の成功事
例を取り上げて成功要因について述べてみる。

　前章において詳説したが，農産物のブランド化で戦後の高度成長期において
極めて有効なブランド戦略を組織的な展開で成功裡に導いた事例として理解を
高めるため再度掲載することとした。

　浜名湖北辺の「三ヶ日ミカン」がブランド・ネームとして確立されたのは高
度成長期である。1960年代から10年間に国を挙げての柑橘栽培拡大政策が実
施され，三ヶ日町でも県のパイロット事業に乗っかり，国有地の払い下げによ
って1,700haものミカン園が実現し，年間3万トンを誇る三ヶ日ミカン産地が
現出した。折からの高度経済成長に伴いミカンの消費も拡大していった。早く
から，三ヶ日農協は共同選果・共同出荷システムを開発し，名古屋の市場への
出荷を拡大していった。トラックにミカン箱を載せて国道一号線をひた走り名
古屋の卸売市場に届けた。しかしながら，他の生産地との差別化が遅れ，卸業
者に安く買いたたかれた。三ヶ日農協は無名の産地である三ヶ日ミカンのブラ
ンド化に組合員とともに取り組んだ。名古屋のデパートで三ヶ日ミカンの試食
会を行ったり，名古屋駅やデパートなどで三ヶ日ミカンのデモンストレーショ
ンを実施し，そのブランド名を浸透させていった。ところが，全国でのミカン
栽培の急増によって，需給バランスが崩れ，暴落期に入ってしまった。1972年
には手取り1キロ30円台と悲惨な結果となりミカン農家の落胆は大きかった。

　しかしながら，この状況を転換すべく，三ヶ日農協は組合員の総意をまとめ
あげ，高品質ミカン「青島ミカン」への栽培へと大きく舵を切ったのである。
この英断が「三ヶ日青島ミカン」のブランドへと大きく飛躍するきっかけとな
った。年末の贈答用のミカンとして東京市場に出荷し「青島ミカン」の甘さを
アピールすると，市場の反応も良く他産地の1.5倍の高値さえつき，市場では
引っ張りだこ状態が続いた。このように生産者組合として組織を挙げて「より
良いものを消費者へ」というマーケティングの神髄を体現したわけである。

　その後も，品質管理を徹底し「より美味い」ミカンを目指す努力を欠かさなかった。たとえば，独壇場であった中京地区に愛媛や和歌山蜜柑が殴り込みをかけてきた。そこで，完熟早生蜜柑の「ミカエース」を投入し三ヶ日ブランドを強固にしてきた。出荷の際に，「糖度12度以上，加えて酸度0.1以下」という厳しい品質基準であったが，生産者の協力もありブランド革新が進んだ。常に，前を見て将来を展望する姿は従来の日本農業には見られないものであるが，その方向性は頑として譲らない精神が三ヶ日地区の柑橘組合には底流として存在している。

　三ヶ日農協は農協以外の出荷者も「三ヶ日ミカン」と銘打って市場に出していた。中には品質の悪いものもあり，「三ヶ日ミカン」ブランドが評価を下げてしまう恐れが出てきた。その防止策としてミカンの段ボールに「ミカちゃん」というキャラクターを印刷し，一目で三ヶ日農協共同出荷の正真正銘の三ヶ日産のミカンであることをアピールした。今ではこのマークを目印にして消費者が買い求めている。

　しかし，この「ミカエース」も試練の時を迎えた。1988年は異常気象で例年のように甘味の乗った早生ミカンではなく，水っぽいだけの完熟蜜柑であった。愛媛や和歌山は比較的天気に恵まれ，そのため早めに出荷され好評を得ていた。三ヶ日農協は「消費者を裏切れない！　味の乗らないミカンは出荷すべきではない」という大英断をもってこの年の「ミカエース」の出荷を断念した。この行動によって三ヶ日ミカンの品質とブランドを維持することができたのである。個々の農家にとって一年間の栽培努力を無にすることはつらい選択であり，何とか現金に換えて生活の糧にしたいと思うのが常であろう。しかし，出荷停止，これがかえって卸売市場関係者や小売業者の賞賛を得て三ヶ日「ブランド」はさらなる高みへ，ゆるぎなきブランドへとステップ・アップしていった。このようなブランドの信頼性の高さによって，今では，首都圏では最高級ミカンとして，贈答用に伊勢丹や三越などで取り扱われ，売り切れになるほどである。

　このように農産物でミカンのブランド構築に成功した三ヶ日農協ではコンシ

ューマ・マーケティングの実践が完璧になされたといえよう。真に消費者から好まれるミカンの味や品質にこだわり消費者あるいは市場の信頼を勝ち取るためには，一年間丹精を込めて栽培し収穫したミカンを泣く泣くミカン畑に捨てて埋めてしまうという行為には感動すら覚える。短期的な所得を捨てて長期的な収入獲得とともに消費者のブランド信頼の確立努力に動いた三ヶ日農協の組合員農家のみならず地域を誇りとする人々の理解があっての由であろう。農産物は気候変動に左右されるので，三ヶ日ではミカンの出来によって地域の経済やコミュニティが変動する。地域の理解と消費者の信頼関係が維持されなければ企業として成り立たない。三ヶ日農協という企業が地域と一体となっているという証左であろう。

　ブランドは消費者・顧客の評価の結果として形成されるものである。逆に，消費者からの評判が低下すれば，取り返しのつかないほどにブランドが地に落ちるという例をいくつか見てきた。忘れもしない「雪印」ブランド失墜の悲劇がそれである。

　コンシューマ・マーケティングにおけるマーケティング・ミックスと４つの経営資源から先進的なマーケティング戦略について考えてみよう（図表9−1参照）。マーケティング・ミックスの要素は製品（product），価格（price），販売促進（promotion），販売チャネル（place）の４つである。これらの要素を最小のイン

図表９−１｜マーケティング・ミックス

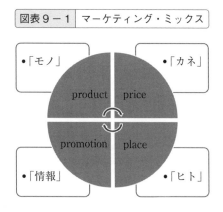

プットで最大効果をあげるべく量的・質的に最適に組合せするのである。

　製品は「モノ」であるが，誰もがその使用価値を共通に認識する存在であろう。価格は「カネ」すなわち利益との関連が深い。言わば，売上を確保し，費用を計上し，投下資本を回収する手段の一つである。販売促進は戦略上重要な要素であり，最近ではマーケティング・コミュニケーションとも言われる。すなわち，ウェブ上あるいは SNS の情報伝達活動の活発化によってインターラクティブな状況が現出しているために，従来のコミュニケーションよりも質的にも高度化し，情報ターゲットも深化し大幅に拡大している。販売チャネル（マーケティング・チャネル）は伝統的な取引形態のチャネルに，さらにネット取引が加わり，世界規模での瞬時な取引成立が見られ，宅配サービスなどの物流の高度化によって納品もスピードアップし，短期間で確実に遂行できるようになっている。「ヒト」は全体的にマーケティング要素とかかわっている。それぞれの経営資源の基盤でありマーケティング戦略のデザインや実施に際して最も考慮されるべき経営資源である。

　マーケティング戦略を検討するにあたって，市場状況を把握する必要がある。現在の市場にどのような問題が存在しそれを解決するためには何が必要かどのような手段が可能かを熟慮する必要がある。市場把握の方法として PEST 分析や 3C 分析がある。PEST とは politics（政治），economy（経済），society（社会），technology（技術）の環境状況変化について考慮・分析する。政治状況は国内のみならずグローバルに検討し，当該企業にとってその変化に適応できるかを考えなければならない。トランプによる中国排除政策などは政治的環境の激変の例である。経済については景気の見通しなどを見極める必要がある。また，リーマンブラザーズ社倒産による世界同時不況の経験もある。とりわけ，グローバル・マーケティング展開の際には民族性や宗教の違いなどによる当該地域の社会特性に関しては入念に分析し，人々の生活観なども細部にわたって把握し，マーケティング活動を行うことが大切である。さらに，社会全体の方向性や動態変化を踏まえた現状について分析し，それに対処すべきである。そして，技術的な変化によるネットや AI，DX の発展などの大きなイノベーシ

ョンが生起してきつつあることも，入念に考慮すべきである。

　3C 分析は，顧客（customer），競争企業（competitor），自社（company）について の市場における位置づけに関する分析である。顧客は顕在のみならず潜在顧客も含まれる。現在の顧客データの特性について分析し，製品ニーズとの乖離がある場合にはその要因分析も怠りなくする必要がある。競争企業に顧客が流れている場合にはブランドスイッチングの状況もとらえなければならない。また，新たにターゲットとする顧客の属性やライフスタイル分析を入念にすべきであろう。競争市場に置かれている自社についてもポジショニング分析によって今為すべきことも明らかになる。さらに，マーケティング要素の製品，価格，プロモーション，チャネルにおける問題点も深堀することが求められよう。加えて，4つの経営資源の投入状況も見極めなければならない。

　次いで，マーケティング要素，経営資源について，SWOT 分析を応用する。すなわち，市場における自社の強み（strength），弱み（weakness）を明らかにし，市場参入の機会（opportunity）を見出し，脅威（threat）をいかに打ち負かすかあるいは回避するかに関してきちんと検討する必要がある。製品の脆弱性や価格競争力の弱さ，競争企業の新製品戦略，自社の新製品開発の可能性など課題として対策を講じることも考えられる。

　次の段階では，市場のセグメンテーション化によって，より最適なターゲット設定を行うのである。消費者ニーズが明確となれば，セグメンテーションの基準を決定する。基準にはデモグラフィック（人口動態的）要因やサイコグラフィック（社会心理学的）要因がある。加えて，コンシューマ・マーケティングの観点からの自社の顧客データによる購買金額，購買頻度や製品信頼度，さらに顧客の不満・苦情要因なども非常に重要である。これらの基準を応用して市場ターゲットが設定される。それに向けて，製品，価格，プロモーション，チャネルの在り方を模索しマーケティング戦略立案となる。むろん実施段階でもマーケティングミックスの検討がなされるべきであろう。

　コンシューマ・マーケティング戦略は消費者の立場を尊重した内容となる。そのためには消費者ないし顧客に寄り添う必要がある。ここでは SNS や WEB

を基盤としたコンシューマ・マーケティング戦略を提案したい。

　通常のマーケティングプロセスは，マーケティング・リサーチなどによって消費者ニーズを把握し，それを製品開発に反映させ，マーケティング・コミュニケーションによって製品情報を伝達し購買刺激を行う。消費者が店舗で購買できるようにチャネルを設定する。このようなプロセスにおいては消費者や顧客がかかわることは非常に限定されよう。すでに述べたように，コンシューマ・マーケティングでは消費者行動の視点からマーケティングを再構築するという意図がある。よって，マーケティング・プロセスのすべてに消費者とのかかわりを埋め込む作業をしなければならない。

　消費者ニーズを動態的にとらえるには，企業の顧客データやマーケティング・リサーチのみならずクラウドデータの活用が求められる。DX 化や AI を活用することによって，膨大なデータ分析が可能となろう。データ・マイニングがいつでも可能となり，従来のような短期予測ではなく長期予測も可能となる。消費者ニーズは刻々と変化しているのであり，極めて動態化している。この変化の態様に即応させれば製品計画も順調に進み，ニーズに対して的確な製品開発・改良などが容易となる。また，消費者や顧客の SNS 情報も有用である。特定のチャットサイトに参加プログラムをセッティングして，そこからの情報も汲み取ることができれば，企業にとっても非常に有用な消費者・顧客ニーズの情報源となろう。

　これらのニーズ把握を目的としたシステムに加えて，SNS の参加者の声を反映した現状のニーズの動きに対応した製品の最適化が実現可能となる。既述したように消費者・顧客のニーズの変化に即応した製品開発や改良がシステマティックに実施できるのである。

　しかし，消費者や顧客の個々のニーズに対応することはできない。コンシューマ・マーケティング戦略においては百人百様のニーズに対応することを主眼としてはいない。むしろ，ターゲティングの設定を効率的に行い，素早くそのニーズに応えることが主要な目的である。さらに，そのニーズが将来的にどのように変化するのかも見通すことによって，動態的なニーズの態様に適

応することをも目指す。既述の高度な情報システムの活用によって実現することができる。これをマーケティング・オートメーションに進化させて，FAやOA，LA（ロジスティック・オートメーション）との連動が可能となれば，受注から配送まで首尾一貫したオートメーション化が完成し，マーケティングの究極のオートメーション・システムが実現することになる。

経営資源の「ヒト」「モノ」「カネ」「情報」の4つの側面を取り上げながら，企業の地域戦略，加えて，経営資源とマーケティング・ミックスを基礎としたコンシューマ・マーケティング戦略についても論究してみた。とりわけ，「ヒト」すなわち人的資源が有効に働かなければ地域の活性化はおぼつかないし，マーケティング能力の向上はありえないのである。

「モノ」「カネ」「情報」の3つのどの局面においても人間の思考力や組織力が不可欠であり，人間力が基盤となっている。たとえ，AIやDXが高度に発展しても，最終的に意思決定するのは人間であり，その担当者の人格が極めて重要となろう。

【注】

1） Randall, 1977, pp.5-6.

2） アーカー，1997，26-27頁。

参考および引用文献

Randall, Geffery, *Branding Planning, Organization and Strategy*, Kogan Page Limited, 1977.

Stuart, Paul, *Brand Power*, MACMILLAN PRESS LTD, 1994.

D. A. アーカー著，陶山計介他訳『ブランド優位の戦略』ダイヤモンド社，1997年。

青木幸弘編著『価値共創時代のブランド戦略―脱コモディティ化への挑戦』ミネルヴァ書房，2011年。

松江宏編著『現代流通の新展開』同文館，2002年。

松江宏編著『現代流通論』同文館，2004年。

松江宏編著『現代マーケティング論』増補版，創成社，2013年。

松江宏・村松幸廣編著『現代消費者行動』増補版，創成社，2013年。

村松幸廣・井上崇通・村松潤一編著『流通論』同文館，2012年。

第**10**章
流通とコンシューマ・
マーケティング

1 ── 流通とマーケティング

　コンシューマ・マーケティングは消費者サイドすなわち消費者行動の観点か
らマーケティングを再構成するという立場をとる。マーケティングの究極の目
的は消費者満足である。消費者のニーズや消費者行動のプロセスを入念に分析
し，それに対応するのがマーケティングのミッションである。すなわち個別企
業であるメーカーが商品計画を行い，消費者に対して生産された商品のプロ
モーションやコミュニケーションを行う。さらに，商品を選択・購買してもら
い，商品を消費者の手元に届けることによって，生活上の欲求を満たすととも
に，その商品に満足してもらい，提供企業が消費者から信頼されるという循環
的なプロセスを作り上げる。これが，マーケティングの原理であろう。
　流通は巨視的な見方によって商品の移転を成し遂げるプロセスである。すな
わち，生産段階から中間機能を経て消費者へと商品を人的かつ物的に移動させ
る活動やその機能を担う主体を指して流通としている。むろん，それらの担い
手は，メーカーであったり流通企業や関連企業であり，個別企業の活動を総体
的に捉えるのである。

　両者は分離できる関係ではなく補完的な存在である。すなわちマーケティングは個別企業の立場から商品の移転活動を捉え，流通は巨視的に商品移転を把握している。流通とマーケティングの両者は，生産者と消費者を連結する機能を果たしている。生産者から消費者へと商品を物理的かつ人的に移転するのである。

　本来的には人間は必要とされる物資を自ら生産し消費していた。これが原初的な経済である。むろん，採取経済からスタートし，生産経済，交換経済，そして現代のような経済体制に発展している。

2── 流通の史的発展プロセス

　採取経済とは自然にある果物や野草などを取って，お腹を満たす状況をいう。また，狩猟などもこの中に含まれる。採取経済の時代には，人間は空腹を満たすために移動していた。

　次の時代では，必要な食料や物資を獲得するために一定の場所に定住し，生産活動を行う生産経済を営むようになる。そこでは，穀物を栽培したり家畜を放牧したりする。さらに，生産物が自分たちの需要を満たすようになると，飢餓のようなリスクを考えてストックするシステムを構築するが，それ以上に余剰が生まれると，他の部族との生産物の交換を行うようになる。

　自分たちにとっては生産能力が低い生活物資を他の地域の部族から調達し，自己の余剰物を引き渡すという交換経済が成立する。この交換がスムースに行われる条件として，交換物資の価値を測定する基準が必要となるが，誰しもが必須であると考えられる物資，例えば小麦などのように，双方にとって共通価値が認識しやすい物資が仲介物となる。しかし小麦などは重量がかさみ，持ち運びに不便なため，万人が価値を認める貴重な金属である金や銀がその役割を果たすようになり，貨幣として流通し，経済が発展して行く。

　中国では貴重な貝殻が加工され貨幣として使われた例もあり，「貨」「購」「買」のような商業や経済活動に関係する漢字には，「貝」がへんやつくりに用

いられているのは，その証左である。さらに，為政者により銅や銀，金などが
鋳造貨幣として発行され，流通すると経済は爆発的に発展していき，現代のよ
うな交換経済システムが成立する。

　貨幣を仲介とした交換経済が高度に発展すると，社会的分業が生ずる。すな
わち，生産主体と消費主体が分離し，生産者は得意な生産物に傾注する。消費
者はその生産物を貨幣を媒介，すなわち対価としての貨幣を支払って獲得す
る。原初的には消費者は生産者から生産物資を購入するのであるが，頻繁に交
換・取引が発生すると自然発生的に市（マーケット：market）が成立し，そこで
定期的に取引が行われた。八日市とか四日市などはその名残である。

　これらの市は物理的な空間や場所であり，物的市場と呼ばれている。これに
対して，経済学でいわれる市場とは，供給と需要の観点から論じられ，理論的
に把握される抽象的市場がある。その一方，マーケティングで取り扱われる市
場は消費者の集合と考えられている。例えば自動車市場は自動車を購入した人
やこれから購入しようとする人々である。

　物理的な市場である市が登場したことによって，取引が頻繁かつ煩雑になる
と，専門的に生産者と消費者を仲介する商人（流通を担当する人々や組織）が現
われ，生産者はより生産に専念することとなり，生産技術も向上し，余剰生産
物も拡大する。これによって社会的な需要が満たされるシステムが可能とな
る。

　商人たちは商業活動に専念し，取引地域も拡大し，ますます利益を得ること
になり，蓄財によって組織的な発展を成し遂げるようになり，大商人が登場す
る。一方，生産者は生産技術の向上に加えて工場制による生産設備の導入とと
もに資本力を確立し，組織の拡充をはかり，イギリスでは産業革命が生起する。
産業革命によって現代の資本主義的な経済体制が確立し，流通の基盤が形成さ
れる。

　日本では江戸時代に米の産地問屋と消費地問屋が発展し，明治になっても問
屋制度が維持され，日本独特の卸制度が残存することとなった。江戸期には米
については全国から大阪の堂島に集荷され，米問屋が一手に扱うという集中取

引がなされ，米の先物取引も行われていた。江戸時代は経済活動そのものは米の取引が主体であった。また，その他の農産物や海産物も大阪や江戸の大消費地に運ばれ取引がなされた。いわば，江戸時代に日本の原初的流通制度が確立され，現在の卸・小売制度の基盤が形成され，明治期・大正・昭和・現代へと引き継がれて来た。

　最寄品の食料品や雑貨はメーカーから卸，小売を通じて消費者に引き渡される。これは日本の伝統的な流通システムを導入しているのである。戦後，家電品や自動車などの耐久消費財が普及すると，このような既存の流通システムの利用では十分に消費者に分配できない状況が認識され，メーカー主導の販売会社である卸売組織が確立され，小売・消費者へと商品が流れるようになった。

3── 生産と消費の関係性

　原初的には，生産とは人間が自己の生命を維持するために必要な物資を作り出すことであったが，現代では社会的に必要とされる製品やサービスを作り出すことである。むろん，人々のニーズや欲求に適応した製品やサービスでなければならない。換言すれば，ニーズや欲求を満たすことが生産の条件となり，市場に導入される。人々が買い求める価値が具備されなければならない。すなわち，生産とは価値創造活動である。

　一方，消費とは生活上のニーズや欲求を満たすために製品・サービスを選択・購買して，それを利用・使用するプロセスである。言い換えれば，消費者が自己のニーズや欲求を満たそうと製品・サービスを選択・購買して使用・利用することである。すなわち，商品の価値を消耗したり破壊することによって実現される。

　現代においては，生産と消費は乖離しているのは一般的なことであるが，生産と消費が一致している事例をあげるならば，家庭菜園が考えられる。人々は畑を耕して種をまき，害虫から守ったり水をあげたりして野菜の世話をする。そして，それを収穫し調理して食する。すなわち，自己生産，自己消費である。

現代社会においては，この事例は極めてレアである。

　現実的には，我々はすでに生産された製品を選択・購買して生活の中で利用する。すなわち，生産と消費は同一人によって行われるのではなく，人的に乖離していると言えよう。このように，生産者と消費者は別人格なのである。このことを，生産と消費のギャップ（懸隔：けんかく）という。

4 ── 生産と消費のギャップ

（1）人的ギャップ

　生産と消費のギャップにはさまざまある。まず，生産者と消費者の人格的相違である。実際には，生産者は生産企業すなわちメーカーである。むろん，農家や漁業者のように個人で生産活動をしている場合もある。メーカーは専門知識や技能，資本力等を基盤として，原材料を使って特定の商品を作り出す。消費者はさまざまなメーカーの商品の中で気に入った商品を選択して購買する。このように，生産と消費は社会的分業のなせる業でもある。

　生産と消費の人的ギャップを埋めるためには，商品の所有権移転が必要である。消費者が必要な商品を手元に確保するためには，最終的に商品の所有権を得なければならない。すなわち，消費者は，常に，店舗あるいはネットで商品を購入しなければならない。購入した商品を使用することによって消費が終結する。

　この生産と消費の人的ギャップを埋めるためには，商品の所有権が生産者から消費者に移転される必要がある。すなわち，この機能は取引機能といわれる。具体的には，生産者から消費者に商品の所有権が移転されるためには，購買と販売の活動が行われなければならない。生産者から商品を仕入（購買）して第3者に転売する業者，すなわち商業業者の活動が必須となる。商業者は生産者から商品を購入して，別の商業者に販売したり消費者に直接販売したりする卸業者と小売業者がある。いずれにしても，生産者と消費者の間に介在して，商品を仕入れて販売することを再販売と言い，この再販売を担っているのが商業

者すなわち流通業者である。このように，生産者から商業者，そして消費者へと取引機能が連鎖することによって，生産者から消費者へとスムースに商品が移転されることとなる。この取引機能を取引流通ないし商的流通（商流）と言う。この取引機能を担うのは卸と小売りである。

（2）物的ギャップ

　生産と消費には，物的ギャップも存在する。その一つとして場所的（空間的）ギャップがある。これは，生産地と消費地の相違である。生産場所は工業製品の場合，工場である。消費の場所は人が住んでいるところであり，大都市がその典型例である。すなわち，消費地と生産地には空間的なギャップ（隔たり）が存在する。このギャップを埋めるための機能が輸送である。生産地から生産物を消費地に物理的に移動させ，消費を実現するのである。輸送機能によって取引もスムースに行われる。

　また，生産と消費にはタイムラグが生じる。とりわけ季節商品，すなわち夏物衣料品や扇風機などは需要期には店頭に並ぶ必要がある。需要を見越して生産をフル稼働させ，倉庫などに在庫として整えておく必要がある。すなわち，生産時期と消費の時期のギャップを埋めるための保管機能が必要となる。社会全体から見た場合，需要と供給をマッチングさせるためには保管や在庫の機能が重要となる。むろん，保管に関しては生産物や商品のカテゴリーによって異なるシステムが存在する。例えば，危険物であればその取扱いに慎重を期さなければならないし，生鮮品のように品質が変化したり腐敗しやすい場合には温度管理が必要となろう。

　上記のような保管や輸送あるいはこれらに関連した活動を物的流通ないし物流という。すなわち，商品を物理的に移動したり，一定期間倉庫などに保管するなどして，商品を物理的に扱う活動の総称を物流という。

　この両者に加えて，情報的な問題が生産と消費に横たわっている。生産と消費に関する情報の問題である。生産者は製品やサービスを作り出すとき，その生産ノウハウや原材料の組み合わせなどについて十分研究し，開発し，生産し

て市場に導入する。すなわち商品に関するあらゆる情報を獲得し得る立場にある。むろん，消費者が欲する商品を提供することは言うまでもない。このように，生産者は自己が提供する商品の性能，機能，材質，価格などの商品属性を知り尽くしている。

　一方，消費者はこれらの商品の存在を知り，その属性などの特徴から自己のニーズや購買水準に合致したものを選択・購買する。また，どのような商品を欲しているかについての消費情報は生産者が是非とも必要とする情報である。分かり易く解説すれば，消費情報は一般的に周知の 5W1H で表現できる。

　　When（いつ）…………消費者がどのような時間や時期に選択・購買するか

　　Where（どこで）……消費者がいずれの店舗やネットで選択・購買するか

　　Who（誰が）…………どのような消費者が商品を選択・購買するか

　　What（何を）…………どんな商品を選択・購買するか

　　Why（なぜ）…………選択・購買の理由，動機など

　　How（どのように）……選択・購買に至ったプロセス

消費者はこの 5W1H に基づいて商品の購買・選択とさらに使用，満足のプロセスに至るのである。

　例えば，ある消費者のケースを想定してみよう。PC を購入するとき，資料収集・分析のために高性能のものが必要だと考えたとしよう。当該の消費者はどの店舗やネットで購入すればよいかを考え，比較検討するための PC の情報を入手しようとするであろう。このような消費者のカテゴリーは必ず多数存在する。どのようなグレードや価格帯の PC を求めるのかについても検討が促進される。言わば，消費者行動のプロセスである。

　既述のように，消費者行動プロセスは時系列的に購買前，購買，購買後のプロセスに分けられる。購買前プロセスでは，消費者は現状に不満を感じ，よりよい状態に飛躍するために新たなニーズや欲求を覚え，製品を購入したりサービスを利用する。これを問題認識のプロセスと呼ぶ。消費者行動は問題解決行動でもある。また，理想的な成果を得るためにさまざまな情報を収集・分析する。ネットで調べたり店舗に赴いて商品情報を入手する。

　次に，この情報をもとに商品の選択を行う。この情報は大部分が企業の広告活動などによってもたらされる情報である。加えて，友人関係やネット，SNSなどからの情報も含まれている。最終的には，代替製品やサービスの中から一つを選択して，購買する。

　最終的なプロセスでは，購入した製品やサービスを実際の生活の中で使用したり利用して，そのパフォーマンス（成果）を獲得する。その程度によって満足したり不満を覚えたりする。満足の場合には，反復購買を行い，ロイヤリティが確立され，人々の間で，当該企業の信頼が大いに高まるであろう。

　逆に，不満の場合には，苦情を述べたり，再購買を断念したりする。苦情を述べた場合，企業の対応が悪く不満が残った場合には，SNSにぶちまけたりするので，当該商品の提供企業の評価が下がり，売上が下降線をたどることとなる。最悪の場合には倒産に至ることもあろう。

　この消費者行動のプロセスには，5W1Hの概念が組み込まれているので，企業がマーケティング戦略を立案するときには，非常に有益であろう。

　以上，まとめると，生産と消費の情報的ギャップには二面性がある。一つは生産情報の側面である。企業はこの商品情報をターゲットとしている多くの消費者に伝達する必要がある。それが，マーケティング・コミュニケーションである。マーケティング・コミュニケーションには広告活動やプロモーション，人的販売が含まれ，消費者と接触することにより商品情報が提供される。

　また，消費者情報あるいは市場情報の側面についてであるが，企業はAIなどを駆使して，高度なマーケティング・リサーチ活動によって十分な情報を獲得する。むろん消費者の心理的な側面や，変化の激しい消費動向や状況把握は入念に行わなければならない。

　このように，生産と消費の情報的ギャップは，現実では，企業の情報把握能力や情報提供活動によって解決されている。生産と消費の間での情報の動きは情報流通ともいわれている。

5── 流通機能

（1）流通機能

　流通とは「生産者から消費者に至る生産物の社会的な移転」である。すなわち，生産者が作り出した商品（生産物）を最終消費者に届ける活動やプロセスである。我々消費者は日常的な生活の中でさまざまなニーズと欲求を持っている。このニーズと欲求を満たすためには商品を選択・購入しなければならない。そのために小売の店舗に出かけたり，ネットにアクセスするのである。小売店を訪問したりネットにアクセスすれば，規模によって差はあるものの，豊富な商品取り揃えがなされ，そこで選択・購買することができる。このように商品が陳列されたり，ネットに掲載されたりしているのであるが，この状況を生み出すためには小売業者は商品を仕入れたり，価格設定したりしなければならない。商品の仕入先をさかのぼると，卸やメーカーなどの企業や業者の存在がある。すなわち，川上から川下への商品の流れを見て取ることができよう。生産者から卸，卸から小売，消費者への商品の流れである。これらの現象が流通である。

（2）取引機能と取引の種類

　流通機能には主たるものとして取引機能がある。これは商品の所有権を売買取引によって生産者から最終消費者に移転させる役割を担っている。取引には直取引と間接取引がある。

　直取引とは売手と買手が直接会って交渉をして，契約を結び売手が買手に直接的に商品を引き渡すことである。間接取引とは売手と買手の間に立って第三者が交渉はするが，第三者は仲介役であり，商品の所有権は売手から買手に移転させ，手数料を受け取るに過ぎない存在である。仲介取引ともいわれる。直取引は商業者同士やメーカーと消費者間でも行われる。

　また，信用取引と現金取引の違いもある。信用取引とは売買契約を結び，商

品は引き渡されるものの，商品の代金は後日支払われることを約束する取引である。ビジネスや商業・流通の世界では一般的である。消費者に対するクレジット販売も同様に信用取引である。現金取引とは，売買契約が成立すると同時に商品代金を現金ないし小切手で決済する取引である。電子マネーで支払う場合も同様である。

　このように，生産者から卸，小売り，消費者へと売買取引がさまざまな流通単位と連続的に繋がって，商品の所有権が移転するのである。

（3）輸送機能

　基本的に，輸送機能は取引機能に付随している。売買取引契約が成立すると，物理的に生産地から消費地に商品を移動する必要が生じる。輸送手段はさまざまであるが，大きく分けると陸・海・空に分けられる。陸上輸送はトラック輸送や鉄道輸送があげられる。海上輸送は主に輸出入の際の輸送手段である。航空輸送は飛行機による輸送であり，国内向けと海外向けがある。これらの輸送手段はさまざまな形で組み合わされて，効率的で費用の低減がなされ，合理的な輸送システムが実用化している。加えて，機械化や省力化も進んでいる。

（4）保管機能

　保管機能も重要な機能である。社会的に必要な商品を常に備え，緊急需要や需要期に十分な商品供給を行うことが求められる。そのため，倉庫などの保管施設を生産基地や需要の多い消費地付近に備えている。とりわけ，備蓄が必要な原油などは6カ月くらいのストックを持っている。このように保管機能は個別企業が負担・保持しているものの，社会的なストックについては政治的にも重要な役割となっている。とりわけ，災害対策や感染対策には計画的な備蓄が必要となっている。

（5）情報伝達機能

　生産と消費のもう一つの機能は，情報伝達機能である。生産情報と消費情報

において，生産者と消費者にはギャップが存在すると，既述しているが，生産情報は広告やプロモーション活動によって商品情報が消費者に伝えられ，消費ないし市場情報は企業のマーケティング・リサーチによって収得・伝達される。また，消費者を含めた売買取引の際に，直接的なコミュニケーションによって，消費者ニーズや商品情報が相互に伝達される。

（6）商品取揃え機能

　流通には商品取揃え機能がある。これは，消費者のショッピングの利便性を高める働きである。ネットも含めて小売業者は，規模やカテゴリーの差はあるものの，商品の種類や価格帯を考慮して消費者のニーズに対応した商品取揃えを行う必要がある。例えば，家電量販店であれば，冷蔵庫の商品取揃えは満遍なくメーカーの製品を仕入れて，商品売り場に陳列し，商品価格帯やデザイン等も考慮がなされるであろう。商品取揃え機能はメーカーから，卸と小売，消費者へと商品が流通する過程において，卸と小売の段階で整えられる。小売業者は商品取揃えに工夫を凝らして，消費者の選択・購買に便宜性を提供することが求められ，それがお店の優位性となっている。

（7）流通の補助的機能

　流通機能を十分に活性化させるためには補助的機能も必要とされる。取引流通や物的流通を補完する機能である。それは主に，金融機能と危険負担である。
　流通に限らずビジネスを起こし展開するには財務的問題を解決しなければならない。すなわち，設備資金や運転資金が必要となる。小売店舗のケースを考えてみよう。設備資金とは，店舗の建築費や店舗デザイン，陳列棚の設置などに要する資金である。運転資金は商品の仕入や人件費などの店舗運営費，広告宣伝費などである。これらの資金を継続的に，どのように調達するかが，小売経営の存続の要となる。生産者から消費者に至るプロセスにおいて，実際には現金取引よりも信用取引のウェイトが大部分である。売買取引は慣習的に手形決済や月末支払いのような支払いの約束すなわち掛け払いである。また小売と

消費者の間ではクレジット支払いが一般的になっている。これらも，資金融通であり金融機能のひとつでもある。この他に多額の資金が必要の場合には，銀行借り入れや株式・社債などの発行を証券会社を通じて行う。流通業者のみならず産業界全体で金融機能を担っているのである。

　そして，危険負担機能も売買取引の成立を促進する。とりわけ，ビジネス社会には経済的リスクが伴う。輸送中に事故が発生して荷物である商品に被害が発生するとか，倉庫に保管して火災が発生し，商品が燃えてしまうなどの経済的な損失が発生する恐れがある。そのために，危険負担を分散しうる損害保険に加入する。これは，損害が発生した場合に，保険で損害額を補填するという制度である。この保険の危険負担システムは，売買取引を躊躇なく行うことができるという意味で，流通を補完するシステムである。むろん，売買取引を行う場合には，商品引き渡しの時期や場所のほかに，保険掛け金の負担を，売手ないし買手がどれほどカバーするかが検討・交渉され，合意すれば契約にいたる。

6── 流通機構

　生産者を起点として，消費者を終結点とする卸・小売企業との連鎖が流通機構である。一般的な流通機構は次のように示される。

＜流通機構の類型＞
① 生産者 ─ 消費者
② 生産者 ─ 小売業者 ─ 消費者
③ 生産者 ─ 卸売業者 ─ 小売業者 ─ 消費者
④ 生産者 ─ 一次卸売業者 ─ 二次卸売業者 ・・・
　　─ 小売業者 ─ 消費者

　上記の４つの流通機構，それぞれについて概観してみよう。

①の流通機構は生産者と消費者が仲介業者を介せずに直接取引する場合である。物々交換経済の段階では，必要な生産物を異なる部族間で交換していた。例えば，穀物と毛皮の交換が成立するなどがその例である。今日では，メーカーや農家がネットなどで顧客から直接注文を受け，宅配で生産物や商品を直接届ける仕組みとして採用している。

②については，生産者と消費者の間に商業者である小売業者が介在する。大手の小売企業の家電量販店（ヤマダ電機など）や GMS（イオンなど）がメーカーから商品を直接仕入れて消費者に販売するケースが典型例である。

③の流通機構は，極めて一般的である。この場合，卸売業者の役割はかなり大きい。むろん，卸売業者の規模によって活動範囲は相違するであろう。卸売業者で大規模な企業は総合商社である。海外から商品や原材料を輸入し，国内の商社やメーカー，小売企業にそれらを提供している。また，系列の専門商社などを子会社として抱えている。独立系の専門商社も卸売業者として活動している。専門商社は，金属系や雑貨，食品，薬品など幅広い業種にわたっている。商社はメーカーから商品を仕入れて小売に引き渡すだけでなく，商品の取扱い方法や保管方法等に加えて小売経営のコンサルタント営業も行っている。総合商社はプラント輸出や重機などの大型製品を扱っており，輸出入のみならず世界規模での企業活動を行っている。

④の流通機構は言わば，日本独特の存在である。日本の国土は南は九州・沖縄まで，北は東北・北海道と南北に長く，気候風土も異なる。よって，各地域の産物も多種多様である。地域の特産物の流通には，生産地における集荷機能が必須であった。また，江戸時代には上方（商都大阪）から大消費地である江戸に物資を運び，消費のための生産物（米や海産物）の分散機能も求められた。そのために，生産地卸や消費地卸が発達した。また，少量かつ高頻度の消費者の購買慣習への即時の対応性の確保や，小規模な商人が介在するために，商品のストックのリスクを相互に最小化する役割も担っていた。そのため，伝統的な卸の多段階性が今でも存在しているのであるが，最近では卸の多段階性が薄れて来ているものの，商品別にみると，購買頻度の高い食品や雑貨などにおい

ては，多段階卸のシステムが残っている。

7 ── 小売の機能

（1）小売の定義
　小売とは最終消費者の日常的な購買ニーズに対応するために，最小の単位で商品を販売する活動である。さらに，販売のための活動として，仕入れ，品揃え，広告，在庫管理，顧客情報処理，金融手続きや諸サービス提供などの活動も含まれる。最終消費者に商品を販売することを主たる業務とする個人ないし組織を小売業者と呼ぶ。

（2）小売の機能
　小売活動によって我々は日常的な買い物が可能である。店舗を訪問して，食料品や雑貨，衣服など対価を支払って，ありとあらゆるものを手に入れることができる。すなわち，小売の機能ないし役割は，消費者の日常的な生活上の便宜を提供することである。適切な商品を適切な時に，適切な量，適切な価格で，最終消費者に提供する使命を担っている。適切な商品とは，消費者のニーズや欲求に適合した商品であり，適切な時や適切な量とは購買欲求に即応する時期や場所でスムースに商品が提供されることを指している。また，適切な価格とは，消費者にとって一般的で妥当な市場価格で商品価格が決定されることである。むろん，高級品は高価格であり，一般普及品や廉価な商品などの価格はリーズナブルである。

（3）所有権移転機能
　前述のように，売買取引によって，生産者から流通経路を経て，最終消費者に商品の所有権を移転する機能があげられる。これは小売の主要な機能でもある。消費者は購買動機を生起すると，店舗やネットにアクセスし，自己にとって適切な商品を探し出して，対価を支払って当該商品を購入し，自分のものと

して日々の生活の中で使用する。

　流通プロセスを，生産者を出発点として，川上，川中，川下と川の流れのようにわかりやすく説明すると，小売は川下すなわち消費者との接点において，大きな意味を持っている。消費者とのコミュニケーションが極めて密接で，消費者行動に即応しなければならない。とりわけ，対面販売においては消費者の声に耳を澄ませて，顧客サービスに集中しなければならない。

（4）物流機能

　売買取引を円滑に進めるためには，商品仕入れや商品管理を徹底することが大切である。常に消費者のニーズの変化を把握して，それに対応した商品取り揃えを万全にして，欠品がないように配慮する必要がある。消費者が買い求めた場合に，対象商品が売り切れていると，顧客の信用を無くしてしまい，利益機会を失うことになってしまうことになる。

　このようなケースを防ぐためにも，仕入管理（マーチャンダイジング）と在庫管理を徹底化しておくことが求められる。そのためには，仕入に連動した配送システムや商品の配達システムの十分な安定性を確保する必要がある。言うまでもなく，顧客の要望に沿うことは小売活動の眼目である。

（5）その他の機能

　クレジットや電子マネーなどの取引が一般化してきている。小売機能も複合化しており，信用を付加する金融機能や危険負担機能，地域発展のための貢献なども求められている。

　特に消費者に対するクレジットカード等による信用供与は売上実現に欠かせない。また，クレジットや電子マネーによる顧客データベースの構築は，小売経営の合理化やマーケティング戦略活用にとっての必要欠くべからざるものである。

　加えて，小売は消費者の便益を提供するうえで，商品供給の役割を担っている。社会的在庫の機能の一端を担っているのである。とりわけ，昨今では災害

時の緊急な商品供給基地としての期待も大きい。

　さらに，地域社会の一員として小売企業に期待されるものが大きい。すなわち，地域コミュニティを支えるハードの役割と同時に文化などのソフト面でのサービス提供をも期待されている。特に大規模店では，ミーティングルームや展示施設などを提供して，地域住民が交流できる広場的な機能を実現している事例もある。

　小売企業や商店街の存在は，地域の賑わいや人々の人間的触れ合いの場でもある。近年，商店街の衰退が叫ばれており，再開発などの手立てが成功し，地域の活性化の事例もある。このように，地域の活性化や地域文化の維持などに力を入れることも小売にとって担うべき役割である。

　加えて，雇用の創出という点でも地域にとって重要である。流通なかんずく小売活動は対面販売が主流となっている。むろん，インターネット販売も拡大しているが，地域商業の担い手として労働力は欠かせないものである。特に，地方都市においては，生活や文化という観点から，地域活動や雇用の核として存在している。

8 —— 小売の諸形態

（1）業　態

　今日，私たちは生活に必要な商品を多数の店舗ないしネットで手に入れている。コンビニやスーパーマーケット，デパート，ショッピングモール，ファクトリー・アウトレット，ネットでは，アマゾンや楽天など多様な小売業者が存在している。ここでは，小売りのさまざまな業態について説明しよう。

　小売における業態（format）を類別する基準は取扱商品の種類など以下のようにさまざまな基準が存在している。

・取扱い商品

・販売方法

・価格帯

・立地
・顧客
・商圏
・サービス
・チェーン化
・規模

（2）業態による分類

① デパート（百貨店）

　デパートの原初的形態は 1952 年にパリに開業した「ル・ボン・マルシェ *Le Bon Marché*」といわれている。それ以前にイギリスで発生したという説もあるが，本著においてはフランス説をとることとする。創業者で経営者であるブシコーは夫人とともに，当時の小売としてはさまざまな改革を行った。従来の顧客との個別価格交渉制度を一掃し，一律定価制度と値札を導入し，返品制度やセール期間を設け，商品の品揃えも豊富にした（ル・ボン・マルシェ公式サイト参照）。こうして，近代的なデパートメント・ストアーが誕生し，イギリス，ドイツ，アメリカにも同様のデパートが次々に誕生した。

　日本では，三井呉服店が 1914 年に百貨店形式の店舗を開業させた。当時三越の専務である日比が欧米視察を行い，ロンドンのハロッズを模倣して現在の日本橋本店に新たなルネッサンス式の鉄筋 5 階建ての洋館式の近代的店舗の三越日本橋本店を開店した。有名な「今日は帝劇，明日は三越」のキャッチフレーズのもと，日本初のエスカレーターや暖房完備のなか，多くの人々が近代的なショッピングを楽しんだ（三井広報委員会資料「呉服業の終焉と三越の始まり」参照）。百貨店の業態の特性としては，ボンマルシェデパートの特徴とともに，以下のとおりである。

　・定価販売
　・現金主義
　・品質保証

・返品および返金サービス

・無料配送

・部門管理

・外商などの高度なサービス

・中心商店街やターミナル，ショッピングセンターなどに立地

・テナント制

・チェーン制度

　現在，日本のデパートは74社181店舗となっている（日本百貨店協会データ
2020.9.18）。立地態様もさまざまみられ，中心商店街やターミナル駅ビル，ショ
ッピングセンターの核店舗などである。高度成長期やバブル時代にはデパート
はその興隆を誇っていた。欧米の高級ブランドや，高品質の商品を提供，新た
な生活価値を提案したり，憧れのライフスタイルやまったく新しいショッピン
グ文化を生み出すなど，人々の生活観を変化させるほどのパワーがデパートに
はあった。

　しかし，時代の変化とともにショッピング意識やライフスタイルの変化，ネ
ット販売による影響を受けて，ほとんどのデパートが売上を落としており，地
方のデパートは撤退せざるを得ない状況にある。また，世界的に見ても，すべ
てのデパートにおいて時代に適応すべく経営方針の変更やマーケティング戦略
の見直しが求められている。

②　スーパーマーケット

　スーパーマーケットは1930年アメリカのニューヨーク州ロングアイランド
に店舗を構えた「キング・カレン・ストア」が最初といわれている。店主のマ
イケル. J. カレンは食料品店のスタッフの経験を生かして，低価格，現金主義，
配送なし，広い駐車場の整備，セルフ方式などを導入し，消費者の支持を得た。
また，1932年のニュージャージー州の「ビッグ・ベア」も開設され，集中レ
ジとセルフ方式のスーパーマーケットの原型が形づくられた。

　当時は，1929年の世界大恐慌によって，失業者が街にあふれ，人々の生活

は困窮し食料品を手に入れることも困難であった中，カレンは安価な食料品を
提供するために薄利多売の経営に自分たちの努力を傾注した。例えば，玉ねぎ
やジャガイモなどの傷をナイフでカットしたりして，とにかく安くする工夫を
欠かさなかったと言われる。カレンの店では革新的な店舗運営がなされ，その
後の食品スーパーのモデルとなった。

　スーパーマーケットの主な特性をまとめると次のようになる。

・大量仕入れによる薄利多売

・現金主義

・セルフサービスによる人件費削減

・商品カテゴリー別の売場とディスプレイ

・チェーン展開

　日本でのスーパーマーケットの 1 号店は，定説によれば，1953 年東京青山
に開店した紀ノ国屋の食品店である。同店は当時では珍しかったセルフ・サー
ビス方式を採用したのである。その後，関西では，中内功氏が「主婦の店・大
栄（ダイエー）薬局店」を大阪に開設した。日の出の勢いのダイエーは高度成
長期の波に乗り，大規模経営と拡大路線をひた走り，地方のスーパーなどを吸
収合併しながら，1972 年には当時の三越百貨店の売上を抜いて，日本一の売
上を誇る小売業の雄となった。

　中内ダイエー会長は，小売業界ではさまざまな革新的経営やマーケティング
戦略を行い，ダイエーを巨大な GMS（general merchandise store：総合スーパー）
業態として確立し，一時，日本のスーパーとして最初に中国市場に進出，天津
を中心として数店舗を展開したこともある。バブル経済時に本業の小売業に専
念すべきところ，バブルの勢いで銀行からの多額の借入金による資金調達を行
い，プロ野球，金融，レジャー，ホテルといった多角経営に舵を切ってしまっ
た。バブルが崩壊するとともに，これらの事業がことごとく行き詰まり，ロー
ソンやダイエーの店舗などの資産売却を行ったものの，資金繰りに失敗し多額
の債権の発生で 2004 年に倒産してしまった。

　このダイエーの他にも関西系ではジャスコが経営拡大し，関東圏ではイトー

ヨーカドーや西友が本業を足場としてスーパーの業態に市場参入して成長・拡大してきた。中京圏ではユニーが店舗拡大し大手として成長した。

　また，静岡県の地場スーパーの八百半（ヤオハン）も県内を中心に店舗展開し，関東や関西での大手スーパーとの競争ではチェーン展開の可能性がほとんどないと考え，ブラジルに進出し，次いでアメリカ，香港，タイ，マレーシア，中国，イギリスにも多店舗展開した。さらに，ヤオハンは1995年に中国との合弁で上海に百貨店を開業し，翌年，本社を上海に移転するまでに海外戦略で成長したが，転換社債償還の資金調達の失敗と無理な海外展開が重荷となり，1997年9月に倒産してしまった。

　現在ではイオングループがスーパー業界では日本一である。イオンはスーパーマーケットのジャスコを中核として発展してきた。1970年に岡田屋（三重県），フタギ（兵庫県），シロ（大阪府）の3社が合併し誕生した。その後，地方の小売業・スーパーを吸収合併し事業拡大を行った。加えて，全国規模で多店舗展開を計画したが，中小の小売業者との共存を図る「大規模小売店舗法」によって，ブレーキが掛かってしまった。そのため，タイ，マレーシア，中国にショッピングセンターを海外展開することとなり，ショッピングセンターの開発や運営ノウハウが蓄積され，後のイオンモールの全国展開や海外出店で生きることになる。「大店法」の廃止と「立地法」による出店解除策とともに出店も加速化され，国内においてはイオンモール138件，アジア諸国36件（イオンモールデータ集2016.2）に上っている。また，世界市場でも小売業13位，スーパーマーケットとしては9位となっている。ちなみに1位はアメリカのウォルマートである（DTTL　Global powers of Retailing 2020データ　参照）。

③　コンビニエンスストア

　コンビニエンスストアはアメリカで発生した業態である。1927年，サラウンド・アイス社が顧客の要望で氷のみならずパンや牛乳を扱い始め，朝7時から11時までの営業時間を定めて「セブン・イレブン」を開業したのがコンビニの原型とされている。

　日本では諸説ある。大阪で開業した「マミー」や愛知県の「ココストア」が
コンビニの始まりであるとされるようである。チェーン展開しているコンビニ
では，1973 年の西友が開店した「ファミリーマート」が最初であり，1974 年
豊洲の「セブンイレブン」一号店がある。また，1975 年にはダイエーが「ロー
ソン」の一号店を豊中に出店した。

　コンビニエンスストアは我々の生活に今やなくてはならないお店であり，日
頃の生活のための食品や雑貨などを買い求めるために老若男女が利用している
便利（convenience）な店である。コンビニエンスストアの定義としては，「主
として飲料食品を中心とした各種最寄り品をセルフサービス方式で小売する事
業所で，店舗規模が小さく，終日又は長時間営業を行う事業所」（総務省日本標
準産業分類を参照）と定義されている。さらに，「食料品を扱う，セルフサービ
ス，売り場面積が 30m^2 〜 250m^2，営業時間 14 時間以上」（経済産業省・商業統
計における業態分類参照）とされる。すなわち，飲食料品や日用雑貨などの最寄
品を扱う小規模な店舗であり，公共料金の振込み等のサービスや宅配サービス
等も扱い，長時間営業で顧客に利便性を提供する。

④　ファクトリー・アウトレット

　ファクトリー・アウトレットないしアウトレット（outlet：出口の意）はブラ
ンド品を割引して販売する店舗である。アメリカで発祥した業態で，工場の敷
地内の倉庫で売れ残り商品を近隣の人々に販売したのが始まりであり，今では
高級ブランドを安価に販売する商業集積のアウトレットモールがその代表であ
る。アメリカではニューヨークやロスの大都市の郊外（車で 2，3 時間）に立地
しており，ヨーロッパやアメリカの高級ブランドを扱っている。日本では都市
の近郊に立地し顧客を呼び寄せており，三井系の三井アウトレットとアメリカ
系のプレミアムアウトレットが多店舗展開している。

⑤　ドラッグストア

　ドラッグストア（drugstore）は一般医薬品を中心として生鮮以外の食料品や

雑貨を扱う店舗であり，アメリカで発展した業態である。医師の処方箋に基づいて薬剤を提供するために薬剤師を常駐しているケースが多い。また，チェーン化によって大規模化と寡占が進展している。

⑥　百円ショップ

百均などと呼ばれて手軽な店として利用されている。1960 年代に一般化された。それ以前にも均一価格で販売する店舗も出現していた。江戸時代には18 文や大正期には十銭等のようなお店もあったようである。また，アメリカでは 1 ドルショップや英国での 1 ポンドショップも一般的である。百円ショップは当初スーパーなどの催事コーナーに出店していたが，常設となったのは 1980 年代である。ダイソーはスーパーの店頭ですべて百円均一と銘打って，できるだけ質の良いものを仕入れて販売した。お釣りでのわずらわしさもなく，レジで商品を渡すという単純な買い物に魅力を感じる顧客が増えて，チェーン店を広げていった。最近では，100 円均一ではなく，300 円，500 円の商品も扱っている。スーパーやショッピングセンターにテナントで入っているケースも多い。

⑦　ホームセンター

アメリカの DIY（do it yourself）の業態をまねして，日用雑貨や住宅設備品を取り扱うセルフ方式を採用する比較的大きな店舗で，車で来場する顧客が多く駐車場を常設している。大手では DCM，カインズ，カーマ，コメリなどがある。

⑧　ショッピングセンター

ショッピングセンター（SC：shopping center）はショッピングモール（shopping mall）とも呼ばれ，ディベロッパーの統一的な計画と管理運営のもとでデパートやスーパー，専門店などの小売業，レストランやファーストフードなど飲食業，美容院や旅行や映画館等のサービス業といった多数の店舗で構成される複合商業施設で大規模な駐車場を持つ。とりわけ，アメリカではモータリゼーシ

ョン社会であり，ショッピングモールは遠方から客を取り込むレジャー的要素
が組み込まれている。一般的に，アメリカでは規模によって次の 3 つのタイプ
に類型化される。

・リージョナル（regional）SC

　最も規模が大きな広域型 SC である。商品構成は主に買回品であり，キーテ
ナントとしてシアーズ，JC ペニー，ブルーミングデイルズなどの複数のデパー
トが出店し，ヨーロッパやアメリカの高級ブランドの専門店が軒を連ねる。ま
た，店舗面積は 4 万 m² 以上で敷地面積 12 万 m²，商業人口規模は 15 万人以
上となっている。映画館やホテル，遊園地が敷設され一日中楽しむことができ
る。最も大きなモールはミネソタにあるモールオブアメリカである。テーマ
パークや水族館も付設，アメリカ国内や海外から年間 4,000 万人が訪れる。

・コミュニティ（community）SC

　地域型 SC であり，最寄品と買回品が中心で，小規模な百貨店などがキーテ
ナントとなり，店舗面積は 1 万 5 千 m² くらい，敷地面積約 4 万 m² 程度，商
圏支持人口は 4 〜 15 万人である。

・ネバーフッド（neighborhood）SC

　近隣型 SC とも言われ，食料品中心の商業施設であり，キーテナントとして
スーパーマーケットが入っている。また，店舗面積 5 千 m²，敷地面積 2 万 m²，
商圏人口は 7 千〜 4 万人程度である。

⑨　ディスカウントストア

　ディスカウントストア（discount store）とは，日用品，雑貨，食料品，家電，
玩具などを大量に集中仕入して，一般価格よりも 30 〜 50％の割引価格で販売
する業態である。典型的な例として，「EDLP：everyday low prices（毎日安い）」
とキャッチフレーズを標榜して割引価格戦略を世界中で遂行している売上高
世界ナンバーワンのアメリカの巨大小売業のウォルマート（Walmart）がある。
また，ターゲット（Target）もアメリカ市場において二番目である。日本では
ドンキ・ホーテが代表的なディスカウントストアとしてよく知られている。

⑩　倉庫型小売

　倉庫のような簡易的な作りの店舗でフォークリフトでパレットのまま商品を積み上げたり，段ボールのままでの陳列などによりコストを極力抑えて，バルク（bulk）売りする小売業である。有名なのはアメリカの会員制の倉庫小売業のコストコ（COSTCO）である。同社はホールセラークラブチェーンで日本にも進出している。アメリカにはウォルマート系のサムズクラブ（Sam's Club）もある。日本の小売業では，倒産したダイエーも同じような方式のコウズ（Kou's）という店舗を構えたが，会員の加入数が伸びなくて早々と撤退してしまった。

⑪　チェーンストア

　基本的に単一の資本のもと，経営方針や管理運営，ブランド，店舗デザインなどを統一的に保持し，11 店舗以上を多店舗展開するチェーン店である。スーパー，コンビニ，ドラッグストア，ホームセンターなどは，ほとんどがこのタイプに入る。

9 —— 卸の機能と存立要件

（1）卸の機能

　小売が消費者ないし一般顧客を相手にするのに対して，卸は他の商業者ないし事業者や組織に対して商品を販売する機関である。端的に言えば，生産者と小売業者を結ぶ役割を担っている。

　具体的に，卸の主要な機能を挙げると，所有権移転，収集と分散による商品取り揃え，危険負担，金融，情報伝達などである。所有権移転は売買すなわち仕入と販売活動によって商品の所有権を生産者から消費者に移転することによって，消費を実現することである。すなわち，生産者を起点とする売買取引の連鎖が卸・小売につながり最終的に消費者の購買行為によって完結する。

　商品取り揃え機能は卸の社会的機能ともなっている。生産者から商品を仕入

れて小売に販売するという役割のみならず，小売業者や消費者のニーズに適合
した商品を生産者に求めたり，市場のニーズを探求してそれらのニーズに対応
した商品を取りそろえるのである。特に，需要性に敏感でなければならない。
換言すれば，商品取り揃えは，収集・分散の活動でもある。卸は広範囲かつ多
数の生産者から商品を集め，小売業者に引き渡す。小売業者には消費の単位に
近い単位で引き渡すので分散活動となる。この収集と分散によって商品の取り
揃えが最適となる。また，商品を調達する際に，商品の品質やデザイン，機能
についてもチェックする。卸売企業は商品に関する情報センターでもある。あ
りとあらゆる情報を収集して分析し，適切な商品を仕入れる。よって，商品の
幅と深みが増す。すなわち商品の種類が豊富で，洋服であれば，紳士服，婦人
物や子供服，ベビー服，若者の服などバラエティーに富んだ種類を整え，色・
デザインやサイズなどの深みのある商品取り揃えを行っている。むろん，専門
商社や総合商社あるいは個人経営では規模や内容には相違がある。

　危険負担はストック機能でもある。社会全体の需要に相応すべく在庫を持た
なければならない。卸は，多様かつ高頻度の取引を行い，常に適切な商品ス
トックを保持し小売りの注文に応じなければならない。いわば，社会的需要の大
部分を負担している状態である。小売のストックと比べて，大量のストックを
持つのが常である。

　卸の金融機能は，顧客に対する掛などによる信用取引や資金援助である。ま
た，在庫を豊富に持つことにより小売の在庫負担を軽減し，小売業者にとって
は資金的な余裕が実現している。また，クレジットの信用供与も行っている。

　卸には豊富な情報が集まる。卸は大規模な再販売活動を行っている。すなわ
ち，生産者や小売業者をはじめとする商業者との取引を頻繁かつ大規模に行っ
ている。そのため，情報が集まりやすい。生産者，消費者，同業者などの需要・
供給，市場情報，消費動向，生産に関する情報などが集まってくる，とりわけ，
商品に関する情報は突出している。この情報をデータベース化し有用な情報と
して処理すれば，マーケティング戦略に生かすことができる。また，生産者や
小売業者にこれらの情報を提供することで関係性を深めることができる。

　卸売業者の最たるものは，総合商社である。三井，三菱，住友などの巨大商社がその代表である。商社の起源は「亀山社中」といわれ，討幕運動の立役者である坂本龍馬が長崎に設立し，主に海運や武器の輸入の取引を行った。明治になるとヨーロッパに追いつくために富国強兵策がとられ，資源の調達や日本の特産品の市場開拓が主な任務であった。とりわけ坂本龍馬からビジネスの処方を伝授された岩崎弥太郎の三菱は海運で成功し，政商として活躍，財閥として巨大企業となった。終戦後いくつかの企業に解体されたものの，今日の総合商社の基礎を築いたといっても過言ではない。

　総合商社は多種多様な商品の輸出入取引を行うだけでなく，事業オーガナイザー機能，金融機能，資源開発，グローバル・マーケティング機能，保険機能，物流機能，情報機能など，ビジネスのあらゆる機能を担っている。世界でも類のない，我が国独特のコングロマリット企業である。

　卸は社会的存在として認知されているものの，商業的活動が物を右から左に動かして利ざやを得ていると疎んじられ，工業のように付加価値の創出に貢献していないとの誤解によって，世間から商業は無駄であると断じられていた時代があった。即ち，卸無用論が吹き荒れ，卸が軽視されていた。しかしながら，卸は現在でも存在し続けている。日本独特の企業形態である総合商社はその最たるものである。

　日本では商業が伝統的に蔑視され，低い地位に置かれていた。江戸時代の士農工商制度によるものであり，儒教の影響が根強いことから，今でもそのような認識を持っている人達もいる。儒教は中国で起こったのである。道教を源とし，朝鮮半島において李王朝の時代に高度な儒教へと進化し，朝鮮半島では士農工商の封建的身分制度として定着した。日本においては，江戸前期に幕府によって幕藩体制が強化され，士農工商の身分制度が確立したとされる。また，ヨーロッパにおいてもキリスト教文化の中で商業は疎んじられた職業である。そのため，商業に対する一般社会の評価は極めて低い。

　イギリスでは近年になっても，小売りや金融業界に一般社員として入社する人材は高卒であった。ケンブリッジやオックスフォードなどの有名大学から小

売業界や金融業界に学卒新入社員として人材が集まるようになったのは 50 年前ほどと言われている。そのため，イギリスの銀行が国際化の波に乗り遅れ，大不況期にほぼすべてのイギリスの銀行が海外資本の傘下に入ったのは記憶に新しい。まさに人材不足であった。

10── 卸の存立根拠

　既述のように，卸不要論が展開された時もあるけれど，現実には卸は存在している。それは社会的に必要とされ一定の機能を果たしているからである。

　では，何故，卸が存立しているのかについて，論者の考え方を引用しつつ，理論的に説明しよう。卸の主要な機能は再販売であり，小売業者等に対して発注された商品を速やかに提供し，社会的に必要な在庫を確保するために商品の保管を担っている。

（1）取引総数最小化の原理

　卸が存在しない場合には生産者と小売業者が直接取引をしないといけない。生産者と小売業者の取引関係を図示すると次のようになる（図表 10 − 1 参照）。生産者が 3 業者，小売業者が 3 業者と仮定すると生産者と小売業者の全体の取引総数は 3 × 3 ＝ 9 件となる。そこに，卸が介在すると図表 10 − 2 のように，

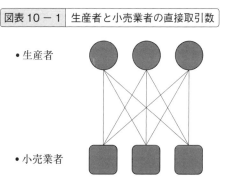

図表 10 − 1　生産者と小売業者の直接取引数

・生産者

・小売業者

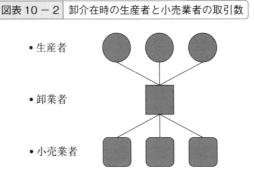

図表10－2 卸介在時の生産者と小売業者の取引数

・生産者

・卸業者

・小売業者

取引総数は6件となる。もっと規模の大きなケースにすれば，卸が介在することによって驚異的に取引総数が減少することになる。このように社会全体での取引数が最小になることによって，社会全体で取引効率がアップし無駄なコストや時間がカットできることになる。そこに卸の存在根拠がある。

（2）不確実プールの原理（集中貯蔵の原理）

　資本主義社会においては需要を見込んで生産を行い，小売業者は需要を予測して商品を仕入れている。生産者は生産に専念し，小売業者は販売に専念することによって経済社会が円滑に機能する。これを社会的分業という。このような見込み需要や一般の需要予測はなかなか困難である。社会全体の需要に対応できるように生産したり，仕入・販売するには何らかの形で在庫（ストック：stock）を確保しておく必要がある。その機能を果たすのが卸の役割である。

　すなわち，さまざまな商品の社会全体の需要に対応するためには，卸が集中的に在庫を負担することになる。むろん，生産者も小売業者も若干の在庫が必要であるが，卸が大部分の在庫を確保し，小売業者の注文にいつでも応え需要に即応できる態勢を整えているのが常である。この場合，卸売業者は商品の生産状況と小売の状況を入念に把握して，どのような商品をどのくらいの数量，取り揃えるかについての意思決定に注視していなければならない。販売機会を失わないように，欠品はできるだけ避けなければならない。

　このように社会的需要の変動等による不確実性プールの役割を卸が集中的に担うことになり，社会的な在庫リスクが大幅に減少し，生産と小売，消費がスムースに結合され経済活動が円滑に行われるのである。

◖参考および引用文献◗

松江宏編著『現代流通の新展開』同文館，2002 年。

松江宏編著『現代流通論』同文館，2004 年。

松江宏編著『現代マーケティング論』増補版，創成社，2013 年。

松江宏・村松幸廣編著『現代消費者行動』増補版，創成社，2013 年。

村松幸廣・井上崇通・村松潤一編著『流通論』同文館，2012 年。

第11章
コンシューマ・マーケティング
と消費者満足の測定と評価

1 —— はじめに

　最近のわが国の消費者意識は大きく変わってきている。従来は，単に商品を所有するという意識が強かったが，購買の際に，ライフスタイルの確立を重視し，当該商品が自己の生活欲求を十分満たし得るか否かの検討を行う傾向が強くなっている。例えば，熱狂的なブランド志向は，ブランド品を所有することにより自己を高いステイタスに置くことが可能であると感じたり，所属意識を共有したいという願望から派生しているのである。しかしながら，結果的には優れたデザイン性，高品質といったブランド特有の属性を強く認識するという学習効果により，従前よりも消費者の商品選択の基準や比較能力を高めることになった。そのため，商品選択の際に，購入動機よりも使用動機を重視し，使用後の欲求充足度を評価する傾向にあり，消費者の満足志向が強くなっていると言えよう。

　このような消費者意識や行動変化を十分把握してマーケティング戦略を実行するためには，コンシューマ・マーケティングの原理を導入し，より消費者に寄り添う必要がある。すなわち，消費者の満足水準を画定し，満足実現を企図

するとともに消費者行動のプロセスの立場から，あるべき姿を希求することが求められる。

　消費者行動は，購買前行動，購買意思決定行動，購買後行動に区分されるが，とりわけ購買後行動が次の商品選択に大きな影響をもたらしている。すなわち，消費者が自己の欲求満足度を高めれば，ブランド・ロイヤリティが確立し反復購買傾向が強くなり，企業にとってはマーケットシェア維持が容易になる。

　また，従来のように消費者の購買刺激のためのイメージ戦略のような商品の引渡しを重点においたマーケティングから脱却し，より消費者の視角に立脚したマーケティングの展開が求められ，消費者満足度が競争企業との相対的位置を示す重要なマーケティング指標となりつつある。そこで，マーケティング戦略上，消費者満足度の測定と評価が必要になる。

　本章では，コンシューマ・マーケティング概念を援用しながら，消費者満足の測定のあり方について消費者行動研究の立場から論究したい。

2── 消費者満足の概念

　消費者満足は極めて個人的かつ主観的な状態であり，概念規定するには困難であるが，何らかの共通要素を抽出して満足状態を説明する必要があろう。ここでは，いくつかの見解を紹介しつつ満足概念の規定を行おうと考える。

　J. U. マクニールは，「消費者満足とは，購買行動を通して自己の心理的不安状態を均衡させ，望ましい生活状況への準備を図る程度である。」[1)] と述べている。また，D. J. オルティナは，「消費者満足は，購買対象に対する消費者の知覚した態度レベルである。」[2)] と主張しており，M. L. リキンズによれば，「消費者満足は，知覚された製品パフォーマンスが期待以上であれば生ずる」[3)] とされる。そして，R. L. オリバーは，「消費者満足は，製品あるいはブランドに対する態度ではなく，経験を基礎にした態度変化に関連する重要な動因である」[4)] と明記している。

　消費者は，自己の生活上の欲求を充足するために製品・サービスを選択し購

買してから使用，利用する過程で当該製品・サービスの評価を行う。その評価の程度が満足度である。たとえば，大型テレビの様な電化製品の購買を想定すると，製品属性である品質，耐久性，デザイン，操作性，価格，イメージ等について当初の期待と使用結果である製品パフォーマンスを個別的あるいは総体的に比較評価して欲求充足の度合を認識する。さらに，これらの満足（不満）状態は，次の購買に影響をもたらす。満足度が高ければ，反復購買や指名購買傾向が強くなり，ブランド・ロイヤリティが形成されるが，不満度が高い場合には，購買拒否やブランド・スイッチングが行われたり，苦情行動が発生する。マーケティングにとって，このような消費者のさまざまな反応，とりわけ苦情行動に対するスピーディな対応が求められる。

　消費者満足研究として，感情と満足とを関連させた分析がみられる[5]。WetbrookとOliverは新車購入者の140人に対して調査を試みている。サンプル属性は男性で平均年齢33歳，所得は25,000 – 40,000ドルである。そして，図表11 – 1にみられるように，消費者の購買経験において，興味，楽しみ，

| 図表11 – 1　感情による消費者満足度クラスター分析 | | | | |

感　情	幸福・満足 (n＝26)	愉快な驚き (n＝29)	非感情的 (n＝38)	不愉快な驚き (n＝18)	怒り・混乱 (n＝14)
趣　　味	.880	− .724	− .386	− .028	.949
楽し　み	.873	.752	− .826	− .580	− .191
驚　　き	− .434	.696	− .892	.585	1.033
悲し　み	− .674	− .367	− .343	.890	1.798
怒　　り	− .346	− .570	− .384	.657	2.020
嫌　　悪	− .503	− .468	− .467	.713	2.254
軽べ　つ	− .483	− .470	− .488	.774	2.199
恐　　れ	− .375	− .465	− .413	.428	2.233
恥	− .408	− .501	− .404	.788	1.879
罪	− .544	− .491	− .416	.844	2.072

〈ウィルクスのλ＝0.012　F＝23.47　P≦0.001〉

出所：Robert A. Westbrook and Richard H. Oliver. "The Pimensionality of Consumption Emotion Patterns and Consumer Satisfaction," Journal of Consumer Research vol.18 1991 p.88.

驚き，悲しみ，怒り，嫌悪，軽蔑，恐れ，恥，罪の10種類の感情についての
SD法による調査データをクラスター分析によって5つに区分している。

　第1の「幸福・満足」グループは，購入評価に対して興味や楽しみと捉えて
おり，マイナスの感情を抱いていない消費者であり，21％を占める。そして，
第2の「愉快な驚き」グループは，興味の度合は低いが，製品購買に関して，
楽しみや驚きを持っており，ポジティブな消費パターンを示しているといえよ
う。第3の「非感情的」グループは，消費感情の全てがマイナスを示し，購買
経験上，楽しみや驚きをほとんど覚えずに無感動で機械的な消費生活を送る傾
向にある。第4の「不愉快な驚き」グループは，嫌悪や怒りを伴った驚きや，
恥しさや罪の意識を感じる消費傾向を表している。最後の「怒り・混乱」グ
ループは，怒り，軽蔑，嫌悪，罪のような消費に対するネガティブな感情が強
く，苦情行動を起こす可能性が高いと言えよう。

　このような感情と満足との関連研究は，消費者の内的な心理状態を明らかに
し，製品・サービスについてのより精緻な評価とロイヤリティの創出に有効で
あろう。

3── 消費者満足の測定意義

　消費者満足の測定の意義には2つの側面が考えられる[6]。一つは，社会経済
的立場であり，もう一つは個別企業的立場からである。社会経済的観点からは
消費者利益の実現，生活の質の引き上げといった消費者政策の立案，実行，評
価のための指標としての位置付けである。企業それぞれの消費者満足努力の結
果を開示し，消費者の商品選択能力を強化し，企業間競争を高めることによっ
てより良質な商品の市場導入をすすめ，人々の生活水準向上が図られるのであ
る。

　個別企業の観点からは，競争企業に対して優位性を保持する手段として位置
付けることができる。すなわち，企業が消費者満足をマーケティングの目標と
して掲げ，消費者の支持を獲得し，市場で優位に立つことが可能となる。

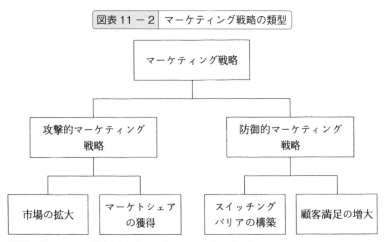

図表11－2　マーケティング戦略の類型

出所：Clase Fornell "A National Customer Satisfaction Barometer: The Swedish Experience" Journal of Marketing vol.56 1992 p.8.

　マーケティング戦略は，図表11－2のように，攻撃的戦略と防御的戦略に分けることができる。そして，攻撃的戦略の目的は，市場の拡大とマーケット・シェアの獲得の両面であり，防御的戦略は，スイッチング・バリアの構築と消費者満足の増大という2つの目的を持つ。今日のような，わが国にみられる景気後退期においては，市場の拡大はそれほど期待できないし，貿易摩擦による海外市場の制限強化に伴う輸出の減少，翻って，国内市場における企業間競争の激化や消費パターンの変化に伴う市場の不透明化等により，企業にとって，ますます防御的マーケティング戦略の必要性を生起せしめている。

　実際上，多くの企業は攻撃的マーケティング戦略と防御的マーケティング戦略の双方を組み合わせて戦略を実行してきた。攻撃的マーケティングでは新たな顧客の獲得や競争企業の顧客を奪うことが目標とされ，防御的マーケティング戦略においては，現在の顧客の維持や固執化，囲い込みがマーケティング焦点となる。しかしながら，伝統的に多くの企業が顧客の保持よりもむしろ新顧客獲得に努力を傾注してきた。たとえば，わが国やアメリカ合衆国において，顧客の購買動機を刺激するマーケティング・コミュニケーション手段である広

告やセールス・プロモーションの年間支出は膨大である。また，企業成長は競争企業の犠牲の上に成り立ち，防御体制の弱い企業が淘汰されてきた。防御的マーケティング戦略への関心が遅れ，対応が不十分であったがために，アメリカ合衆国の金融産業，鉄鋼産業の衰退に続いて自動車産業，コンピュータ産業，食品産業，医療機器産業が弱体化しつつある。しかしながら，低成長と激化する市場競争に直面し，防御的マーケティング戦略が見直されてきている。防御的マーケティング戦略は，顧客流出やスイッチング防止を主眼とし，競争企業の侵略から製品と市場を守るために実行されるのである。それはまた，顧客満足の実現によって可能となる。消費者満足の観点から，防御的マーケティングはコンシューマ・マーケティングと軌を一にすると考えられる。

1970年代において，アメリカ合衆国ではマーケットシェアの拡大が経営戦略の眼目であり，マーケットシェアの極大化が利益極大化と直接的に結び付いているとされた[7]。それで，多くのリーディングカンパニーが競ってマーケットシェア戦略を採用し利益指向に走ったのである。しかしながら，個々の企業にとって好ましい結果にならないし，アメリカ合衆国経済全体の生産性向上に寄与しないと批判された[8]。

図表11-3は，マーケットシェア戦略と顧客満足戦略との対比を示している。両方の戦略ともに低成長と集中市場を前提としているが，競争企業に対する考え方が違っている。すなわち，マーケットシェア戦略は，競合企業のマー

図表11-3	マーケットシェア対顧客満足	
	マーケットシェア	顧客満足
戦略のタイプ	攻撃的戦略	防衛的戦略
焦点	競争	顧客
成功の評価	マーケットシェア	顧客維持
行動目標	購買者のスウィッチング	購買者のロイヤルティ

出所：Clase Fornell "A National Customer Satisfaction Barometer: The Swedish Experience" Journal of Marketing vol.56 1992 p.8.

ケットシェアをいかに侵食するかにあり，顧客満足戦略は，顧客維持率によって当該戦略が成功であるかあるいは失敗であるかの判断がされる。

　換言すれば，マーケットシェア戦略は，他社製品の愛顧スイッチングを狙いとし，顧客満足戦略は製品ロイヤリティまたはブランド・ロイヤリティの醸成が最終目標である。また，コストについてみるとマーケットシェア戦略は，現在の市場状況をダイナミックに変えていく企業のパワーを必要とし，多くの人的投資や資金投入がなされ，多大の継続的コストの負担が余儀なくされる。また，顧客満足戦略におけるスイッチング・バリアの構築とは，顧客が競争企業の製品・サービスへの購買スイッチを生じないような条件を設定することである。すなわち，スイッチングを行う場合の物理的かつ心理的な追加コスト負担の意識を顧客が感じるかどうかにかかっている[9]。これに対して顧客満足戦略は，特定企業のロイヤリティを打ち破ってスイッチングを行わせるような顧客獲得努力が必要なため，競争企業にとってコスト負担になる。

　このように消費者満足の考え方は企業にとって有効なマーケティング戦略となる。また，消費者満足の指標は，ROI（投資収益率）やマーケットシェア，利益といった伝統的な企業パフォーマンス測定に代わって長期的なマーケティング指標となり，企業の市場を中心とした環境適応体制をより強化する指針を提供してくれるであろう。コンシューマ・マーケティングはこのような考え方を具現化するものである。

4 ── 消費者満足の測定方法とモデル

　消費者満足の測定方法にはいまだ普遍的かつ確立されたものはなく，さまざまな論者がそれを提案しているが，主に，「総体的満足」，「期待確認」，「消費者の理想的製品のかい離」の３つに類型化されよう[10]。総体的満足度の測定は製品属性についてSD法を用いるのが代表例である[11]。期待確認は，購買前の期待度と欲求充足の程度を比較，確認する消費者の心理状態を把握する。また，理想的製品のかい離の測定方法は，消費者が理想と考える製品と購買製品

とのパフォーマンスの相違状況を捉えるのである。

　また，消費者満足の究極的状態としてロイヤリティの形成が考えられる。ロイヤリティは満足した消費者の再購買意図と価格受容性とによって測定される。価格受容性は，固執化された消費者をスイッチングするためには価格差別化が有効であるとする E. A. ペシミアの価格計量法と類似する[12]。彼の測定法は最近の研究にとりいれられており，とりわけその成果は，ブランド・ロイヤリティの研究にみられる。

　さらに，消費者が製品パフォーマンスを評価する場合，価格と品質の相互性を考慮し，各々を単独に知覚するわけではない。このように，製品属性の評価の程度を測定する場合，個々の属性の相関関係に配慮し，全体評価について把握することが重要である。

　消費者が当該製品から競争製品に購買変更する場合に，購入コストや心理コスト，学習コストなどの多様なコストが要因となっているため，スイッチング・バリアの測定は極めて困難である。さらに，製品の種類や産業の競争状態，消費者行動のパターンの相違に伴いスイッチング・バリアの在り方も異なる。したがって，これらの要因すべてを測定することは不可能である。そこで，スイッチング・バリア効果はロイヤリティ関数をクローズドすることで明らかになろう。たとえば，個人の過去の消費経験，学習，危険負担（risk taking）傾向を記述したデータベースの分析によって定性的に測定することができる[13]。

　次に，測定モデルについて言及しよう。消費者満足の測定モデル構築には次の３つの原則があげられる。第１に応用性のある説明変数を用いること。すなわち，現実から遊離しないということである。第２に，すべてのサーベイ要因がある程度の誤差で測定されること。すなわち，フレシキブルな分析が可能であるということである。第３に，消費者満足の構造が直接的に観察可能でないこと。すなわち，サーベイや測定の際の主観が介在しないことが求められる。このように，消費者満足の測定モデルは，消費者満足の部分となる購買後成果の合理的かつ含蓄のあるシステムを詳細に記述するものである。

　したがって，消費者満足のモデル指標は，ノイズが入る場合があるが，多次元方程式によって示される関係変数として記述される。消費者満足は，購買前の期待と購買後の知覚パフォーマンスとの関数であり，次のように示される。

$$CS = F(E, PP)$$　　　CS：消費者満足

　　　　　　　　　　　E ：期待度

　　　　　　　　　　　PP：知覚パフォーマンス

　ティセとウィルトンは，満足における知覚パフォーマンスの直接的影響について理論的かつ実証的な裏付けをしている[14]。そして，満足の評価，決定の際には，期待よりも知覚パフォーマンスの方が強い影響力があると結論づけている。

　既に述べたように，ロイヤリティは満足とスイッチング・バリアとの複合要因によって生じる。ヒルシュマンは，満足・不満の基本的な変化要因として，導出（exit），ボイス（苦情），ロイヤリティの３つを挙げている。

　導出とは製品評価を結論づけることである。ボイスは，企業に対し持ち込まれる消費者の声としての苦情である。このようなことをベースとして，ロイヤリティは，概念的には次のような関係式で表される。

$$L = F(CS, SB, V)$$　　　L ：ロイヤリティ

　　　　　　　　　　　CS：消費者満足

　　　　　　　　　　　SB：スイッチング・バリア

　　　　　　　　　　　V ：ボイス（苦情）

　ボイスとロイヤリティがポジティブな関係であるとするならば，企業が十分な苦情処理を実行し問題解決を図れば，不満を持つ顧客を満足状態に転化し，ロイヤリティを引き出すことが可能である[15]。これとは反対に，苦情処理を全く行わなかったり，不十分な場合には，苦情が拡大化し，当該企業へのボイコットが生じたり，他企業の製品へと連鎖的にスイッチングしてしまう。図表11−4は，消費者満足と不満の測定時期を示している。とりわけ購買期待と

図表 11 － 4 購買後のプロセスのモデルと満足・不満の測定

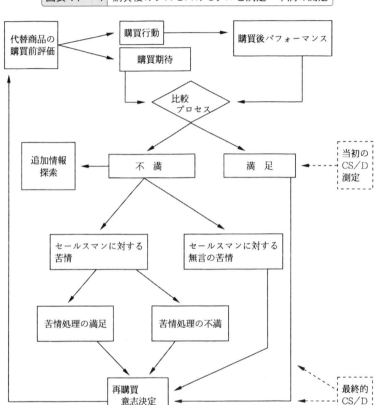

出所：Alan R. Andreasen, "A Taxonomy of Consumer Satisfaction Dissatisfaction Measures" in H. Keith Hunt Conceptulzation of Consumer Satisfaction and Dissatisfaction M. S. I 1976 p.14.

購買後パフォーマンスを比較する時期が問題となり，苦情後の消費者の満足・不満の状態も測定する必要があろう。

5—— スウェーデンにおける消費者満足の評価

　スウェーデンは，高福祉社会国家として知られるが，消費者保護政策の最も
進んだ国であり，消費者の意識も極めて高い[16]。そこで，消費者に対して公
正な商品選択のデータとして消費者満足の調査結果を公表している。

　消費者満足調査は，毎年実施され，サンプル数は2万5,000人であり，8分
間の電話聞き取り法で行われる。また，産業別，企業別の分析が行われ，個
別企業名も公表される。個別企業については回答者の任意で評価が行われ，
1-10のスコアで示される。図表11 - 5は，1989年から3年間の推移を示し
ている。スウェーデン国内企業のみならず，日本やアメリカ合衆国の企業も評
価の対象となっており，トヨタやマツダの消費者満足度は極めて高い。そして，
スウェーデンでは，公的サービスが公営であるためか，公的金融や公的郵便を
除いては消費者満足度が平均よりも低くなっている。

　また，消費者の好みが異質であれば満足度は高く，消費者の好みが同一でも
標準化された製品は満足度が高い傾向にある。図表11 - 6に見られるように，
基礎的食品やキャンディ，コーヒー，自動車に高い満足数値が認められる。し
かし，パソコンや大型コンピュータが3年の推移から見ると下降気味であるが，
競争の激化がかえって消費者の満足評価を厳しいものにしているのであろう。
テレビ局については，2局しかないために競争が行われず消費者の不満が高ま
っている。

　図表11 - 7は，パフォーマンス，満足，ロイヤリティの平均分散度を表し
ている。さらに，図表11 - 8は，パフォーマンスと満足，期待と満足，満足
とロイヤリティ，苦情とロイヤリティの相関パラメータが示されている。これ
らの数値から，消費者の苦情処理の可能性の程度を読み取ることができる。ネ
ガティブ係数によれば，消費者苦情の増大のために企業にとって不利な状況が
生ずることになる。たとえば，自動車，銀行，郵便サービス，警察，薬局がこ
れにあたる。一方，ポジティブな係数を見ると，パソコン，衣料品，大型コン

図表 11－5　顧客満足 TOP 企業

産業	顧客満足 1989	1990	1991	TOP 企業 1989	1990	1991
自　動　車	77	76	78	Toyota (87)	Mazda (81)	Mazda (85)
基　礎　的　食　品	77	79	78	Jästbolaget (82)	Jästbolaget (83)	Jästbolaget (84)
薬　品　加　工　局	na	76	73	na		
石　油（スタンド）	67	70	70	Marabou (78)	Marabou (79)	Marabou (80)
貨　物	67	68	70	Statoil (70)	Statoil (70)	BP (71)
航　空	na	64	69	na	JetPak (70)	JetPak (73)
旅　行　サ　ー　ビ　ス	67	67	68	SAS (67)	SAS (69)	SAS (69)
金　融（公　的）	68	67	68	Spies (69)	Ving (70)	Atlas (69)
郵便サービス（公的）	69	69	67	SHB (75)	SHB (73)	SHB (72)
	65	61	67	Letter (62)	Letter (62)	Letter (68)
パーソナルコンピュータ	70	66	67	Apple (76)	Apple (69)	Apple (73)
火　災　保　険	65	63	66	Trygg‐Hansa (66)	Trygg‐Hansa (64)	Länsfskr. (69)
郵便サービス（営利）	59	62	65	Letter (62)	Letter (63)	Letter (68)
スーパーマーケット	66	68	65	ICA (70)	Vivo (70)	ICA (70)
家　具（小　売）	64	63	65	MIO (68)	MIO (66)	MIO (71)
	59	59	65			
金　融（営　利）	70	66	64	SHB (75)	SHB (72)	SHB (68)
新　聞	na	60	64	na	SvD (67)	SvD (72)
保　険（営　利）	64	62	64	Skandia (66)	Trygg‐Hansa (63)	Trygg‐Hansa (67)
大型コンピュータ	68	64	64	IBM (70)	HP (70)	HP (70)
メイルオーダー	na	64	63	na	Halèns (68)	HM&R (65)
生　命　保　険	65	65	63	Trygg‐Hansa (67)	Länsfskr. (69)	Länsfskr. (67)
衣　料　品（小　売）	63	62	62	Lindex (66)	Lindex (64)	Lindex (65)
通　信（公　的）	55	59	61			
デ　パ　ー　ト	62	63	61	NK (68)	NK (68)	NK (64)
警　察	56	55	58			
通　信（営　利）	54	57	57			
鉄　道　局	45	55	54			
テ　レ　ビ	44	43	47	TV3 (57)	TV3 (52)	TV3 (53)
全　体	64	64	65			

出所：Clase Fornell "A National Customer Satisfaction Barometer: The Swedish Experience" Journal of Marketing vol.56 1992 p.19.

図表 11 − 6	顧客満足バロメータ結果

	1989	1990	1991
非耐久消費財			
基礎的食品	77	79	78
キャンディ・コーヒー	75	79	80
日配品，パン	68	69	69
ビール	66	67	68
肉製品	63	65	65
かん詰、冷凍食品	64	70	70
	69	**72**	**72**
耐久消費財			
自動車	77	76	78
パソコン	70	66	67
大型コンピュータ	68	64	64
	72	**69**	**70**
小売業者			
スーパーマーケット	66	68	65
ガソリンスタンド	67	68	70
家　具	64	63	65
デパート	62	63	61
衣料品店	63	62	63
	64	**65**	**65**
専 売 品			
薬　局	na	76	73
郵　便（営利）	59	62	65
郵　便（公的）	65	61	67
アルコール飲料	59	59	65
通　信（公的）	55	59	61
通　信（営利）	54	57	57
警　察	56	55	58
	64	**61**	**64**
サービス			
金　融（公的）	69	69	67
金　融（営利）	70	66	64
旅行サービス	68	67	68
生命保険	65	65	63
火災保険	65	63	66
損害保険	64	62	64
メイルオーダー	na	64	63
運　輸	59	63	63
テレビ局	44	43	48
貨　物	na	65	69
新　聞	na	60	64
	63	**62**	**64**

出所：Clase Fornell "A National Customer Satisfaction Barometer: The Swedish Experience" Journal of Marketing vol.56 1992 p.14.

図表 11 － 7　測定結果

産業	パフォーマンス 1989	パフォーマンス 1990	パフォーマンス 1991	平均満足分散 1989	平均満足分散 1990	平均満足分散 1991	ロイヤルティ 1989	ロイヤルティ 1990	ロイヤルティ 1991
航空	.63	.73	.54	.74	.63	.61	.67	.7	.67
自動車	.65	.6	.58	.79	.6	.59	.64	.65	.63
金融（営利）	.66	.64	.67	.77	.67	.7	.6	.57	.57
金融（公的）	.68	.63	.61	.82	.73	.71	.57	.54	.54
旅行サービス	.74	.63	.68	.82	.7	.72	.7	.69	.68
衣料（小売）	.61	.65	.59	.75	.59	.63	.62	.62	.61
大型コンピュータ	.68	.58	.64	.78	.65	.62	.63	.59	.67
デパート	.66	.66	.61	.74	.6	.67	.62	.69	.67
食品加工	.65	.54	.65	.78	.68	.67	.61	.65	.64
家具	.63	.6	.64	.79	.61	.67	.66	.72	.7
損害保険	.63	.6	.63	.82	.72	.74	.65	.55	.63
火災保険	.62	.68	.66	.8	.72	.74	.64	.69	.67
生命保険（公的）	.62	.6	.63	.8	.63	.7	.64	.64	.58
メイルオーダー	na	.65	.61	na	.7	.66	na	.67	.67
新聞	na	.59	.6	na	.69	.68	na	.66	.64
石油	.61	.54	.53	.74	.63	.62	.66	.58	.59
パソコン	.7	.62	.58	.74	.62	.63	.76	.71	.7
薬局	na	.59	.6	na	.65	.66	na	.7	.82
警察	.76	.67	.71	.72	.61	.66	.69	.71	.59
郵便サービス（営利）	.67	.64	.6	.82	.59	.75	.68	.66	.72
郵便サービス（公的）	.61	.62	.67	.71	.65	.73	.78	.59	.65
鉄道	.61	.64	.61	.74	.66	.66	.71	.73	.76
貨物	na	.62	.61	na	.71	.7	na	.61	.61
スーパーマーケット	.69	.69	.67	.76	.61	.67	.66	.61	.64
通信（営利）	.71	.68	.72	.82	.7	.73	.74	.73	.77
通信（公的）	.71	.63	.78	.76	.63	.73	.76	.64	.72
テレビ局	.69	.68	.63	.84	.74	.73	na	na	na

出所：Clase Fornell "A National Customer Satisfaction Barometer: The Swedish Experience" Journal of Marketing vol.56 1992 p.16.

図表11-8　パラメータ評価

産業	P→S 1989	P→S 1990	P→S 1991	E→S 1989	E→S 1990	E→S 1991	S→L 1989	S→L 1990	S→L 1991	V→L 1989	V→L 1990	V→L 1991	SAT. R^2 1989	SAT. R^2 1990	SAT. R^2 1991
航空	.67	.63	.51	.11	.18	.22	.23	.38	.28	.01	.1	.01	.49	.48	.39
自動車	.48	.51	.51	.23	.18	.19	.51	.47	.49	-.05	-.04	-.04	.36	.34	.36
金融（営利）	.7	.76	.7	.1	.04	.1	.39	.41	.36	-.13	.09	-.06	.54	.59	.54
金融（公的）	.68	.68	.69	.05	.08	.06	.53	.52	.59	-.05	-.04	-.01	.49	.5	.51
旅行サービス	.75	.73	.76	.03	.09	.06	.53	.53	.52	.03	.03	-.002	.57	.58	.61
衣料（小売）	.59	.47	.58	.19	.28	.45	.54	.38	.42	-.02	.08	.06	.48	.42	.48
大型コンピュータ	.51	.65	.57	.11	.07	.11	.45	.43	.37	.01	.14	.03	.31	.45	.37
デパート	.5	.49	.59	.34	.22	.24	.37	.43	.37	.02	.02	.13	.48	.38	.53
食品加工	.72	.71	.68	na	.07	na	.17	.35	.36	.03	.01	.02	.52	.5	.46
家具	.49	.56	.64	.26	.16	.18	.59	.57	.58	.01	.04	.04	.4	.42	.54
損害保険	.43	.52	.49	.37	.24	.3	.32	.5	.56	.05	.06	.03	.45	.44	.43
火災保険	.72	.75	.72	.08	.08	.12	.38	.38	.29	.05	.06	-.08	.57	.61	.58
生命保険（公的）	.7	.79	.78	0	.03	.05	.37	.32	.4	-.1	-.19	-.03	.49	.63	.62
メイルオーダー	.7	.68	.75	0	.13	.08	.42	.54	.45	.01	-.06	-.04	.49	.55	.61
新聞	na	.66	1.71	na	.09	.04	.42	.53	.48	na	-.04	.06	na	.48	.52
石油	na	.5	.55	na	.31	.26	na	.41	.28	na	-.01	.02	na	.52	.52
パン	.64	.61	.55	.05	.12	.22	.48	.46	.46	.09	.12	.15	.42	.42	.43
郵便局	na	.62	.54	na	.22	.23	na	.3	.2	na	-.08	-.05	na	.57	.48
警察	.52	.67	.77	.3	.04	.03	.13	.15	.27	-.13	-.22	-.03	.45	.47	.61
郵便サービス（営利）	.64	.75	.69	.06	.07	.12	.32	.31	.4	-.1	-.13	.04	.43	.59	.55
郵便サービス（公的）	.59	.61	.72	.13	.19	.11	.2	.17	.19	-.17	-.05	-.29	.4	.53	.59
鉄道	.61	.7	.6	.02	.13	.19	.5	.42	.39	.02	.14	.16	.38	.56	.5
貨物	na	.73	.69	na	.08	.13	na	.47	.37	na	-.03	-.01	na	.57	.55
スーパーマーケット	.57	.64	.57	.3	.19	.27	.38	.44	.52	.08	.07	.15	.53	.55	.52
通信（営利）	.74	.74	.72	.07	.09	.08	.32	.29	.37	-.17	-.01	-.03	.58	.61	.56
通信（公的）	.59	.64	.67	.14	.17	.2	.38	.27	.38	-.1	-.12	-.07	.41	.53	.59
テレビ局	.6	.74	.63	.31	.14	.21	.63	.66	.48	na	na	-.02	.65	.8	.55

＊P＝パフォーマンス　S＝満足　E＝期待　L＝ロイヤルティ　V＝ボイス（苦情）

出所：Clase Fornell "A National Customer Satisfaction Barometer: The Swedish Experience" Journal of Marketing vol.56 1992 p.17.

ピュータ，新聞，デパート，鉄道，スーパーマーケットの各産業は的確な苦情処理を実施すれば，顧客ロイヤリティを確立することができる。

　ところで，消費者満足とロイヤリティとの関係を考えてみよう。図表 11 - 9 は，縦軸に 1990 年の消費者満足度をとり，横軸にロイヤリティ係数をとって，各産業をプロットしたものである。企業は価格弾力性を持つのと同様に消費者満足の弾力性を保持し，ロイヤリティの強みを生かしていく必要がある。自動車や食品はすでに高いロイヤリティを形成しているが，警察，公的郵便や，デパートは，かなり低い。テレビ局は選択の代替性が極めて低いために消費者満足度は低いけれどもロイヤリティ係数は高くなっている。

　このような産業別のロイヤリティをポジショニングすることによって，消費者満足の視点から産業構造を見直し有効な政策を立案，実行することができよう。

　さらに，スウェーデンにおいては，EC 統合に伴い消費者満足度の低い産業は，海外企業の標的となり市場競争において敗退を余儀なくされる危険性がある。また逆に，スウェーデン国内で消費者満足度の高い企業は EC 内で大きく成長する可能性がある。

6 ── むすびにかえて

　消費者満足度は質的な生活水準を示していると同時に企業の社会貢献度を表す指標でもある。わが国は生活大国を目指しているといわれているが，いまだ産業優先の政策がとられており，生活者や消費者の立場から産業構造を見直す機運すら見えない。しかしながら，個別企業においては，消費者満足の視点からマーケティングを見直し，戦略転換を図ろうとする先進的な考え方も出てきている。

　今までのように市場の爆発的成長が期待できない状況においては，コンシューマ・マーケティングのような先進的マーケティングの展開によって，消費者満足の実現を図り社会的支持を高めることが，市場において優位な地位を確

222

図表 11－9 満足とロイヤルティ

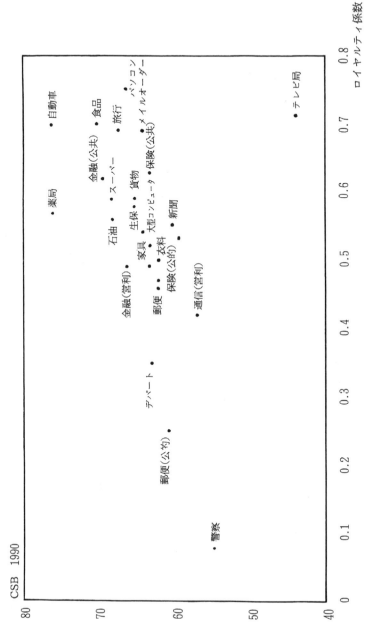

出所：Clase Fornell "A National Customer Satisfaction Barometer: The Swedish Experience" Journal of Marketing vol.56 1992 p.18.

立することにつながるであろう。そのためには，消費者満足の評価基準を定め
るための個別企業の努力と政府の産業政策の転換が必要となる。

【注】

1 ）　James U. McNeal, *Consumer behavior on Integrative Approach*, Little, Brown and
Company, 1982, p.213.

2 ）　David J. Orutinau, "A Conceptional Model of Consumer Post Purchase
Satisfaction/Dissatisfaction Decision Process," In *New Dimension on Consumer
Satisfaction and Complaining Behavior*. eds. Ralf L. Day and H. Keith Hunt, p.36
Bloomington: School of Business, Indiana University, 1979.

3 ）　Marsha L. Richins, "Consumer Complaining Process: A Comprehensive Model,"
In *New Dimension on Consumer Satisfaction and Complaining Behavior*. eds., Ralf L.
Day and H. Keith Hunt, p.36 Bloomington: School of Business, Indiana University,
1979.

4 ）　Richard L. Oliver "A Cognitive Model of the Antecedents and Consequences of
Satisfaction Decisions," *Journal of Marketing Reserch*, vol.17 1980 pp.460-469.

5 ）　Robert A. Westbrook and Richard L. Oliver "The Dimensionality of Consumotion
Emotion Patterns and Consumer Satisfaction" *Journal of Consumer Research*, vol.18
1991.

6 ）　Clase Fornell "A National Customer Satisfaction Barometer: The Swedish
Experience" *Journal of Marketing* vol.56 1992 pp.6-21. Clase Fornell. and Birger
Wernerft "Defensive Marketing Strategy by Customer Complaint Management:
A Theoretical Analysis," *Journal of Marketing Research* vol.24 1987 pp.337-346.

7 ）　代表的なものとしてボストン・コンサルティング・グループがあげられる。
Boston Consulting Group, *Perspectives on Experience*. Boston Consulting Group,
1972, Robert D, Buzzel and Bradley T. Gale, *The PIMS Principle*, New York The
Free Press 1987.

8 ）　B. B. Henderson, *Henderson on Corporate Strategy*, Cambridge, MA: Abt Books
1979.

9 ）　消費者のコスト意識には，物的コストと心理的コストの両面がある。物的コストは，
商品価格，交通費等の入手コスト，ランニングコスト，取り替えコストがあげられ
る。心理的コストは，商品入手や情報探索に必要な時間や空間移動のエネルギー，
フラストレーション等による心理的負担である。
詳しくは下記を参照。
松江宏・村松幸廣編著『現代消費者行動』増補版，創成社，2013 年，第 6 章　消

224

費者行動のプロセス，pp.122-123。

10) D. R. Hausknecht は，消費者満足の測定方法を 3 つに分類している。
Douglas R. Hausknecht "Measurement Scales in Consumer Satisfaction/ Dissatisfaction," *Journal of Consumer Satisfaction, Dissatisfaction and Complaining Behavior*, vol.3 pp.1-11.

11) Alan R. Andreasen "A Taxonomy of Consumer Satisfaction/Dissatisfaction Measures" in H. Keith Hunt ed, *Conceptualization and Measurement of consumer Satisfaction Dissatisfaction*, Marketing Science Institute 1976 pp.15-18.

12) Edgar A. Pessemier, "A New Way to Determine Buying Decisions," *Journal of Marketing*, vol.24 1959 pp.41-46.

13) Eugene W. Anderson and Mary W. Sullivan "Customer Satisfaction and Retention Across Firms" working paper, School of Business Administration, University of Michigan, 1990.

14) David K. Tse and Peter C, Wilton "Models of Consumer Satisfaction Formation: An Extension," *Journal of Marketing Research*, vol.25, 1988, pp.204-212.

15) 企業に対する信頼性を高めるという苦情処理の効果が実証的に述べられている。
TARP "Consumer Complaint Handling in America: Summary of Findings and Recommendation." Washington, DC: Technical Assistant Research Programs, U. S. Office of Consumer Affair 1979.

16) 松江宏・村松幸廣編著『現代消費者行動』増補版，創成社，2013 年。
拙著，名古屋ワークショップ編『消費者被害の救済』晃洋書房，1987 年，第 13 章「消費者の被害防止制度」。

第12章

コンシューマ・マーケティング
と消費者の不満・苦情行動

1 ── はじめに

　現代社会は，高度な発展を遂げており，人々の意識もますます多様化，個性化してきている。とりわけ，高度情報化社会，経済のソフト化・サービス化の進展に伴う，消費の変化には目を見張るものがある。たとえば，商品に関する選択行動についてみると，高級品志向が強まっている一方で，発展途上国の製品に代表されるような低価格品志向にも根強いものがある。

　また，ニューメディアの出現による商品情報や買物情報の豊富化に伴い消費生活が情報依存型になり，衝動的購買傾向が弱まりつつある。このような消費の変化は，とりもなおさず，消費者の満足志向を示すものにほかならない。

　このようなドラスティックな変化にある消費者に適応するためには新たなマーケティングの考え方を導入する必要があり，それがコンシューマ・マーケティングに他ならない。本章ではコンシューマ・マーケティングに関係する消費者の不満と苦情について論及する。

　消費者は，自己の欲求を充足すべく商品を選択し購買するのであるが，最終的には商品を使用ないし利用した結果として満足状態に達するのである。すな

わち，消費者は，当初，商品に対して一定のパフォーマンスを期待し，対価を支払い，所有権ないし利用権を獲得して商品の使用価値の発現たる利益を享受し，その結果を評価することによって満足ないし不満状態に到達するのである。満足状態は，ブランド・ロイヤリティを創出して反復購買を結果せしめる。また，不満状態にある消費者は，その不満が許容限度を超えている場合には何らかの不満解消の措置を講じようと苦情行動を起こすのである。

　ここでは，消費者の満足要因とりわけマイナスとしての不満要因の解明と，不満解消を志向する消費者の苦情行動について論述する。加えて，コンシューマ・マーケティングの概念にも触れながら，企業にとって究極の目標である，消費者満足へのアプローチへ誘うものである。

2── 消費者の満足と不満

　消費者行動のプロセスは，購買前行動，購買意思決定，購買後行動の３つに区分される。さらに購買前行動は問題認識と情報探索とのプロセスに，購買後行動は評価と満足・不満のプロセスに分かれている[1]。

　購買前行動においては，消費者は，現実的状況から脱却するために購買動機を形成し，自己の欲求充足度の最も高い製品・サービスを確定するに必要な情報を収集・分析・評価する。購買意思決定とは，購買対象を選択して購入する行為そのものである。さらに，購買後行動では，購入した製品・サービスの使用ないし利用結果であるパフォーマンスを評価するのである。

　消費者行動は，自己欲求の充足ないしニーズの充足を求め，最終的には満足ないし不満を生起するのである。

　消費者満足ないし消費者不満に関する定義は数多くある[2]。例えば，期待満足理論や属性満足理論，レディネス満足理論について略述してみよう。オルティナ（D. J. Ortinau）は，期待満足理論の立場から「消費者満足は，知覚態度レベルである。」と述べている[3]。また，リキンズ（M. L. Richins）によれば，「消

費者不満は，知覚された製品パフォーマンスが期待以下の場合に生ずる。」[4)]
とされている。属性満足理論の代表であるハンディ（C. R. Handy）は，「消費者不満は，製品・サービスの属性ギャップである。」と主張している[5)]。そして，レディネス満足理論に立つマクニール（J. U. McNeal）によれば，「消費者満足とは，自己の不安状態を均衡化させるための準備である。」[6)]とされる。

ティセ（D. K. Tse）とウィルトン（P. C. Wilton）は，上記の他，従来の研究成果を基礎にして消費者満足の形成モデルの拡張を試みている[7)]。彼らは，チャーチル（G. A. Churchill）とサープレナント（Carol Surprenant）のモデルを援用し，知覚パフォーマンス効果を研究し，比較水準と不一致概念がいかに満足形成において作用しているかの分析を行っている。以下彼らの研究成果について若干の考察を行うことにしよう。

満足形成の知覚パフォーマンスは，消費者満足ないし不満の直接的要因として理論的に根拠付けがなされている。

ラトウア（S. A. Latour）とピート（N. C. Peat）は，特定の状況下で，不一致概念のみによって消費者不満を適切に説明することは不可能であると述べている[8)]。例えば，劣性のブランドを購買しようとする消費者は，必ずしも過去の比較水準を拒否しないかもしれないけれども，その劣性パフォーマンスに対しては不満を持つであろう。また，高い水準での拒否を経験している新ブランド購入者は，当該ブランドが競合ブランドよりも高い属性を有している場合に，満足の度合いが高い。

認知不協和の理論から見れば，不満な消費経験を持つ消費者は，心理的コストの削減を行おうとする。あるいは，製品パフォーマンス知覚と心理的コストとを調整する場合には，過去の購買経験を修正ないし捨象することによって満足獲得を行う[9)]。

また，消費者の購買動機は，知覚パフォーマンスと満足との直接的関連によって説明される。コーエン（J. B. Cohen）とヒューストン（M. J. Houston）は，ブランド・ロイヤリティに言及し，不協和の削減は単に購買後行動の一つのプロセスにすぎないと述べている。

　次に，代替的比較水準と不一致モデルについて述べてみよう。消費者満足な
いし不満に関する比較水準は3つあるとされる。一つには衡平水準（equitable
standard）があげられる。これは個々人のコスト（投資）と期待報酬とに基づく
標準的な水準であり，消費者が獲得すべき，あるいは受けるに足るパフォーマ
ンス・レベルである。2つ目には，理想的パフォーマンスがあげられる。この
パフォーマンスは消費者の望む理想的ポイントを示すものである。理想的パ
フォーマンスは，広告や口頭コミュニケーション（word-of-mouth comunication）
による学習のように，過去の経験が影響して形成される。第3の期待パフォー
マンスは，前の2つと比べて，消費者満足ないし不満の理論においてかなり一
般的である。

　これら3つのパフォーマンス概念の他にも負の不一致アプローチ（subtractive
disconfirmation approach）と主観的不一致アプローチ（subjective disconfirmation
approach）があげられる。負の不一致アプローチは，比較水準理論から派生し，
満足の比較効果が製品パフォーマンスと比較水準との相関的係数であると仮定
している。また，主観的不一致アプローチは，製品パフォーマンスと比較水準
との相違の主観的評価を取り巻く心理的要素を明らかにするという観点に立っ
ている。すなわち，製品パフォーマンスが抽象的に判定されるという前提に基
づいている。オリバー（R. L. Oliver）は，これら2つのアプローチの相違につい
て次のように述べている[10]。すなわち負の不一致は，直接的満足の判断に適用
され，主観的不一致は，比較プロセスから生起し，満足判断に先行する知覚状
態を明らかにするのである。とりわけ，主観的不一致の概念は，以下の消費者
満足・不満の形成という複雑なプロセスを解明するにはかなり有用である[11]。

　消費者は，製品・サービスの評価において単一的な比較を行うのではな
く，多面的な比較を行っていると主張する研究成果が見られるようになってき
た[12]。ティセとウィルトンは，多面的比較プロセス概念によって消費者満足・
不満に関する調査研究を実施している。以下では，彼らの調査研究成果につい
て若干の検討を加えてみよう。

　ティセとウィルトンは，ポータブル・レコードプレーヤーについての，試用

前の情報露出，試用時，試用後の製品パフォーマンス評価という 3 段階での消費者の心理状態を明らかにしようとする。調査対象者は，ウェスタン大学（Western University）のマーケティングコースの学生である。消費者実験室あるいは，リスニング室に収容して，レコードプレーヤーの音質や属性についての反応を確認した。

　製品説明書を通読した後に，製品期待についての記入を求めた。「理想的製品パフォーマンス」と「衡平製品パフォーマンス」については，非常に貧弱から非常に良いまでの 5 段階評価，「製品態度」については，非常に嫌悪するから大変好むまでの 6 段階評価を求めている。また，「期待製品パフォーマンス」についても 5 段階評価を求めている。

　更に，使用後の知覚パフォーマンスについても，非常に貧弱から，大変良いまでの 5 段階評価を行い，「主観的不一致」は，期待よりも非常に貧弱であるという状態から期待よりはるかに優れているまでの 5 段階で評価されるようにアンケートを作成し調査を実施した。

　次に，これらの調査結果について概説してみよう。期待と製品パフォーマンスについては，図表 12 - 1 に見られる。ポータブル・レコーダーの劣性モデルと比較して優性モデルへの反応がかなり根拠づけられており，とりわけ，期待パフォーマンス，肯定的態度，購買意図，満足度について有意な結果が認められている。そして，代替的比較水準の判別かつ収斂妥当性は，属性変数の合計と全体的製品変数との相関によって確認されている。

　さらに，ティセとウィルトンは，チャーチル（G. A. Churchill）：サープレナント（Carol Surprenant）のモデルを用いて知覚パフォーマンスの効果を検証し，また，比較水準と不一致モデル，消費者満足・不満の形成における多面的比較水準について言及している。

　図表 12 - 2 を参照すると，チャーチルとサープレナントのモデルは，他のモデルと比べて r^2 が 0.73 となっており，妥当性がきわめて高くなっている。

　しかしながら，図表 12 - 1 に見られる知覚パフォーマンスと主観的不一致の相関係数が 0.73 ときわめて高いために当該モデルには解釈の問題が生じて

図表12-1 製品モーメントの相関

モデル構成		比較水準					モデル構成 不一致				
		期待 (1)(2)	理想 (1)(2)	衡平 (1)	主観的不一致 (1)	負の知覚期待 (1)	負の知覚理想 (1)	負の知覚衡平 (1)	知覚パフォーマンス (1)		
比較水準											
期待	(1)										
	(2)	0.72**									
理想	(1)	0.40	−0.4								
	(2)	−0.17	−0.13	0.42**							
衡平	(1)	0.13	0.19	0.18	−0.02						
	(2)	−0.90	−0.1	0.26**	0.2	0.57**					
不一致											
主観的不一致	(1)	0.11	−0.7	0.7							
知覚期待パフォーマンス	(1)	−0.53**	−0.23*	−0.10			0.56**				
知覚理想パフォーマンス	(1)	0.18	−0.64**	−0.08			0.61**	0.64**			
知覚衡平パフォーマンス	(1)	0.13	−0.29**	−0.57**			0.56**	0.62**	0.78**		
知覚製品パフォーマンス	(1)	0.25*	−0.23*	−0.00			0.73**	0.68**	0.89**	0.82**	
満足	(1)	0.39**	−0.24**	0.08			0.71**	0.41**	0.75**	0.62**	0.81**

(1):62名（全体）　(2)26名の属性変数
* p < 0.05
** p < 0.01

出所：D. K. TSE & P. C. Wilton "Models of Consumer Satisfaction Formation : An Extension" Journal of Marketing Research vol.15, 1988, p.207.

図表 12 － 2　満足レベルの直接的要因の代替モデル

モ　デ　ル	負の一致	主観的一致	期待	知覚パフォーマンス	r^2
カドーツ オルシャヴスキー＆ミラー アンダーソン	na	0.71 (0.095)	na	na	0.500
オリバー バーデン＆ティール	na	0.70 (0.087)	0.33 (0.088)	na	0.597
チャーチル＆サープレナント	na	na	na	0.81 (0.068)	0.650
ラトウア＆ビート	0.04(0.012) 0.02(0.009) 0.03(0.008)	na na na	na na na	na na na	0.146 0.077 0.195
シルギイ	0.52(0.060) 0.31(0.089) 0.45(0.074) 0.18(0.026)	na na na	na na na	na na na	0.557 0.168 0.381 0.451
結合モデル （チャーチル＆サープレナント）	na	0.27 (0.102)	0.23 (0.7)	0.55 (0.104)	0.730

na：当該モデルに含まれない。

出所：D. K. TSE & P. C. Wilton "Models of Consumer Satisfaction Formation : An Extension" Journal of Marketing Research vol.15, 1988, p.208.

いる。しかし消費者満足・不満の形成における知覚パフォーマンスの重要度は，図表12 - 1から見て明らかである。これは，満足バリエーションの65%を説明しており，オリバー（R. L. Oliver）の提案した2変数モデルや他のモデルよりも優れていることが理解される。さらに，知覚パフォーマンスは，主観的不一致を介在して満足に間接的影響を与えていることが，図表12 - 3から見い出される。

　次に，代替比較水準と不一致モデルについて検証してみよう。図表12 - 3を参照すると，衡平水準（モデル3）は満足への直接的影響度が低く有意ではない。これに対して，期待水準（モデル1）と理想水準（モデル2）は有意性を示しており，期待水準は，満足への影響が直接的かつポジティブであるが，理想水準は間接的でネガティヴとなっている。このような結果からは，実際には期待水準は満足と順相関があるが，理想水準を採用する消費者は，満足に対してコントラスト効果を有することになる。

　全ての比較基準は，主観的不一致に対する影響が弱くなっている。しかし，主観的不一致は，図表12 - 1に見られる限りにおいて有効に作用しており，消費者満足・不満に対してポジティヴである。しかし負の不一致（負の知覚理想）は，満足度をあまり表示していない。よって，主観的不一致は，負の不一致よりも優位であると結論される。

　多面的比較水準は，図表12 - 3のモデル4として示されるように，期待水準（モデル1）はじめ他の2つのモデルよりも高い適合値にある。

　以上のように知覚パフォーマンスは，他の要素よりも消費者満足・不満の予測に強い影響をもたらしていると言えよう。ティセとウィルトンは，彼らの研究成果について「知覚パフォーマンスからの直接的影響を包摂するために期待・不一致モデルを拡大することに関する理論的かつ実験的根拠を提供している」と述べている。

図表12−3　満足形成における主観的不一致と代替比較水準

独立変数	比較水準 期待	比較水準 理想	主観的不一致	従属変数 知覚バフォーマンス	従属変数 客観的製品品質	r^2
モデル1　水準＝期待パフォーマンス						
満足	0.23*		0.27**	0.55**	na	0.73
主観的不一致	ns		na	0.74**	na	0.55
知覚パフォーマンス	ns		na	na	0.69**	0.47
$Q=0.94$：x^2, 2d. f.=3.69,　$p < 0.15$						
モデル2　水準＝理想パフォーマンス						
満足	ns		0.24*	0.63**	na	0.68
主観的不一致	ns		na	0.74**	na	0.55
知覚パフォーマンス	−0.24*		na	na	0.69**	
$Q=0.94$：2d. f.=3.38,　$p < 0.18$						
モデル3　水準＝均衡パフォーマンス						
満足	ns		0.24*	0.63**	na	0.68
主観的不一致	ns		na	0.74**	na	0.55
知覚パフォーマンス	ns		na	na	0.69**	0.47
$Q=0.977$：x^2, 3d. f.=1.39,　$p < 0.70$						
モデル4　多面的水準						
満足	0.23*	ns	0.27**	0.55**	na	0.73
主観的不一致	ns	ns	na	0.74**	na	0.55
知覚パフォーマンス	0.18*	−0.25**	na	na	0.67**	0.56
$Q=0.919$：x^2, 3d. f.=4.97,　$p < 0.18$						

na　：前出
ns　：不能

出所：D. K. TSE & P. C. Wilton "Models of Consumer Satisfaction Formation : An Extension" Journal of Marketing Research vol.15, 1988. p.209.

3 —— 消費者の苦情行動

　消費者は，自己の購買行動を正当化しようと不満を解消する苦情行動を遂行する。不満の解消の方法として，企業に対する苦情行動，政府への対応要求，消費者運動等の組織行動に大別される。

　ここでは，モイヤー（M. S. Moyer）のカナダにおける消費者苦情行動の研究について解説し，若干のコメントを述べたいと思う。モイヤーは，オンタリオ州の住民を対象に消費者の意識と苦情状況について広範な調査を行った [13]。

　図表12－4は，苦情の理由の有無についてのデモグラフィック特性を示している。苦情意識の高い消費者は，専門的職業に従事し，教育程度が高く，年収も多い階層の人々である [14]。

　マーケター，政府の政策担当者，消費者スポークスマンは，サイレント・マジョリティである消費者の苦情意識に関するデータの必要性を強く認識している [15]。企業が今日ほど苦情に対して敏感になったことはない。それは消費者がより選択的購買の傾向を強めているからに他ならない。

　図表12－5は，苦情行動者と非苦情行動者のデモグラフィック特性を示している。苦情行動者を性別で見ると，男性が女性を2ポイント上回っている。これは，カナダ市民の消費者権利意識が性別に片寄りがない証左であり，日本とかなり相違がみられる。また，教育レベルや所得レベルが高いほど苦情行動をとる傾向が強くなっている。また，年令別では30～44歳の中間レベルが多くなっている。このような傾向は他の調査研究でも同様である [16]。

　消費者の購買習性は，図表12－6に見られるように，衝動買いと選択購買の二律背反的性質が見られる。これは，購買対象となる商品によって使いわけが行われていると考えるべきであろう。苦情行動者と非苦情行動者の相違は，店舗比較度に見られる。苦情行動者は，情報志向的であり，店舗情報を評価することによって購買意思決定を行っており，情報の信頼性に依存するが由に，購買商品が期待水準をかなり下回り，問題や不満が生ずると苦情行動をとりや

図表 12 － 4 苦情理由保有状況とデモグラフィック特性

（単位：パーセント）

特　　　　　性	苦情理由有り	苦情理由なし
男　性	49	46
女　性	51 100	54 100
専門的・管理的職業	16	10
販売職	18	14
熟練的職業	20	16
非熟練的職業	6	7
主　婦	26	32
その他	14 100	21 100
義務教育	14	18
職業専門教育	48	57
大学教育	34	23
その他	4 100	2 100
18〜29歳	30	26
30〜44	20	27
45〜54	20	26
55歳以上	10 100	21 100
子供なし	43	52
子供あり	57 100	48 100
家庭収入		
10,000ドル未満	11	18
10,000〜14,999ドル	15	16
15,000〜19,999ドル	20	17
20,000〜24,999ドル	16	14
25,000ドル以上	20	16
無回答	12	11
無　効	7 100	8 100

出所：Nel S. Moyer "Charactristics of Consumer Complaints: Implication for Marketing and Public Policy" Journal of Public Policy & Marketing, vol.3. 1984, p.69.

| 図表 12 − 5 | 苦情行動者と非苦情行動者のデモグラフィック特性 |

（単位：パーセント）

特　　　　性	苦情行動者	非苦情行動者
男　性	51	45
女　性	49 100	55 100
専門的・管理的職業	15	19
販売職	18	19
熟練的職業	21	16
非熟練的職業	5	14
主　婦	27	16
その他	14 100	16 100
義務教育	13	19
職業的専門教育	49	46
大学教育	33	32
その他	5 100	3 100
18〜29歳	30	26
30〜44	40	27
45〜54	20	26
55歳以上	10 100	21 100
子供なし	42	52
子供あり	58 100	48 100
家庭収入		
10,000ドル未満	10	18
10,000〜14,999ドル	14	16
15,000〜19,999ドル	19	17
20,000〜24,999ドル	18	13
25,000ドル以上	19	17
無回答	13	10
無　効	7 100	8 99

出所：Nel S. Moyer op cit., p.70.

図表 12 － 6 ｜ 購買習性

（単位：パーセント）

購 買 習 性	苦情行動者	非苦情行動者
店舗比較を行う。	95	87
リストを利用する。	75	76
予算設定をする。	54	57
衝動買いする。	95	94
浪費しない。	89	90
必要なもの以外購入しない。	96	96

出所：Nel S. Moyer op cit., p.71.

　すいのである。さらに，非苦情行動者と比較して，予算を立てて計画的購買を行う習性が多少弱くなっている。

　企業に対する態度については，図表 12 - 7 を参照されたい。全体としては，価格志向的態度が強くなっており，企業に対しては価格競争を望んでいると見られる。また，企業が消費者志向の理念を持っていると考えられ，苦情行動者と非苦情行動者との顕著な相違は，主に次の 3 項目について認められる。「消費者問題の多くは消費者の不注意が起因している」という回答について，苦情行動者の方が多くなっている。これは，消費者の自己反省的な意味合いがあると考えられよう。また「広告は有益な情報を提供している」という項目についても，苦情行動者の肯定度が高いという結果である。これによると苦情行動者は情報の理解不足の傾向があり，自己反省的に広告の信頼度を認知したと見るべきであろう。さらに，「多くの企業が適切な苦情処理を行なっている」という苦情行動者が非苦情行動者よりも 11 ポイント高くなっている。これは，自己の経験に基づいた回答とそうでない回答の差である。すなわち苦情行動者は企業の対応について何らかの評価を与えており，非苦情行動者は，社会的イメージによって現状の企業の苦情処理体制に対して批判的な意見を持っていると結論づけられる。小売業者に対する認識についても，苦情行動者の方が高い評価を与えているようである。

| 図表 12 － 7 | 企業に対する態度 |

（単位：パーセント）

項　　　　　目	苦情行動者	非苦情行動者
スーパーマーケットの価格表示は重要である。	86	89
競争は価格低下の最良の方策である。	82	83
テナントは保護される必要がある。	76	69
企業は購買者に注意を向けている。	63	63
消費者問題の多くは消費者自身の不注意が起因している。	60	47
据えつけコストは企業が負担すべきである。	57	46
小売業は,顧客が常に正しいという態度を持つ。	55	43
市場には多くの危険な製品がある。	54	53
非常に多くの商品が購買後すぐに故障したり変質する。	51	44
エレクトロニクス化は,価格上昇の要因である。	51	43
多くの製造業者は,品質よりも利益を優先する。	50	50
広告は有益な情報を提供している。	40	29
多くの企業が適切な苦情処理を行なっている。	40	29
自動者保険のクレームは適切に処理されていない。	35	25
自動車保険のクレームを適切に処理することは困難である。	33	27
企業は消費者ニーズへの関心を持たない。	19	17
企業は公害や製品安全性のような社会的責任を自覚しつつある。	19	17

出所：Nel S. Moyer op cit., pp.72-73.

　消費者保護政策に対する態度は，図表12－8に示される。苦情行動者は,「消費者法や企業活動規制が製品・サービスのコストを増大させる」という認識度が非苦情行動者よりも高くなっている。また「企業活動規制が多い」という回答にも表われている。これらの理由としては，図表12－16と図表12－17に見られるように，苦情行動者が，企業の苦情処理サービスに対してかなり満足しており企業も適切に対応しているからである。カナダの消費者保護制度が充実しているとともに，企業の消費者対応がかなり評価されていると言えよう。
　図表12－9は，消費者組織に対する消費者の態度である。全体として，消

図表 12 － 8　政府に対する態度

（単位：パーセント）

項　　目	苦情行動者	非苦情行動者
消費者法や企業活動規制が製品サービスのコストを増大させる。	47	41
政府の企業活動規制がなければ消費者は不利である。	57	56
多くの場合政府への苦情は無意味である。	57	60
企業活動規制が多い。	46	35

出所：Nel S. Moyer op cit., p.74.

図表 12 － 9　消費者組織に対する態度

項　　目	苦情行動者	非苦情行動者
カナダにもラルフネーダーのようなリーダーが必要。	76	72
消費者運動は製品・サービスの質と基準の改善に役立っている。	81	79
長期の消費者運動は政府の規制を強化する。	50	43

出所：Nel S. Moyer op cit., p.74.

費者は消費者運動について一応の評価を与えていると考えられる。

　消費者の情報ソースは，図表12 － 10に示されるように，日常的行動の範囲となっている。銀行，商業会議所が消費者に対して情報を提供したりアドバイスを行っているのが特徴的であり，我が国とはかなり異なっていると言えよう。苦情行動者は，店舗への依存度が高くなっている。

　カナダの消費者の権利の知覚度はかなり高い。これは公的機関の広宣活動の成果であると言えよう。図表12 － 11で見られるようにベター・ビジネス・ビューローの存在はかなり大きい。さらに消費者法の認知度もかなり高く消費者の過半数が自分にとって身近なものとなっているのである（図表12 － 12参照）。

　消費者保護を強化する方法はさまざまあるが，図表12 － 13は，導入効果について消費者の評価度を示したものである。学校教育において消費者教育を強

図表 12 - 10 購買意思決定とアドバイス情報ソース

項　　　　目	苦情行動者	非苦情行動者
店舗	40	29
友人・知人	39	30
新聞・テレビ・ラジオ・雑誌	25	16
ベター ビジネス ビューロー	17	17
弁護士	11	14
図書館	7	3
銀行	5	7
コミュニティ情報センター	4	2
商業会議所	3	2
オンタリオ州政府	2	1

出所：Nel S. Moyer op cit., p.75.

図表 12 - 11 消費者権利についての情報ソース

情　報　リ　ー　ス	苦情行動者	非苦情行動者
ベター ビジネス ビューロー	51	41
オンタリオ州政府	24	18
カナダ政府	16	12
弁護士	14	12
新聞・テレビ・ラジオ・雑誌	12	7
商業会議所	9	7
友人・知人	6	7
銀行	1	1

出所：Nel S. Moyer op cit., p.76.

図表 12 - 12 消費者法の認知度

項　　　　目	苦情行動者	非苦情行動者
消費者法について知らなかった	53	67

出所：Nel S. Moyer op cit., p.77.

図表 12 － 13 消費者救済効果の評価

項　　　　　目	苦情行動者	非苦情行動者
学校教育の中で消費者教育を強化する。	4.07	4.10
新聞やテレビで社会問題化する。	3.90	3.79
消費者グループや政府間で協議する。	3.63	3.65
企業や商品をボイコットする。	3.51	3.49
マーケティング委員会のような監督機関に消費者代表を入れる。	3.49	3.62
企業の取締役会に消費者代表を入れる。	3.35	3.43
消費者利益代表に通知する。	3.04	3.29
製造業者，ディーラー等を議会に喚問する。	2.94	2.72
座り込みのようなデモンストレーション行動。	2.13	2.08

※　効果は，5（非常にすぐれている）〜1（非常におとっている）の5段階評価

出所：Nel S. Moyer op cit., p.77.

化する必要性をかなりの人々が認識している。また，マスコミに対する期待度も高い。ボイコット運動のようなハードな行動への意識が高く権利行使に手段を選ばないという意識が根強い。さらに，消費者代表の意見を企業の中に反映させる必要が認識されている。

　市場の改善措置については，図表12－14のように「製品の安全テスト」や「製品表示」を求めている。苦情行動者は「製品苦情の誤解」をあげている。これは，消費者と企業の双方に問題があると言える。

　苦情行動の対象は，圧倒的に販売業者となっている。また，ベター・ビジネス・ビューローも有効に機能していると言えよう（図表12－15参照）。

| 図表 12 - 14 | 市場の改善措置 |

項　　　目	苦情行動者	非苦情行動者
製品の安全テスト	79	77
製品の成分表示	73	67
製品の使用法の明示	56	51
製品苦情の誤解	39	27
企業の消費者対応	38	29
企業と消費者の関係	38	36
製品サービスの改善	24	29
修理の最適化	16	21
修理コストの公平化	7	7

出所：Nel S. Moyer op cit., p.78.

| 図表 12 - 15 | 苦情行動の対象 |

組　　　織	全苦情行動者	高頻度の苦情行動者	低頻度の苦情行動
最初の対象			
ディラー・小売業者	71	71	76
製造業者	21	24	17
公益事業者	4	4	3
	96	99	96
その他			
ベター　ビジネス　ビューロー	8	12	4
取引協会	2	3	2
弁護士	4	5	2
地方の公的機関	3	4	2
テレビ・ラジオ局	2	3	0
消費者協会	1	1	1
編集者への投書	1	1	1
オンブズマン	0	0	0
新聞社のアクション・ライン	2	2	2
	23	31	14

　※　高頻度の苦情行動者は過去 1 年に 2 回以上苦情を申し出た者
出所：Nel S. Moyer op cit., p.79.

図表 12 − 16 苦情処理に対する意識

項　　　　目	非苦情行動者	低頻度の苦情行動者	高頻度の苦情行動者
大部分の企業が適切に苦情処理を行なっている	61	58	55

出所：Nel S. Moyer op cit., p.79.

図表 12 − 17 苦情処理サービスの満足度

最近の苦情処理	苦情処理行動者のうち処理が適切であると回答した者
満　　　　足	65
不　　　　満	47

出所：Nel S. Moyer op cit., p.79.

4──むすび

　消費者の満足・不満プロセスに関して若干の研究が行われているが，明解な成果があげられていないのが実状である。満足・不満はきわめて内的かつ心理的プロセスであり，変化の度合いが高い。このため，満足度の測定がかなり困難である。今後，心理学的アプローチを中心とした実験的研究が進展するにつれて，研究成果が期待される。

　さらに消費者行動研究において新たな領域として苦情行動研究があるが，不満から苦情にいたるプロセスの分析はあまり行われていない。

　本章では，満足・不満の要因と苦情行動ないし苦情行動者意識について論究した。これらの研究成果はコンシューマ・マーケティングの概念を豊富化させ，戦略的意義を高めることになる。

【注】

1 ） 松江宏・村松幸廣編著『現代消費者行動』増補版，創成社，2013年。

2 ） 前掲　松江宏・村松幸廣編著『現代消費者行動』増補版，創成社，2013年。

3 ） D. J. Ortina "A Conceptual Model of Consumer's Post Purchase Satisfaction/ Dissatisfaction Decision Process" In *New Dimensions of Consumer Satisfaction and Complaining Behavior.* Ralf L. Day and H. Keith Hunt, ed., pp.36-71. Bloomington: School of Business, Indiana University.1979.

4 ） M. L. Richins "Consumer Complaining Process. A Comprehensive Model" In *New Dimensions of Consumer Satisfaction and Complaining Behavior,* Ralf L. Day and H. Keith Hunt ed., pp.30-34.

5 ） C. R. Handy "Monitoring Consumer Satisfaction with Food Product." In *Conceptualization and Mesurement of Consumer Satisfaction and Dissatisfaction* H. Keith Hunt, ed., pp.215-239 Cambridge, Mass: Marketing Science Institute, 1977.

6 ） J. V. McNeal "The Concept of Consumer Behavior" *Management Bibliographies and Reviews,* vol.3, 1977, pp.231-240.

7 ） D. K. Tse & P. C. Wilton "Models of Consumer Satisfaction Formation : An Extension" *Journal of Marketing Research* vol.15, 1988 pp.204-212.

8 ） S. A. Latour & N. C. Peat "Conceptual and Methodological Issues in Consumer Satisfaction Research" *Advanced in Consumer Reasearch.* Vol.6 1979 pp.431-437.

9 ） R.J. Holloway "An Experiment on Consumer Dissonance." *Journal of Marketing,* vol.31, 1967 pp.39-43.

10） R. A. Oliver "A Theoretical Reinterpretation of Expectation and Disconfirmation Effects on Post-Exposure Product Evaluations: Experience in the Field" in *Consumer Satisfaction, Disatisfaction and Complaining Behavior,* R. L. Day ed., Bloomington: Indiana University, p.2-9.
　　　松江宏・村松幸廣編著『現代消費者行動』増補版，創成社，2013年。

11） D . K. Tse & P. C. Wilton, *op cit.,* p.205.

12） Oliver, Wilton & Nicosia, Forbes, Tse らに見られる。
　　　R. A. Oliver, *op cit.,*
　　　P. C. Wilton & M. Nicosia "Emerging Paradigms for the Study of Consumer Satisfaction", *European Research,* Vol.14 1986 pp.4-11.
　　　J. D. Forbes "Toward a Model of Consumer Post-Choice Response Behavior". in *Advances in Consumer Research* vol.13 1986 pp.658-661.

13） Nel S. Moyer "Charactristics of Consumer Complaints: Implication for Marketing and Public Policy" *Journal of Public Policy & Marketing* vol.3. 1984 pp.67-84.
　　　調査は，1978年夏，オンタリオ州の18歳以上の住民，956人を対象に実施した。

14) 下記の研究においても同様の傾向が見られる。

T. P. Hustad & P. A. Edgar "Will the Real Consumer Activist Pleas Stand Up: An Examination of Consumers Opinions About Marketing Practices" *Journal of Marketing Research*. Vol.10 pp.319-324.

15) Nel. S. Moyer, *op. cit.*, p.68.

16) M. Wall, L. E. Dickery, W. W. Talarzyk "Predicting and Profiling Consumer Satisfaction and Propensity to Complain" in *Consumer Satisfaction, Dissatisfaction and Complaining Behavior*, Ralf L. Day, ed, Bloomngton, 1977, pp.91-101.

松江宏・村松幸廣編著『現代消費者行動』増補版，創成社，2013 年。

索　引

248

タ

《著者紹介》

村松幸廣（むらまつ・ゆきひろ）
　愛知大学名誉教授

（検印省略）

2021 年 5 月 10 日　初版発行　　　　　　　　　　略称―コンシューマ

コンシューマ・マーケティング
―マーケティングの新たな転換期に向けて―

著　者　村松幸廣

発行者　塚田尚寛

発行所	東京都文京区 春日 2 - 13 - 1	**株式会社　創成社**

電　話　03（3868）3867　　ＦＡＸ　03（5802）6802
出版部　03（3868）3857　　ＦＡＸ　03（5802）6801
http://www.books-sosei.com　振　替　00150-9-191261

定価はカバーに表示してあります。

©2021 Yukihiro Muramatsu 　　組版：ワードトップ　印刷：エーヴィスシステムズ
ISBN978-4-7944-2584-3　C3034　製本：エーヴィスシステムズ
Printed in Japan 　　　　　　　落丁・乱丁本はお取り替えいたします。